尹建龙　张震旦◎著

意大利民族发展史

北京师范大学出版集团
安徽大学出版社

图书在版编目(CIP)数据

意大利民族发展史/尹建龙,张震旦著. —合肥:安徽大学出版社,2015.7
(安徽大学历史学文库)
ISBN 978-7-5664-0975-1

Ⅰ.①意… Ⅱ.①尹… ②张… Ⅲ.①民族历史—研究—意大利
Ⅳ.①K546.8

中国版本图书馆 CIP 数据核字(2015)第 148071 号

意大利民族发展史
Yidali Minzu Fazhanshi

尹建龙　张震旦著

出版发行:	北京师范大学出版集团 安徽大学出版社 (安徽省合肥市肥西路 3 号 邮编 230039) www.bnupg.com.cn www.ahupress.com.cn
印　刷:	合肥远东印务有限责任公司
经　销:	全国新华书店
开　本:	170mm×240mm
印　张:	19.25
字　数:	274 千字
版　次:	2015 年 7 月第 1 版
印　次:	2015 年 7 月第 1 次印刷
定　价:	39.00 元

ISBN 978-7-5664-0975-1

策划编辑:马晓波		装帧设计:李　军　金伶智	
责任编辑:马晓波　徐　建		美术编辑:李　军	
责任校对:程中业		责任印制:陈　如	

版权所有　侵权必究

反盗版、侵权举报电话:0551—65106311
外埠邮购电话:0551—65107716
本书如有印装质量问题,请与印制管理部联系调换。
印制管理部电话:0551—65106311

目录

MULU

前　言 ··· 1

第一章　意大利民族的历史记忆 ····································· 1

　　第一节　古罗马时代的意大利 ·································· 1
　　第二节　群雄纷争的年代 ·· 11
　　第三节　实现国家统一的尝试和失败 ······················· 21

第二章　意大利的统一历程 ·· 28

　　第一节　文艺复兴与意大利民族意识的产生 ············· 28
　　第二节　法国大革命冲击下的民族觉醒 ···················· 42
　　第三节　意大利民族复兴运动 ·································· 48
　　第四节　意大利统一大业的完成 ······························· 72

第三章　民族国家的建设与整合 ····································· 94

　　第一节　统一后意大利的初步整合 ··························· 94
　　第二节　探索国家整合的曲折道路与法西斯主义的兴起 ········ 101
　　第三节　二战后意大利政治体制的改革 ···················· 122

第四章　意大利民族国家形成中的罗马问题 …… 130

第一节　天主教与罗马城的历史渊源 …… 130
第二节　意大利的统一与罗马问题 …… 136
第三节　罗马问题对意大利内政外交的影响 …… 143
第四节　罗马问题的解决及其影响 …… 148

第五章　意大利的区域发展不均衡与民族问题 …… 164

第一节　地区发展不均衡和南北问题 …… 164
第二节　意大利的少数民族问题 …… 181

第六章　意大利与欧洲统一进程 …… 188

第一节　意大利是欧洲统一的坚定支持者 …… 188
第二节　意大利支持欧洲统一的思想渊源 …… 191
第三节　意大利关于欧洲一体化的路径主张 …… 195
第四节　意大利在欧洲统一进程中所发挥的特殊协调作用 …… 201
第五节　欧洲一体化对战后意大利发展历程的影响 …… 203

结　语 …… 210
附录一　意大利共和国宪法 …… 213
附录二　《拉特兰条约》 …… 243
附录三　大事年表 …… 249
附录四　历代教皇年表 …… 274
参考文献 …… 286

前言　QIANYAN

一

意大利是欧洲文明的发源地之一,辉煌的古罗马帝国通过武力征服将文明之火传递到欧洲。在漫长的中世纪,以罗马为中心的天主教会精神上影响着欧洲人的荣辱兴衰和生老病死;在近代早期,文艺复兴的春风最早拂过意大利半岛,现代商业文化也发源于斯。但是,作为"欧洲长子"的意大利却在统一民族国家的建构之路上步履蹒跚,丧失了现代化发展的先机。17世纪以后,意大利光彩不再,沦为欧洲的"灰姑娘"。

本书正文包括六章,围绕"文明、宗教、国家"的主题,叙述意大利民族从古迄今的发展历程,侧重分析历史和宗教遗产对意大利统一的阻碍作用、意大利民族国家构建的过程与具体措施、意大利发展历程中的失误与经验等。

第一章"意大利民族的历史记忆"下分三节。第一节介绍古罗马时代意大利区域内的文明发展、政治区划与整合;第二节介绍西罗马帝国崩溃后的数百年间意大利区域内的群雄逐鹿和混战,包括城市国家的形成与壮大、教皇国的塑造、南部地区的相对分离等;第三节介绍13世纪统治意大利南部地区的霍亨斯陶芬家族试图统一意大利的努力和失败原因。

第二章"意大利的统一历程"下分四节。第一节分析文艺复兴时期意大利民族意识的产生,着重介绍了但丁在《帝制论》(也译作《论世界帝国》)和马基雅维利在《君主论》中所阐释的以结束分裂、实现统一为思想核心的意大利民族主义思潮;第二节分析了法国大革命和拿破仑战争对意大利的影响,特别是在意大利北部先后成立了依附于拿破仑的"意大利共和国"和"意大利王国",并选定三色旗为意大利国旗,意大利人的民族和国家意识逐渐觉醒;第三节介绍了意大利民族复兴运动的派别、观点与主要活动,特别是关于如何实现意大利统一的路线之争,民族复兴运动为意大利的统一作了比较充分的民众动员和舆论宣传工作;第四节简要介绍了意大利完成统一大业的几个阶段,特别关注在"王朝战争"的大背景下,"公民自决"在国家统一中的特殊作用和宪政意义,即各邦国通过"公民自决"形式共同组成意大利王国。

第三章"民族国家的建设与整合"共有三节。第一节主要介绍了1861年意大利初步统一后通过司法改革和行政改革,消弭地方分离倾向,强化中央政府权威的努力;第二节结合意大利国家初步整合的失误,介绍了法西斯主义在意大利兴起的原因和夺取政权的过程;第三节介绍了二战后意大利从王国转变为共和国后的政治体制改革,特别是从中央集权体制向"半联邦制"和"联邦制"的转变历程。

第四章"意大利民族国家形成中的罗马问题"共分四节。主要介绍了天主教罗马教廷在意大利统一和民族构建过程中,因为天主教会的普世性和民族主义的排他性而发生的冲突以及解决这一冲突的过程。教皇国是意大利区域内的重要邦国,罗马城是意大利当然的首都,意大利的统一必然需要教皇国的参与配合,但教皇庇护九世在1848年革命中对意大利统一事业的抵触,标志着以教皇为核心建立统一意大利联邦的"新圭尔夫派"建国路线的破产。意大利民族国家是在摧毁教皇国、剥夺教皇世俗权力的基础上建立起来的,但为了维护教皇在宗教和政治事务中的中立性与超脱性,使其掌握独立的世俗权力又是必要的。1870年以后围绕着教皇世俗权力的存废而形成的"罗马问题",使新生的意大利国家和罗马教廷处于敌对状态,阻碍了意大利民族国家构建和民族意识整合的进程。1929年签署的《拉特兰条约》使"罗马问题"最终得到解决,标志着罗马教廷与意大利民族国家的完全分离。意大利解决"罗马问题"的历程和策略,对世界其他国家协调与天主教罗马教廷的外交关系,具有较高的借鉴价值。

第五章"意大利的区域发展不均衡与民族问题"共分两节。第一节介绍意大利的区域发展不均衡问题,特别是经济发达的北部地区与相对落后的南部地区、西西里海岛地区之间的差距和冲突,介绍了意大利统一后中央政府为促进落后地区发展所采取的政治、经济措施;第二节介绍了意大利通过地方自治化解少数民族问题的措施和效果等。

第六章"意大利与欧洲统一进程",介绍了意大利在战后欧洲一体化进程中发挥的特殊而又重要的作用。首先,欧洲联合的思想在意大利有深厚的民众基础,意大利人是欧洲一体化进程最忠诚、最热心的支持者,维护和促进欧洲一体化的发展,是意大利不可动摇的外交基石;其次,在实现欧洲一体化的路径选择上,意大利主张从政治、军事层面的一体化入手,实现欧洲的统一;第三,意大利在欧洲的一体化进程中力图协调各国之间的矛盾和纷争,发挥了特殊的润滑剂作用;第四,意大利从对欧洲一体化的积极参与中获得了巨大的经济和政治利益,促进了本国的经济现代化和社会改造,提高了自身的国际政治地位,这也是意大利之所以积极支持一体化的原因。

为了便于读者进一步了解与意大利相关的背景知识,在正文之后还列有四份附录资料,分别是意大利共和国宪法、拉特兰条约、意大利大事年表、历代教皇年表。

二

从第二次世界大战结束以来,伴随着世界殖民体系的瓦解和众多新生民族国家的建立,西方学术界对民族主义和民族国家的研究一直如火如荼,成果丰硕。关于民族主义的重要性,各国的学者普遍认为,如果将所有意识形态的重要性进行一个比较的话,那么民族主义是当代最强大和影响最为深远的意识形态。

欧洲是现代民族主义和民族国家的发源地。自1500年开始,民族国家兴起导致的欧洲分裂和二战后的重新融合成为世界历史上最独特的现象之一。认真分析这一现象并从理论上探讨其未来的发展趋势,是一个十分有意义的课题。

南京大学陈晓律教授主持的国家社科基金项目《欧洲民族国家演进的历史趋势》于2011年顺利结项。这项研究成果从历史学、政治学与国际关系理论等方面对这样一个问题进行了综合研究,以历史演变的脉络为基本分析框架,对欧洲各国民族主义和民族国家的发展阶段进行了研究。现在呈献给读者的,就是我们参与项目研究的部分成果。

意大利民族复兴运动的领袖马志尼曾提出"三个罗马"的理论,即"帝国的罗马、教皇的罗马、人民的罗马",以概括意大利文明发展的不同阶段。

从意大利的历史经验来看,正是沉重的历史重负,使得意大利的民族主义的发展和民族国家的建构历程最为奇特,因为意大利在古代即已建立了十分辉煌的文明,并一度使拉丁语成为欧洲的通用语言,甚至在近代开端,意大利也以文艺复兴的大旗使世界记住了意大利的名字。然而,意大利最终建立起现代民族国家,却比它的很多邻居要迟,这个"欧洲长子"却成为民族国家建设方面的"迟到的民族"(哈贝马斯语)。

我们认为,正是作为古罗马帝国与世界天主教宗教中心的历史重负以及中世纪以来欧洲列强对意大利的争夺和干预,使意大利迟迟未能统一。19世纪中期意大利统一后在解决罗马问题、强化民族认同、实现国家复兴等方面进行了艰难而曲折的尝试,并一度走上法西斯主义的歧路,整个民族都付出了沉重的代价。二战后,受根深蒂固的实现欧洲统一思想的影响,意大利积极参与欧洲一体化进程,在推动欧洲统一的同时实现了国家的繁荣发展和民族的复兴。

本书以历史唯物主义为指导,综合运用历史学、政治学与国际关系理论的研究方法,以历史演变的脉络为基本分析框架,分阶段对意大利民族国家的发展历程进行了综合研究。在写作过程中,我们紧紧围绕"文明、宗教、国家"三大主题,结合意大利历史发展的特点,充分重视古罗马文明、天主教文明、近代民族主义对意大利的影响,对意大利的民族发展史特别是近代以来实现国家统一、民族构建的曲折发展历程,作了全景式的纵向考察。本书对意大利民族国家构建过程中解决政教矛盾经验的总结、意大利对欧洲一体化进程的积极参与和特殊影响的分析等,在学术上具有一定的原创性和开拓性,具有较大的参考价值。

三

本书由尹建龙和张震旦合作完成,尹建龙负责全书的构思统筹和最终统稿。在具体的写作分工上,张震旦博士除了负责资料的翻译和整理外,还撰写了第三章第三节和第六章的大部分内容,重新翻译整理了附录一"意大利共和国宪法"。

我们深知自己才疏学浅,对意大利的研究才刚刚起步,仅仅凭着兴趣就进行了这个"冒险"。文中必然会有许多缺陷和不足,一切责任都由我们承担,也真诚地欢迎这一研究领域的前辈、老师们对我们的工作提出各种批评意见,以鞭策我们更加努力的前进。谢谢。

第一章
意大利民族的历史记忆

第一节 古罗马时代的意大利

意大利共和国的大部分地区属于亚平宁半岛,南北狭长,恰似一只长筒皮靴伸进蔚蓝色的地中海,其地理方位是东经 6°38′至 18°31′和北纬 36°28′至 47°6′。半岛东南西三面环海,美丽的海岸线长达 14 700 公里;北部则有阿尔卑斯山脉将其同欧洲大陆隔开,其中位于山脉西段的勃朗峰海拔 4 807 米,是欧洲第一高峰;亚平宁山脉从北到南贯穿半岛,成为半岛的脊梁,这也使半岛的东部与西部相对隔绝,形成了许多带有地方特色的自然区域。

意大利是一个多山的国家,国土大部分是丘陵或山地,平原只占土面积的 20%,其中最大的平原是北方的波河平原(Pianura Padana),此外还有托斯卡纳地区的马雷马平原(Maremma)、拉齐奥地区的阿格罗蓬蒂诺平原(l'Agro Pontino)和普利亚地区的塔沃列雷平原(Tavoliere)。

意大利境内河流纵横,其中以波河、台伯河最为有名。波河(il Po)是意大利的第一大河,全长 652 公里,发源于阿尔卑斯山脉,横贯意大利北方,在威尼托注入亚得里亚海。但这些河流在夏季多缺水干涸,不便航行,冬季则泛滥成灾。意大利北方还有一些较大的湖泊,比较重要的,如加尔达湖(lago di Garda)、马焦雷湖（lago Maggiore）、科莫湖（lago di Como)等。

意大利是典型的海洋国家，深入地中海的长靴型版图使其拥有众多岛屿，最大的是撒丁岛和西西里岛，此外还有很多小岛，例如第勒尼安海中的托斯卡纳群岛（其中包括厄尔巴岛和季略岛）、庞廷群岛，那波利海湾的卡普里岛、伊斯基亚和普罗奇达岛，西西里附近的利帕里群岛（又称爱奥列群岛）、乌斯蒂卡岛、埃加迪群岛、潘泰莱里亚和佩拉杰群岛，在亚得里亚海普利亚海岸附近有特雷米蒂群岛，在撒丁岛北面则是马达莱纳群岛。

意大利的半岛地区属于地中海气候区，冬季温暖湿润，夏季则干旱炎热。但是由于有多种自然环境，意大利的气候也是多样的：在北方和阿尔卑斯山区，年温差很大，四季分明；而越靠近半岛的南部和沿海地区，气候就越温和，那里是典型的地中海型气候，冬季温和，夏季炎热。亚平宁山区森林茂密，丘陵和河谷地带适宜发展畜牧业，北部和中部的平原地带土壤肥沃，种植业发达。

适宜的自然环境让人类的文明之火很早就在意大利燃起。从公元前2000年代开始，就有一些印欧语系的部落进入意大利半岛居住，到公元前1000年左右，这些印欧语系的部落已经繁衍生息成为半岛的主要居民，并在半岛中部和南部形成了两种地方性语言：翁布里亚－萨比利安语言和拉丁语言。说前者的有翁布里亚人、萨宾人、萨莫奈人、鲁卡尼亚人和布鲁提亚人等，说后者的有拉丁人、赫尔尼西人、厄魁人和马尔西人等。

古罗马人的祖先是拉丁人的一个支派，后在台伯河畔建立罗马城，进而发展出辉煌灿烂的古罗马文明。

罗马建城的具体时间无从考证，但不应晚于公元前8世纪中期。生活在恺撒时代（公元前102至前44年）的古罗马作家瓦罗根据当时保存下来的城市日志进行推算，把罗马建城的确切时间定为公元前753年4月21日，这也是古罗马神话传说中被母狼哺育长大的两兄弟中的哥哥罗幕洛杀死弟弟勒莫斯，以自己的名字为罗马城命名的时间。瓦罗的推断为人们所广泛

第一章 意大利民族的历史记忆

接受,4月21日被确定为罗马的建城纪念日。①

罗马城早期的迅速发展与其优越的地理位置是分不开的,它位于坎帕尼亚的中心,控制着台伯河上连接伊达拉里亚与拉齐奥的渡口,而这个渡口恰好位于以台伯河口(奥斯提亚)为起点的古"盐路"(萨拉里亚大道)折向东北通往阿布鲁齐地区的转折点上。优越的地理位置促进了罗马经济的发展和实力的增强,从而使其从拉丁姆地区的30个胞族中脱颖而出,不断扩张壮大,最后建立起横跨欧、亚、非三大洲的世界帝国。

古罗马早期的发展有两条主线,其一是罗马内部民主政治的萌芽、发展、巩固和完善的历程,这包括推翻王政统治建立共和国、共和国内部平民和贵族的斗争等;其二是罗马对外的侵略扩张历程,古罗马的历史是一部对外军事征服、扩张的历史,其中对意大利半岛的征服和统治成为建立古罗马世界帝国的基础。

从公元前477年开始,经过三次艰苦的维爱战争,公元前396年罗马军队终于成功攻占了位于台伯河北岸的伊达拉里亚人城市维爱,该城居民或者惨遭屠杀或者被卖为奴隶,土地被没收充作罗马公地。这样,罗马解除了北方伊达拉里亚人的威胁,控制了台伯河流域广大地区,罗马共和国直接统治的领土扩大到2 200平方公里。

经过三次萨莫奈战争(公元前340—前338、前327—前304、前298—前290年)和一次拉丁同盟战争(公元前340—前338年),古罗马共和国打败了萨莫奈人,完全控制了意大利半岛的中部地区。

此后,罗马人将扩张的目光转向意大利半岛南部的古希腊殖民城邦,频繁发动攻击。公元前281年,战争爆发,经过10年苦战,即在公元前272年,意大利南部最大的古希腊人城邦塔兰托沦陷,其他希腊人城市也相继落入罗马人之手。

---

① 关于古罗马的建城和早期历史,参见[古希腊]普鲁塔克:《希腊罗马名人传》,陆永庭、乌彭鹏译,北京:商务印书馆,1990年,第39—52页。也参见[古罗马]李维:《建城以来史》(前言·卷一),穆启乐等译,上海:上海人民出版社,2005年,第33—37页。

至此，除半岛北部波河流域仍为高卢人占领外，北起比萨、里米尼，南至墨西拿海峡的意大利半岛都臣服于古罗马共和国，罗马城邦的直接领土为25 000平方公里，盟国约为15万平方公里，总人口近300万。

古罗马对意大利半岛北部地区的征服是在三次布匿战争（战争发生的时间分别为公元前264—241年、218—201年、149—146年）期间完成的。公元前218年，迦太基名将汉尼拔率领大军翻越阿尔卑斯山从背后进攻罗马，这惨痛教训使罗马人认识到掌握阿尔卑斯山各山口通道控制权的重要性。经过长期的战争，约在公元前183年古罗马共和国完全控制了半岛北部，同一年，罗马元老院派人向居住在阿尔卑斯山以北的高卢人宣谕罗马人民对阿尔卑斯山以南所有土地的统治权。①公元前177年，古罗马共和国派兵征服了整个伊斯特拉半岛，确定了意大利半岛的东北边界。

但是，这时期的意大利半岛（或称为"古罗马意大利"）虽然都臣服于古罗马城邦的权威之下，但并不能看作统一的政治实体，它分为两大类：罗马国家和意大利同盟者。

罗马国家的领土面积约有25 000平方公里，由四个部分组成，又分四类：第一类是罗马城和城郊的土地，划分为35个部落，4个城区和31个农村。第二类是自治城市，一些拉丁城市获得完全的罗马公民权，所以也称作有投票权的公社，这类城市享有自治权，其居民加入罗马的部落，有权参加公民大会和在军团中服役。另有一些自治城市享有部分罗马公民权，其居民有财产权和通婚权，但不能参加罗马公民大会和担任官职，因此被称为没有投票权的公社。伊达拉里亚和坎帕尼亚的一些城市即属此类。第三类是市场和广场，农村民众通过商业关系和行政事务聚合于一个中心，即市场，但不建立市政社团，广场类似于市场，只是广场是罗马执政官新近专门设立的中心，大部分处于其修筑的军事道路沿途。市场和广场的规模和功能，类似于中国古代以"集"、"镇"或"屯"命名的居民点，它们不是城市，但由古罗马公

---

① ［意］路易吉·萨尔瓦托雷利：《意大利简史：从史前到当代》，沈珩、祝本雄译，北京：商务印书馆，1998年，第28页。

第一章　意大利民族的历史记忆

民居住,并发挥一定的行政管理、商业和军事作用。

第四类是殖民地,分为罗马公民殖民地和拉丁殖民地两种。为了控制被征服地区并缓和古罗马城邦严峻的土地问题,古罗马共和国将被征服的部分土地收归公有并进行移民,建立罗马公民殖民地,这些殖民地具有军事性质,初为古罗马城邦管理,后实行自治,其居民构成罗马全权公民的一部分。还有一种是拉丁同盟城市在罗马征服地区建立的殖民地。这种拉丁殖民地有拉丁权,即内部实行自治,居民没有罗马公民权,但只要迁到罗马城便可获得罗马公民权。

罗马征服意大利后,并未组成统一的国家,而是根据被征服者不同的情况,采取分而治之的政策进行统治。在罗马国家之外的被征服地区是所谓的同盟者,其地位按与罗马签订的条约而定。伊达拉里亚的一些城市、意大利中部山地部落和南部希腊殖民城市多属此类。同盟者的内政独立自治,但丧失外交权,有些同盟者还被剥夺三分之一至二分之一的土地,供罗马和拉丁城市建立殖民地。①同盟者必须按照条约的规定,提供一定数量的军队,滨海城市即所谓海上同盟国则供应战舰和服役人员。此外,向古罗马共和国投降的意大利南部一些部落沦为"降民",他们没有任何权利,归古罗马共和国派驻的长官管辖。

据古罗马历史学家波里比阿记载,公元前225年在意大利约有100万人享有完全和不完全的罗马公民权,50万人享有拉丁权,150万人为同盟者。古罗马共和国将被征服的城市和部落置于各种不同的政治和法律地位,又根据他们对罗马的忠诚程度予以升降,随时加以调整。这样就使得被征服者之间产生矛盾和分裂,能够有效地防止他们联合起来进行反抗,从而加强并巩固古罗马城邦对意大利的长期统治。

此时的古罗马国家通过与意大利半岛其他的城邦签订双边或多边条约组成联盟,罗马是这个联盟的领袖和灵魂。这些条约有些是在平等条件下

---

① 马啸原:《西方政治制度史》,北京:高等教育出版社,2000年,第34页。

订立的,规定双方相互承担义务,互不侵犯、不给侵略者以假道之便,在自卫战时以全部兵力互相帮助。但绝大部分条约是所谓的不平等条约,被迫缔约的城邦与其称作盟国,倒不如叫作古罗马共和国的保护国,因为这些联盟立誓的目标是"保卫罗马人民的崇高威望",联盟国家必须与罗马并肩作战,必须向罗马提供兵员(或者派遣战船),以及相应的装备和给养,然而却没有权力为自己作战。罗马在盟国享有特殊的驻军权,与这一权利相应的还有接受人质权。罗马在外交上代表联盟,联盟成员之间不得交战,在发生纠纷时,由罗马仲裁。

在内政管理方面,联盟成员国在形式上保持自治,实际上却受到罗马的各种干预。罗马最普遍的做法是在每个联盟成员国内培植亲罗马党(大多是贵族党),使联盟成员国的政策朝有利于自己的方向发展。随着时间的流逝,联盟各成员大多建立起罗马类型的政治机构。罗马也负责统一管理联盟成员的对外贸易。联盟成员国虽然保留了铸币权,但因罗马不允许其在对外贸易结算中使用各自的货币而名存实亡。但另一方面,联盟成员国公民有权加入各处罗马殖民地,并从那儿获得土地。他们除了可与罗马通商外,一般来说还可以同罗马公民通婚,还允许个人以某种条件获取罗马公民身份。于是,在古罗马和联盟成员国之间逐步形成经济和家庭的紧密关系,并逐渐在各联盟成员国中形成了由罗马公民组成的统治核心。

这一时期,在古罗马的统治之下,古意大利各城邦并没有组成一个统一的政治实体,也不能认为组成了一个"意大利邦联"。意大利半岛各邦国通过单独与罗马签订双边条约(如上所言,绝大多数是不平等的),规定双方的权利和义务,但这些邦国之间却不存在任何政治和经济上的同盟关系,同罗马缔结条约的一个重大影响是使各邦国间原本存在的古老联盟如拉丁同盟、埃特鲁利亚联盟等失去了其政治意义,仅作为宗教联盟存在。

做个形象的比喻,意大利半岛的这些邦国正如一颗一颗分散的土豆,而古罗马的政治霸权则如一个布袋,把这些互不关联的土豆装在一起,失去了古罗马,这些土豆也就散落了,不能结为一体。

第一章　意大利民族的历史记忆

罗马在半岛实行的政策,首先是要获得和掌握一支防卫和进攻的辅助部队为自己所支配,用于自卫和作为对外政策的筹码,同时也要阻止一个能在意大利与之争雄称霸的强国的形成。至公元前3世纪末,罗马拥有30多万公民军,40多万同盟国军队,这为古罗马称霸地中海提供了有力的军事保证。①

从文化层面来看,古罗马对意大利的统治与霸权带来了意想不到的后果:它导致了意大利各地在文化上的统一。罗马的军事霸权,保证了意大利半岛的外部安全和内部和平,道路的修建和交通的改善,促进了经济交流以及人员的流动,促进了古意大利各不同种族和文明的融合和文化大同化,进而创造出了光辉璀璨的古代罗马文明。

古罗马人对意大利以外的征服地区用行省制度进行管辖和统治。到公元前2世纪下半叶,罗马一共设置了8个行省,即西西里、撒丁尼亚、山南高卢(包括阿尔卑斯山以南和卢比孔河以北地区)、西班牙、阿非利加、伊利里亚、马其顿和阿卡亚。行省的总督通常由卸任了的执政官和其他高级官员竞选担任,但需经元老院批准。

古罗马对行省的统治并不像对待意大利同盟者那样宽宏大量。元老院任命的行省总督只要每年向古罗马城邦缴纳大量的贡物、税款、谷物和奴隶,就可以为所欲为,这必然引起肆无忌惮的剥削和敲诈勒索。例如古罗马共和国时代的政治家西塞罗在以下控告中描述了曾担任西西里行省总督的盖尤斯·威勒斯在公元前73年至前71年间所施行的恶政,这种恶政在当时是很平常的,并不罕见。西塞罗说:"通过新的、无原则的管理,从农民钱袋中榨取无数的金钱;对待我们最忠实的盟友,就像对待民族之敌一样;折磨和处死罗马公民,好像他们是奴隶一般;罪大恶极的罪犯可以用钱买得无罪释放,而最正直、最诚实的人却未予审问即被判罪、受到放逐;听任设防港口和城市遭受海盗和冒险家的攻击。让西西里士兵和水手、我们的盟友和朋友给活活饿死;尤使我们民族蒙受巨大耻辱的是,装备精良的舰队被击

---

① [意]路易吉·萨尔瓦托雷利:《意大利简史:从史前到当代》,沈珩、祝本雄译,北京:商务印书馆,1998年,第23页。

毁,化为乌有。著名的古代艺术品,其中有些还是富有的国王们的礼物……全被这位总督劫夺、掠去。他不仅如此对待城市的雕像和艺术品,而且还掠夺最神圣、最受崇拜的圣殿;如果一个神,其神像的制作工艺超过古代一般水平,具有一定的艺术价值,那他就绝不会留给西西里人民。"①

罗马公民权授予范围的扩大标志着意大利半岛在罗马统治下逐渐实现了一体化的进程。

在公元前1世纪以前,罗马公民权只局限于授予罗马城和罗马殖民地的居民,意大利半岛上的各同盟者城邦为了争取与罗马平等的权利,在公元前91年至前88年之间发动了"同盟者战争"。迫于这种压力,公元前90年,罗马元老院根据《尤利乌斯法》(由执政官赛克斯图斯·尤利乌斯·恺撒提出,他是盖乌斯·尤利乌斯·恺撒,也就是恺撒大帝的叔父,于公元前91年出任执政官)允许仍然效忠罗马的同盟者获得公民权,后来又根据《普劳齐乌斯－帕皮里乌斯法》(由护民官普劳齐乌斯和帕皮里乌斯提出)赐予在60天内提出请求的古意大利人公民权,但新公民只应在35个部落中的8个部落里登记,因为按照惯例是以部落为单位投票,这就大大减少了新公民们在罗马政治中的分量。同时,执政官庞培和斯特拉博提议,把拉丁公民权给予山南高卢民众。采取上述措施后,古罗马共和国成功地维持了尚未反叛民众的忠诚,并使许多反叛者放下武器。公元前70年,罗马元老院在执政官格内乌斯·庞培和马库斯·利基尼乌斯·克拉苏的督促下决定授予半岛上所有的同盟者城市居民以罗马公民权,后来尤利乌斯·恺撒又发布公告授予波河以北的城市居民以罗马公民权。

伴随着罗马公民权的扩大,罗马也开始消除自治城市、殖民地、市场和广场在法律地位和管理体制上的差别,统一改组为城市,建立与罗马城相似的城市管理体制,从而在意大利半岛广泛形成了具有市政权的城市网络,属于各城市管辖的有村庄、城堡、农村土地,还包括罗马人民的公地。古意大

---

① [美]斯塔夫里阿诺斯:《全球通史:1500年以前的世界》,吴象婴、梁赤民译,上海:上海社会科学院出版社,1999年,第232—233页。

第一章 意大利民族的历史记忆

利的这种市政变革进程最终在尤利乌斯·恺撒时代完成。

到后三头同盟时期(公元前 43 年至公元前 36 年),原本作为行省的山南高卢合并到意大利本土中,至此阿尔卑斯山正式成为意大利的北部边界,东北部的边界则由奥古斯都确定为伊斯特拉半岛的阿尔萨河。

经过公元前 1 世纪的变革和动荡,到奥古斯都时期(公元前 28—公元 14 年),古罗马由共和国转变成为帝国。在这一过程中,古罗马统治下的意大利半岛的一体化进程也得以完成,古罗马摆脱了城邦国家的角色,变成为一个庞大帝国的首都,半岛上古意大利人的各城邦则成为帝国疆域内的自治城市和地方行政单位。由于获得了罗马公民权,从名义上说,全体意大利公民都可以参与罗马公民大会,进而担任各种公职,但由于直接民主造成的制度限制,这种权力往往难以实现。

在这里必须明确指出,在古罗马帝国时期的意大利并没有形成一个所谓的"民族国家",虽然此时的意大利有明确的疆域、特殊的政治地位——罗马帝国的本土,享有广泛的公民权。皇帝和元老院不断加强的专制统治使意大利所具有的这点特殊性溶解在世界帝国的统一性之中。帝国的强盛带来了所谓的"罗马治下的和平"(Pax Rome),罗马城的地位远远超过了意大利本土,整个帝国的构架就是以罗马城为中心的政治领导之下的具有行政自治特征的城市网络。①

随着罗马公民权在帝国行省的扩大(公元 212 年,卡拉卡拉皇帝将罗马公民权扩大到整个帝国——但那些不属于任何市民阶层的劳动者除外),意大利作为帝国本土享有的政治光环消退了,半岛各城市所享有的税收、司法、军事特权也相继丧失,逐渐降到与各行省平等的地位。从公元 2 世纪起,由于受各行省的竞争和内部战乱的影响,意大利本土的工商业也衰落了。

意大利政治地位的降低和经济衰落在皇帝戴克里先(公元 284—305 年)和君士坦丁(公元 312—337 年)统治时期得到了最明显的体现。戴克里

---

① [意]路易吉·萨尔瓦托雷利:《意大利简史:从史前到当代》,沈珩、祝本雄译,北京:商务印书馆,1998 年,第 43 页。

先将皇帝的称号由"元首"改为"多米努斯"（意即"主宰"），抛弃掩盖君主专制的共和外衣，建立起具有强烈东方神权政治色彩的专制官僚君主制度。这一变化使意大利丧失了在帝国享有的任何特殊性，从税收开始，与各行省一律平等。戴克里先又把帝国分为四个部分，实行"四帝共治"制度。作为君主，戴克里先封马克西米安为共治者，掌管帝国西部事务，自己则以小亚细亚的尼科米底亚为驻跸地，掌管帝国东部，防御波斯人的进攻和蛮族对边境的进犯，两人都称为"奥古斯都"。不久之后，两位奥古斯都各自任命一位副手，都称为"恺撒"，并把自己管辖的地区分出一部分交给恺撒掌管。戴克里先任命加列利阿为恺撒，掌管伊利里亚各省；马克西米安在戴克里先同意下选定君士坦西阿为恺撒，管理高卢、西班牙和不列颠。帝国由四个统治者分开治理，但仍保持统一，戴克里先以君主地位握有最高权力。同时规定，奥古斯都在20年任期届满后交卸职务，让位于恺撒，两位奥古斯都将其手下的恺撒收为继子，并将女儿嫁给恺撒，以血缘婚姻关系保持世袭统治，防止篡位和宫廷政变。

为了加强中央集权削弱行省地方势力，戴克里先实行行政改革，把原有的47个行省重新划分为100个行省，分别归属于18个行政区。罗马作为特别行政区仍是帝国的首都，但已不再是皇帝的驻地。行省总督由文职人员担任，不兼军务。323年以后，君士坦丁大帝废除四帝共治制，委任自己的子侄治理帝国的各部分地区，从而把君主专制推到一个新的阶段。君士坦丁同时将帝国划分为高卢、意大利、伊利里亚和东方四大行政区，其下设行政区，行政区下辖各行省。意大利是意大利大行政区下面的一个行政区，其行政长官驻守米兰，辖区包括自阿尔卑斯山的科蒂安山脉和腊埃提亚地带往南的整个半岛地区，以及撒丁、西西里、科西嘉岛。意大利行政区下面又分成许多行省，但行政区长官只掌管意大利北方的所谓的"粮食省"，因为必须从这些省份里征收贡物，以供皇帝宫廷消费；意大利中部和南部各行省，即所谓的"城市省"或"郊区省"，被置于官署在罗马的"城市代理行政长官"之下，其贡物输往罗马。到4世纪时，为了增加宫廷的财力，原有的"郊区省"

第一章 意大利民族的历史记忆

被并入粮食省。罗马在城市行政长官的治理下,保留自己的行政权,元老院保留城市的司法权,但此时的罗马元老院只是作为一个市政议会存在。在这个精心设置的行政机构中,罗马和意大利降到了"纳贡的行省"的地位。①

公元330年,君士坦丁皇帝在博斯普鲁斯海峡西岸古希腊殖民城市东罗马的旧址建立了帝国的新首都,并命名为君士坦丁堡。新都城的建立标志着罗马帝国统治中心的转移,也标志着帝国东西两部分的分离。而西罗马帝国的衰落和灭亡则开启了意大利长达1 300年的大分裂时期。

第二节 群雄纷争的年代

公元395年,古罗马帝国皇帝狄奥多西死后,帝国的行政管理正式分裂为东西两部分,即以君士坦丁堡为首都的东罗马帝国和以罗马为首都的西罗马帝国,但两者在政治上和形式上仍然是统一的。

日耳曼人的入侵,加速了西罗马帝国的崩溃。日耳曼人原来主要生活在莱茵河以东、维斯瓦河以西、多瑙河以北的地区,其文明发展程度比较低,长期处于部落联盟阶段,尚未形成国家。但日耳曼人体格强壮、好勇斗狠,视战争为"荣耀"之事,为了掠夺奴隶和财富,他们袭扰古罗马帝国的边境地区,不断引发小规模的军事冲突。但公元4世纪以前,由于帝国力量较强,日耳曼人基本上被遏阻在帝国的边境地带。此时分布在莱茵河以东的日耳曼各族,主要包括法兰克人、阿雷曼人、伦巴德人、盎格鲁人、撒克逊人、苏维汇人、汪达尔人,以及迁徙到多瑙河下游和黑海北岸的哥特人。他们虽然还无力同帝国直接对抗,但已通过各种渠道不断渗入帝国内部。有的以"同盟者"身份,取得罗马统治者同意,进入帝国边境地区,为帝国防守边疆;有的在罗马军队中充当雇佣兵,有的则成为罗马庄园的隶农。公元4世纪末,随着罗马帝国内部奴隶制危机的加深,国力日衰,日耳曼人便以武力征服的方

---

① H. Hearder and D. P. Waley, eds., *A Short History of Italy: From Classical Times to the Present Day*, Cambridge: Cambridge University Press, 1963. p. 16.

式向帝国境内掀起大规模的迁徙浪潮,直接威胁到古罗马帝国的存亡。正如恩格斯所说:"到四世纪末,罗马帝国已是那么衰弱,毫无生气和束手无策,因而为德意志人的入侵敞开了大门。"①

最先迁入帝国境内的是西哥特人。公元4世纪中期,由东亚西迁的匈奴人进攻黑海北岸的东哥特人,后者被迫西迁,在东欧引发了多米诺骨牌效应,日耳曼各部族纷纷西迁避险。公元376年,原本生活于多瑙河下游地区的西哥特人取得罗马皇帝同意,进入帝国境内的麦西亚(今保加利亚一带)地区寻求庇护。不久,他们因不堪忍受罗马统治者的剥削和压迫,掀起了反罗马的暴动,并于公元378年在亚得里亚堡打败前来镇压的罗马军团,烧死了罗马皇帝瓦伦斯。之后,西哥特人纵横于巴尔干地区。公元5世纪初,西哥特人向西侵入意大利本土,并于公元410年攻占罗马城,震动了整个欧洲。随后,他们进入高卢地区和西班牙半岛,在高卢西南部和西班牙北部建立西哥特王国(存在时间为公元419—711年)。

公元5世纪初,在西哥特人转战于罗马帝国各地的同时,其他的日耳曼部族也纷纷冲破罗马帝国边境防御工事,涌入帝国境内。居住在潘诺尼亚的汪达尔人,联合苏维汇人,从莱茵河与多瑙河上游地区攻入西罗马帝国境内,沿阿尔卑斯山麓直插高卢和西班牙。后来因受西哥特人攻袭,汪达尔人越过直布罗陀海峡进入非洲,于公元439年在北非建立了汪达尔王国,以迦太基为首都。随后又占领了地中海的许多岛屿,如西西里岛、科西嘉岛、撒丁岛以及巴利阿里群岛。公元455,年汪达尔人攻陷罗马城,在野蛮地烧杀劫掠15天后,退走。

原来居住在波罗的海南岸地区的勃艮第人也在5世纪初进入高卢地区,并在高卢东南部建立了勃艮第王国(约建于457年)。同时期的盎格鲁人、撒克逊人和裘特人则侵入不列颠岛,在不列颠岛上建立了许多小王国。

在"蛮族"的入侵和西罗马帝国境内奴隶、隶农起义的双重打击下,早已

---

① [德]恩格斯:《家庭、私有制和国家的起源》,北京:人民出版社,1972年,第145页。

第一章 意大利民族的历史记忆

腐朽没落的西罗马帝国只剩下意大利一隅之地。正是在西罗马帝国的废墟上,法兰克人征服了高卢大部分地区,于公元486年建立起法兰克王国。

公元476年8月,"蛮族"军队首领奥多亚克废黜西罗马帝国的最后一位皇帝罗慕洛·奥古斯都。学术界由此一般也把公元476年视为西罗马帝国灭亡的年份。但从当时人们的观念来看,罗马帝国仍然存在,只不过西部帝国的皇统断绝了。奥多亚克这位蛮族之王,为了解决其在罗马人中的地位,便命令罗马元老院派使节去君士坦丁堡,向东罗马帝国的皇帝芝诺(公元474—491年在位)臣服,并请求批准他以罗马贵族身份代表东罗马帝国的皇帝治理意大利。由于当时东罗马帝国无力征服意大利,只能顺水推舟,批准了这个请求,于是奥多亚克便以罗马贵族和东罗马帝国皇帝在意大利的"钦差"身份统治罗马人,但不能行使皇帝的特殊权力——颁布法律和铸造金币。这样,东罗马帝国获得了对意大利的政治宗主权。

公元493年,东哥特人的首领西奥多里克在东罗马帝国皇帝的支持下打败并杀死奥多亚克,在意大利本土上建立东哥特王国,但其领土范围只包括阿尔卑斯山以南的亚平宁半岛和西西里岛,西罗马帝国的其他领土——非洲、西班牙、高卢、不列颠等地,都已经为其他蛮族部落攻占了。

和奥多亚克不同,西奥多里克是凭借东罗马帝国皇帝的正式委任而名正言顺地统治意大利的。公元497年,东罗马帝国皇帝阿那斯塔西乌斯一世(公元491—518年在位)赐给西奥多里克紫袍和其他皇室标记,正式承认他为东罗马帝国皇权在意大利的最高代表,掌握执法和司法的最高权力,可以任命全体官员,颁布规章制度(但不是法律)、铸造钱币(金币除外)等。同时,西奥多里克还是"东哥特人之王",并以此头衔统率蛮族军队。这种"罗马——蛮族新王国"的二元政体是公元476年以后统治意大利的主要制度形式。在这种制度安排下,意大利的政治地位介于蛮族新王国和帝国直辖行省之间,从而形成一种不稳定的局势,它既可以回复到帝国行省的状态(如在查士丁尼一世时代,东罗马帝国重新征服意大利时就是如此),也可以完全独立自主,形成建立在罗马——蛮族融合基础之上的新型国家形态,如

13

在不列颠、高卢和西班牙等地形成的诸蛮族新王国。

在东哥特王国时期,意大利的政治机构和民事管理仍沿用罗马旧制,但军队由东哥特人组成和掌握。东哥特人仍受自己的首领和法庭管理,其享有的特权包括:在东哥特人和罗马人的诉讼里,由东哥特人法官加以裁决,罗马人只出一位助手加以协助;在中央政府中,除由罗马人占据的罗马官职外,国王通过由东哥特人组成的王室会议来管理政府事务;地方各行省沿袭罗马旧制,但国王派出由东哥特人担任的巡视员来进行监督。在这种双重体制下,西奥多里克的目的并不是融合东哥特人和罗马人,而是让他们简单地和睦相处,互相服务——东哥特人用武器保卫意大利的安全,罗马人则用其生产劳作供养东哥特人的生活。所以,罗马帝国后期形成的经济和社会状况并没有改变。

在名义上,东哥特王国是东罗马帝国的属国,西奥多里克对意大利和罗马城所拥有的权利来自于东罗马皇帝的授予和认可,没有这种认可,他的统治就失去了合法性。所以在当时人们的观念中,东哥特王国不是一个独立自主的国家,当皇帝查士丁(公元518—527年在位)批准西奥多里克对继承人问题的安排时,这种帝国观念在意大利人心目中更加强化了。

查士丁尼一世(公元527—565年在位)继承东罗马帝国皇位后,致力于恢复对帝国西部的统治。公元535年,查士丁尼一世派大将贝利萨留征服西西里,继而进军意大利半岛,公元536年12月,击败东哥特人,进入罗马。公元540年,贝利萨留攻占东哥特王国的首都拉文纳城。公元554年,东罗马帝国将军纳尔塞斯彻底打败残余的东哥特人和入侵的法兰克人,把整个意大利重新纳入东罗马帝国版图。其中意大利半岛绝大部分成为东罗马帝国的行省,隶属罗马大行政区。但西西里岛、撒丁岛和科西嘉岛不属于罗马大行政区,西西里岛直属帝国,作为皇帝的私人领地;撒丁岛和科西嘉岛附属于非洲大行政区。查士丁尼一世于公元554年颁布了《国事诏书》,规定帝国西部各行省的管理体制:意大利半岛各行省的地方政府长官由世俗和教会名流从地方贵族中选举产生,其主要职责是征税;实权掌握在帝国任命

第一章 意大利民族的历史记忆

的行省军事长官(或称"总督")手中,这些总督作为皇帝的代理人,负责指挥各行省的军队,但他们的职位是临时的,因为皇帝可以撤换,而不像蛮族国王拥有自己的军队。

查士丁尼二世(公元565—578年在位)继位后,召回驻守意大利的将军纳尔塞斯。公元568年,日耳曼人的分支伦巴德人①取道弗留利入侵意大利,并在此建起伦巴德王国。

伦巴德人兵锋强劲,经过10多年的战争,就占领了意大利北部和波河流域,兵锋直指半岛南端的卡拉布里亚。伦巴德王国是蛮族人在意大利建立的第一个独立自主的王国,且与东罗马帝国处于敌对状态,并不像东哥特王国那样处于臣属地位。伦巴德人废除行省制度,代之以不同的公爵领地,在意大利到最南端的是贝内文托公国和斯波莱托公国。

但伦巴德人并未能完全排斥东罗马帝国的势力和统一意大利。这一时期,东罗马帝国在意大利的诸行省从北到南的分布情况如下:(一)威尼斯和伊斯特里亚地区;(二)总督管辖地,包括艾米利亚地区以及总督所在地拉文纳;(三)彭塔波利(五城联盟)地区,分为海滨彭塔波利(里米尼、佩萨罗、法诺、西尼加利亚、安科纳)和粮区彭塔波利(直到亚平宁山脉的内部地区,包括乌尔比诺、届松布罗内、耶西、卞利、古比奥),一条走廊(佩鲁贾、亚梅利亚、奥特里科利)把彭塔波利和下述地区联结起来;(四)罗马公国,包括台伯河以北的图希亚和河南的坎帕尼亚;(五)那不勒斯公国,包括与罗马的坎帕尼亚毗邻加埃塔地区、那不勒斯周边地区和塞勒以南地区;(六)卡拉布里亚或奥特朗托地区(7世纪末,缩小到塔伦托半岛的终端);(七)布鲁齐奥地区。②

在这一时期的意大利半岛上,除了存在蛮族王国和东罗马帝国行省对立分裂的状态外,蛮族王国和东罗马帝国行省内部也不是统一的,而是出现

---

① 拉丁语/意大利语 Langobardus,复数为 Langobardi,伦巴德是长胡子的意思,因这些日耳曼人金发披肩,长须飘拂,故而得名。
② H. Hearder and D. P. Waley, eds., *A Short History of Italy: From Classical Times to the Present Day*, (Cambridge: Cambridge University Press, 1963), p. 31.

了"碎片化"的趋势:伦巴德王国内部王权衰微,各公国各行其是;东罗马帝国治下的意大利各行省则互不隶属,缺乏紧密的联系,地方自治的发展则强化了分裂的状态。就这样,伦巴德人的入侵打破了从古罗马共和国以来一直存在的意大利半岛的统一状态,这种分裂状态一直持续到1870年。

公元568年,伦巴德人入侵意大利,标志着欧洲"民族大迁徙"时期结束,西欧的历史揭开了新的一页,进入封建社会发展时期。

公元8世纪初,有4股政治和宗教力量支配着意大利的命运:伦巴德王国、东罗马帝国、罗马教皇和基督教会、东罗马帝国在意大利的各行省。其中,为了打击东罗马帝国所属各行省的地方自治运动,挫败伦巴德王国统一半岛的图谋,并建立教皇的世俗统治,历任罗马教皇都不惜"引狼入室",借助外部力量来达到目的。此时崛起于阿尔卑斯山以北的法兰克人似乎成为教皇的救星。公元739年,教皇格利高利三世曾试图获得墨洛温王朝宫相"铁锤"查理①(即查理·马特)的援助,希望查理能够成为"罗马的保护者"。但查理·马特当时正忙于抵抗比利牛斯山边境上阿拉伯人的入侵,无暇他顾。公元741年,查理·马特去世后,查理的儿子"矮子"丕平继位,转变态度,同教皇结成了"法兰克—教皇联盟"。公元751年,经教皇批准,丕平把墨洛温王朝的最后一位君主送进了修道院,自己登上王位,建立了加洛林王朝。②

---

① 在欧洲中世纪历史上的各国历代国王和著名贵族,大多有传世的"绰号",或者因其施政作为,如这里查理的"铁锤"绰号便因其强有力的抗击阿拉伯人入侵而得名;1215年签订《大宪章》的英格兰国王约翰则因其对法战争失败,丧失英格兰在欧洲大陆领土而得名"失地王";或者以其身体特征,如这里的"矮子"、下文中的"秃头"等;还有些是因其性格特征,最著名的是英格兰的一代名王"狮心王"理查德一世。

② 在墨洛温王朝的最后阶段,查理·马特与"矮子"丕平父子,犹如中国东汉末年的曹操与曹丕父子,"矮子"丕平野心勃勃,图谋废掉国王,终结墨洛温王朝,这是其父查理·马特不敢越过的雷池。丕平不愿意背负篡位者的骂名,要寻找一个合理的借口,他通过法兰克大主教向罗马教皇扎卡利亚斯捎去了口信,试探性地提出了一个问题:"是徒有虚名的人做国王好,还是拥有实权的人当国王好?"不出丕平所料,教皇心领神会,给出了这位图谋篡位者最希望得到的答复。公元751年,"矮子"丕平在苏瓦松举行王国大会,教皇的特使为其涂抹圣油,赐予国王权杖。而墨洛温王朝的最后一任"懒王"希德里克则被剃掉头发关进了修道院,法兰克人的墨洛温王朝为加洛林王朝取代。

第一章 意大利民族的历史记忆

为报答教皇的支持,从公元752年开始,"矮子"丕平两次发动远征,打败伦巴德人,迫使其把罗马涅和彭塔波利等地割让给教皇,成为教会领地。①公元774年,丕平的儿子查理曼打败伦巴德人,并加冕为伦巴德国王,彻底解除了教皇的一个对手。公元800年圣诞节,教皇利奥三世在圣彼得大教堂为查理曼加冕,查理曼成为"罗马人的皇帝",当时周围的人一齐高呼:"查理,上帝加冕的最虔诚的奥古斯都,伟大的和平的皇帝,万寿无疆,胜利。"②公元812年,东罗马帝国的皇帝承认查理曼的皇帝头衔和地位。就这样,在西罗马帝国灭亡300年多年后,上演了"王者归来"的一幕。

伴随着查理曼的军事扩张,这个"法兰克帝国"(虽然也有学者认为这个帝国的名称也是"罗马帝国")的疆域几乎扩展到整个西部欧洲。公元843年,在查理曼的孙子三分帝国之后,"罗马人的皇帝"头衔仍然存在,并在名义上对被瓜分后的帝国各部分享有最高主权。可以说,从公元800年到1806年,西欧一直存在着"罗马帝国皇帝","神圣罗马帝国"是延续了法兰克帝国的帝号,"皇帝"不但是中世纪欧洲最尊崇的称号,还在名义上对整个西部欧洲享有最高主权。

加洛林王朝对意大利的命运产生了深刻的影响。查理曼帝国并没有重新统一意大利半岛,在公元812年与东罗马帝国签订的《阿奎斯格拉纳和约》中,查理曼承认意大利半岛东北部的威尼斯和南部的那不勒斯等地仍臣属于东罗马帝国,以此换取东罗马皇帝对西部帝国的承认。对加洛林王朝各君主而言,意大利只是王朝的部分领土,王朝的重心在阿尔卑斯山以北。

在公元774年灭亡之前,伦巴德王国本来已经占领了半岛绝大部分的地区,在半岛南部建立了贝内文托公国,东罗马帝国的势力范围已大大被压缩,仅局限于半岛的沿海地区如威尼斯、那不勒斯等地。查理曼征服伦巴德王国之后,意大利被并入一个版图更广阔的,且重心在意大利之外的帝国疆

---

① [意]马基雅维里:《佛罗伦萨史》,李活译,北京:商务印书馆,1982年,第16页。
② [意]路易吉·萨尔瓦托雷利:《意大利简史:从史前到当代》,沈珩、祝本雄译,北京:商务印书馆,1998年,第89页。

域之内,意大利自身实现自主和统一的可能性遭到沉重的打击。

在伦巴德王国时期,意大利一分为二,在法兰克人统治下,意大利分裂成更多的碎块,北部是伦巴德意大利(隶属法兰克人),中部有教皇统治区和斯波莱托大公国,半岛南部的贝内文托公国则游移在东罗马帝国和法兰克人之间。此外在半岛南部和沿海地区还有东罗马帝国的意大利各行省,它本身又分裂为好几块。就这样,意大利的一部分从属于外国,另一部分自治进程加快,与之相伴随的则是分崩离析的加剧,半岛内部的一体化进程受到严重阻碍。

公元774年,查理曼占领伦巴德并加冕为伦巴德国王,并委派其子丕平(按照辈分算,应当是"矮子"丕平的孙子)为伦巴德王国的摄政王,此时,"意大利王国"作为伦巴德王国的代称出现了。公元810年,摄政王丕平去世,其子贝尔纳多继位为伦巴德王国的摄政王。公元814年,查理曼去世,其子"虔诚者"路易即位成为法兰克帝国的皇帝。公元818年,贝尔纳多因为反叛被处死,意大利王国被"虔诚者"路易封给其长子罗退尔(Lothair)。公元823年,罗退尔由教皇加冕为国王。为了加强对罗马城和罗马教廷的控制,罗退尔于公元824年颁布《帝国建制诏书》(也称《罗马建制诏书》),重新确定了法兰克帝国对罗马城的主权(罗马城不属于此时的意大利王国管辖),诏书规定在罗马城派驻代表帝国权力的常设代表,强迫罗马人和尚未举行就职仪式的当选教皇宣誓效忠于帝国皇帝。①

公元843年,"虔诚者"路易的三个儿子——长子罗退尔、"秃头"查理(Charles II le Chauve)及"日耳曼人"路易(Ludwig II der Deutsche)在混战之后,签订了《凡尔登条约》,瓜分帝国。长子罗退尔保留帝国皇帝的称号(公元843年-855年),其直接统治的领土从北海经过尼德兰、勃艮第、洛林、普罗旺斯、伦巴德一直延伸到罗马,同时作为皇帝对罗马城和南部两个

---

① [意]路易吉·萨尔瓦托雷利:《意大利简史:从史前到当代》,沈珩、祝本雄译,北京:商务印书馆,1998年,第98页。

第一章　意大利民族的历史记忆

公国享有宗主权。①"秃头"查理获得帝国西部的统治权,"日耳曼人"路易获得帝国东部的统治权。罗退尔把帝国首府设在阿奎斯格拉纳,此后再也没有回到意大利,他将意大利委托给自己的长子路易二世管理。公元855年,罗退尔去世,他的三个子嗣再次把"中法兰克王国"分为三份,罗退尔的两个幼子分别获得了北部的洛林、中部的普罗旺斯两片领地,南部的意大利则继续由罗退尔的长子路易二世统治。可是,管理"中法兰克王国"北部两片领地的儿子相继在公元863年及869年去世,他们的叔叔西法兰克国王"秃头"查理和东法兰克国王"日耳曼人"路易于公元870年在在今日荷兰的墨尔森(Meerssen)签署条约,瓜分了洛林及普罗旺斯两地,而意大利则继续维持现状。公元875年,路易二世去世,加洛林王朝在意大利的统治结束。

从公元887年到公元962年奥托一世加冕为帝国皇帝,此时是"独立的意大利王国时期",当时的意大利王国的国王由本地的大封建主选举产生。但这时候的"意大利王国"与1870年之后的"意大利王国"并没有多大的相似性,这是因为,首先,当时的意大利王国领土仅局限于阿尔卑斯山往南、罗马城以北的地区,并没有统一;其次,当时的意大利王国与法兰克帝国之间的联系并未隔断,按照加洛林王朝的传统,帝国皇帝只能在罗马加冕,每一位意大利国王自然希望能获得这个称号,以便获得更大权力和威望,并以合法头衔对罗马城和教皇国(从属于帝国,而不从属于意大利王国)以及南部意大利各行省(这里只有西部帝国皇帝才有资格抗衡东罗马帝国皇帝的干预)行使最高主权。

公元936年,萨克森公爵奥托一世成为德意志国王,他以查理曼的继承人自居,觊觎帝国皇帝的称号,而意大利王国内部各派封建主之间的冲突为奥托的南下提供了借口。公元951年,奥托一世以调解意大利封建贵族的内部纷争为借口,第一次进军意大利,获得意大利国王的称号,并夺取了维罗纳和阿奎莱亚(包括伊斯特里亚)两边境省,掌握了日耳曼人进入意大利

---

①　钱乘旦主编:《欧洲文明:民族融合与冲突》,贵阳:贵州人民出版社,1999年,第28页。

半岛的北方门户。公元962年2月2日,奥托一世在罗马加冕为帝国皇帝,开创了"日耳曼民族的神圣罗马帝国",①从此"德意志国王"、"意大利国王"和"帝国皇帝"三位一体,谁被选举为德意志国王,自然也就成为意大利国王和帝国皇帝,虽然这两个王国仍然保留各自的法律和习俗,从未实现过法律和政治上的统一。

需要记住的是,这时的意大利王国只局限于意大利半岛的北部和中部,威尼斯地区、南方和岛屿地区仍然处于分裂状态。同时,作为帝国皇帝,依据罗退尔颁布的"帝国建制诏书",享有对罗马城的最高宗主权,作为罗马公国和教皇国的统治者,教皇是皇帝的封臣,要向皇帝宣誓效忠。

这个帝国虽然被伏尔泰讽刺为"既无罗马,也不神圣,更不是个帝国",但它的存在却大大延缓了德意志和意大利两个民族国家的形成。

就德意志民族而言,帝国皇帝称号成了一个荣耀却又沉重的负担,奥托一世之后的历代德国帝王,为了获得皇帝称号和进行加冕,几乎都按同样的政治模式行事,即成为德意志国王以后不是强化对德意志各邦国的统治,而是首先进军意大利,强迫意大利北方各地承认其皇帝的宗主权,并在罗马加冕。据统计,从公元951年到公元1250的300年中,德意志历代皇帝共进入意大利144次,其中军事进攻43次。这些举动不仅使德意志封建贵族与意大利北部各邦国诸侯、城市及罗马教皇之间的对抗日益加剧,而且也极大地消耗了德意志王权的力量,从而使德意志历代帝王缺乏足够的力量和精力以强化王权、巩固对德意志本土的统治,导致各地诸侯趁机坐大,割据局面日甚一日,并最终成为一种常态,成为阻碍德意志民族统一的最大障碍。

对意大利而言,帝国的存在使它北部和中部的大部分地区丧失了自己的主权,这些地方成为另外一个民族和"国家"的附庸,虽然在皇权衰落的时候,这些地方享有很大的独立性,但是,各邦国内部却很难产生建立在意大利民族共识基础之上的密切联系。这种分崩离析状态又因为受到教皇和皇

---

① 德语:Heiliges Römisches Reich deutscher Nation,拉丁语:Sacrum Romanorum Imperium nationis Germanicae.

第一章　意大利民族的历史记忆

帝之间、欧洲各列强之间的争夺而加剧了。

第三节　实现国家统一的尝试和失败

　　绝对主义国家崛起于文艺复兴时代,各种强化统治的技术手段,包括行政和外交两个方面均由意大利首开先河。但是意大利本土却从未建立过全国性的绝对主义政权。在整个中世纪,罗马教皇的普世性和神圣罗马帝国的跨国体制使意大利和德意志两地不可能产生具有明确领土范围的、具有民族特性的绝对主义君主政体。在意大利,教皇国顽固地抵抗着任何统一半岛的努力。不过,教皇国本身并不足以有效地阻止这一历史进程的出现,因为它的虚弱状态已经积重难返。而意大利北部商业经济的高度发展和各城市共和国的存在阻碍了建立统一的君主政体的企图,而统一的封建君主政体正是绝对主义赖以建立的基础。

　　在意大利本土也产生过几次试图建立绝对主义王权的努力,其中最著名的一次是由占据半岛南部西西里王国的霍亨斯陶芬王朝发动的。

　　从西罗马帝国灭亡以来,意大利半岛南部和西西里岛就与北部和中部分离开来,演化成为欧洲各大势力的逐鹿场。东罗马帝国、东哥特人、伦巴德人相互争夺。从公元8世纪起,信奉伊斯兰教的萨拉森人侵占西西里岛,并逐渐向半岛扩张。在这种混乱状态下,主要由北欧海盗及其后裔组成的诺曼底人乘虚而入。他们先是为混战各方充当雇佣兵,然后就反客为主,争夺统治权。公元1053年,诺曼底人在其首领"狡猾者"罗伯特的领导下于契维塔太战役中打败教皇统率的军队,俘虏教皇利奥九世。公元1059年,教皇尼古拉二世把"狡猾者"罗伯特所征服的土地作为教皇恩赐的封地授予他,并授予他公爵的称号,这个行动使诺曼底人对意大利南部的统治合法化,同时也确认了罗马教皇对南意大利和西西里岛的宗主权。诺曼底人最终在公元1130年完成了对西西里岛和意大利南部的征服和统一,同年,罗杰二世("狡猾者"罗伯特的弟弟罗杰伯爵的儿子)经教皇同意在巴勒莫大教堂加冕为西西里国王。①

同占领英格兰的诺曼底人相比,建立西西里王国的诺曼底人在行政管理和军事才能上一点也不差。诺曼底人允许王国里的希腊人、萨拉森人、法兰克人和意大利人保留各自生活方式和语言,以此来缓和诺曼底人与被统治者之间的矛盾。在政治上,国王拥有绝对的统治权,并把征服的土地作为封地授予有军功的下属,建立起完整的封建等级制度,同时围绕着国王建立起一整套的官僚机构,听命于国王的御前大臣们管理王室土地,掌管全国的最高司法权,而各地封建王公和城市的行政长官们只享有低级司法权。通过采用这些措施,西西里王国成为当时整个意大利范围内政治一体化程度最高、实力最强的邦国之一,并成为后来取得王位的霍亨斯陶芬家族发动意大利统一战争的基地。

公元 1184 年,经过罗马教皇的斡旋和干预,诺曼底王朝的唯一合法继承人、罗杰二世的遗腹女康斯坦斯(当时已经 30 岁了,此前一直居住在修道院中)与神圣罗马帝国皇帝"红胡子"腓特烈一世②的长子、当时年仅 18 岁的

---

① H. Hearder and D. P. Waley, eds., *A Short History of Italy: From Classical Times to the Present Day*, Cambridge: Cambridge University Press, 1963. p. 38.

② "红胡子"腓特烈是欧洲中世纪著名的君主。他的绰号来源于其满脸红色的胡须,在德语中又称为"巴巴罗萨"。二战时期纳粹德国进攻苏联的作战计划就以"巴巴罗萨"为代号。"红胡子"腓特烈是德意志霍亨斯陶芬王朝的第二位君主,神圣罗马帝国皇帝康拉德三世的侄子,1152 年加冕为德意志国王,1155 年加冕为神圣罗马帝国皇帝。在位期间曾 6 次入侵意大利,1190 年在第三次十字军东征期间去世。

霍亨斯陶芬王朝(Hohenstaufen,德语名称 Staufer,其家族成员于公元 1138 年至 1254 年间担任神圣罗马帝国皇帝)是欧洲历史上的一个王室,最初,霍亨斯陶芬家族为今天德国南部士瓦本(又称为斯韦比亚)的世袭伯爵与统治家族,当地有一座名为"斯陶芬"的城堡,这是家族命名的原因,"霍亨"是表示光荣、尊贵的前缀词。这个家族中的腓特烈伯爵在 1079 年迎娶了神圣罗马帝国皇帝亨利四世的女儿阿格尼丝公主并继任士瓦本公爵。和皇室联姻使霍亨斯陶芬家族跻身于德意志最高的统治阶层,而且由于阿格尼丝公主的弟弟、皇帝亨利五世没有合法的男性继承人,法兰克尼亚王朝绝嗣,霍亨斯陶芬家族即成为理所当然的皇位继承人。其后,霍亨斯陶芬家族又成为法兰科尼亚和莱因的统治者。公元 1138 年,士瓦本公爵康拉德三世被德意志贵族们选举为神圣罗马帝国皇帝,开创了霍亨斯陶芬王朝。公元 1254 年,德意志地区的霍亨斯陶芬王朝终结,公元 1268 年,霍亨斯陶芬家族最后的男性后裔康拉丁在那不勒斯被斩首示众,该家族灭绝了。

第一章 意大利民族的历史记忆

亨利联姻,为霍亨斯陶芬王朝入主西西里王国提供了借口。公元1191年,继承了皇位的亨利六世(他曾经扣留参加完十字军运动后回国的英国国王"狮心王"理查德)在罗马加冕,后进军那不勒斯。公元1194年圣诞节,亨利六世在巴勒莫戴上了西西里国王的王冠,开创了西西里的霍亨斯陶芬王朝。公元1220年,神圣罗马帝国皇帝腓特烈二世占领西西里王国,重新确立了霍亨斯陶芬王室的统治。腓特烈出生在意大利,一生大部分时间生活在意大利。他兼任德意志国王和神圣罗马帝国皇帝,但却对德意志事务很少关心,在其56年的生命里,只有8年时光在德意志度过。在他统治期间,德意志的封建割据加剧了。①

腓特烈二世把西西里王国作为他谋取意大利和帝国统治的政治、军事和经济基础,所以他的第一个目标就是加强和发展西西里王国。为此,他在1220年颁布了"卡普阿法"(the laws of Capua),以加强中央集权的统治:在市镇中,用王室总督取代市长,加强对城市的控制,从贵族手中收回有战略地位的城堡,规定由国王监护贵族采邑的继承,禁止捐赠领地,同时恢复封建税以重建海军舰队。

公元1231年,腓特烈二世颁布了《梅尔菲宪法》(the Constitution of Mefli),以进一步完善西西里王国的中央集权体制。该宪法使王国的司法、行政系统法律化,废除了城市的自治特权并严格限制教士担任文职官员的权利,同时建立起一套完整有效的官僚体系,其中包括由王室大法官组成的法庭,这些法官持有敕令,在外省行使钦差和法官的双重职能。在军事上,

---

① 腓特烈二世于公元1194出生在意大利的安科纳,是亨利六世之子。1208年至1250年间担任德意志国王,曾在1212年和1215年两次加冕为帝国皇帝。腓特烈二世的经历比较特殊,由于他父亲亨利六世去世较早,其母亲康斯坦斯主动放弃了德意志王位,并把孩子带到了意大利抚养,因此腓特烈二世自小就生长在西西里,并把西西里当作自己的故乡。在他统治时期,意大利成为帝国的中心,而士瓦本乃至整个德意志都成了附属品。德意志诸侯将他的祖父"红胡子"腓特烈一世视为英雄,但对腓特烈二世则不屑一顾。腓特烈二世认为自己是个意大利人,在西西里,他被看作国王的典范,而在德意志,连皇帝自己也感到不自在。他一直自称西西里国王,只有一次公开称自己为德意志皇帝。

23

腓特烈二世在战略要地建造军事要塞,驻扎军队,以震慑各地的城市或地方诸侯,同时派兵征服盘踞在西西里岛西部的穆斯林居民,给予其信仰自由并将诺切拉地区封授给他们,允许他们保留自己的生活方式。作为交换,穆斯林成年男子要编入皇家军队服役,这种穆斯林军队成为腓特烈二世对抗罗马教皇的核心力量。①在经济上,王权同样进行了合理的调整,腓特烈二世废止了内地通行税,建立了严格的海关制度,国家控制了谷物进出口贸易,从而使西西里最大的小麦生产者——王室领地获利甚丰。对重要消费品实行专卖以及对土地税实行日益规范化的管理带来大笔稳定的岁入,甚至铸造了成色很好的金币。腓特烈二世还加强对教会的控制,规定王国的司法和税法同样适用于教会,取消教会对在俗教徒的管辖权,教士除宗教事务外不能求助于罗马教廷,不能以任何名义购置地产。②

为了推动文化发展,腓特烈二世于1224年创建了那不勒斯大学,恢复了对阿拉伯著作的翻译工作,从世界各地礼聘意大利、希腊、犹太和伊斯兰教的学者到西西里王国。腓特烈二世本人就是一名杰出的科学家和诗人,他会9种语言,可以用其中的7种文字书写,并同当时的哲学家们保持着书信往来,他的才能和兴趣的多样性以及他的探索精神引起了同时代人们的称赞和敬意,被誉为"Stupor Mundi"(拉丁语,意思是"世界之奇才")。③

腓特烈二世在西西里王国所取得的成就为他发动统一意大利的战争提供了基地和物质基础。腓特烈二世宣称整个意大利是其应继承的遗产,并与分散在北方各地的封建王公结成同盟,以共同对付城市国家和罗马教皇。他先占领教皇领地上的马尔凯(the Marchs),打通了南北通道,随后入侵伦巴德,打败城市国家联盟。同时,腓特烈二世将其首都从西西里岛上的巴勒莫迁往意大利半岛上的福贾,以便于开展统一意大利的行动。

---

① [意]马基雅维里:《佛罗伦萨史》,李活译,北京:商务印书馆,1982年,第23页。
② [英]佩里·安德森:《绝对主义国家的系谱》,刘北城、龚晓庄译,上海:上海人民出版社,2001年,第147页。
③ H. Hearder and D. P. Waley, eds., *A Short History of Italy: From Classical Times to the Present Day*, Cambridge: Cambridge University Press, 1963. p. 48.

第一章 意大利民族的历史记忆

在短短一段时间内,腓特烈二世统一意大利的雄心壮志基本实现:公元1239年至1240年间,腓特烈二世为意大利未来的行政管理规划了蓝图,统一的意大利王国将被划为几个行省,沿用西西里王国的制度建立中央集权的官僚体制。但是,意大利北部的各城市国家和教皇都强烈反对建立统一的意大利国家,他们的联合攻击挫败了腓特烈二世的统一事业。公元1248年2月,腓特烈二世在围攻帕尔马城时被打败,丢失了在意大利中部的领土。公元1250年壮志未酬的腓特烈二世去世。在此后几年,随着他的继承人相继被打败或去世,建立统一意大利的尝试彻底失败了。

在罗马教皇和意大利北部城市国家联盟的共同抵抗下,霍亨斯陶芬王朝统一半岛的努力以失败告终。究其原因,从根本上讲是因为意大利北部在整个意大利的经济和社会中占有绝对优势地位。从查理曼大帝时代以来的几百年里,夹在德意志和罗马教皇国之间的意大利北部地区,虽然屡次遭受德意志封建王朝的入侵,但也获得了较大的政治自由和独立发展的契机,各个城市自治共和国的雏形已经显现出来。独特的地理位置、优良的港口使这里成为东方与西欧内陆地区最理想的贸易中转站。尤其是十字军东征和地中海东岸基督教王国的建立,使这类贸易的发展步入快车道,米兰、威尼斯、热那亚等商业城市在几百年的贸易发展中积累了大量财富。

这导致意大利南北经济发展存在巨大的差异。例如西西里王国仅有3个市镇,2万多市民,与之相比,意大利北方则有20多个市镇。同时北方拥有两倍于南方的人口,意大利绝大多数生产型商业、制造业中心城市也集中在北方。南方的主要财源是谷物生产和出口,而最大的购买者却是北方的城市国家。①

虽然这些城市国家在平时四分五裂,互相竞争,有时甚至兵戎相见,但在面对共同敌人的威胁时,又能够联合一致,共同对外,这种威胁就是来自统一的意大利对其自治共和国生存的威胁。例如在公元1167年,意大利北

---

① [英]佩里·安德森:《绝对主义国家的系谱》,刘北城、龚晓庄译,上海:上海人民出版社,2001年,第150页。

部 22 座城市组成"伦巴第同盟",联合反抗神圣罗马帝国皇帝"红胡子"腓特烈一世的统治,他们激昂地发表声明:"永不放弃从先辈那里继承下来的自由,宁愿光荣地战死,也绝不忍受奴役,苟且偷生。"城市国家绝不妥协的抗争只能导致战争,这种情况已经为历史所验证。

公元 1176 年,伦巴德同盟的城市民兵在莱尼亚诺打败"红胡子"腓特烈率领的德意志重装骑士,霍亨斯陶芬家族在意大利强化君权的最初举措就这样付诸东流。在腓特烈二世时期,以米兰为首的伦巴德诸城市同盟再次挫败了帝国皇帝北上统一的企图,同时也打败了支持腓特烈的封建盟邦萨沃伊和威尼托。腓特烈二世死后,他的事业为其私生子曼弗雷德所继承,曼弗雷德在蒙塔佩尔蒂打败教皇党(归尔甫派),迅速恢复了霍亨斯陶芬王朝在半岛的战略控制地位。但曼弗雷德遭遇到了来自意大利北方城市国家同盟的反抗,在蒙塔佩尔蒂战役后遭放逐的佛罗伦萨教皇党银行家成为最终摧毁霍亨斯陶芬家族事业的财政支柱。他们为支持教皇的法国安茹王朝提供了大约 20 万图尔锂的巨额贷款,以资助其争夺西西里王位的战争,在贝内文托和塔格利亚科佐两场战役中,佛罗伦萨提供的骑兵更是一马当先,为最后的胜利扫清了道路。①

在反对建立统一意大利王权的长期斗争中,罗马教皇和北方城市国家胜利了,但其结果却是使意大利的分裂状态更加稳固。在反对霍亨斯陶芬王朝的过程中,罗马教皇在思想和外交领域发挥了重要的作用,但教皇国虚弱的经济和落后、混乱的管理体制无法维持一支强大的军事力量,不能对抗腓特烈的军队,自然也不能够把意大利统一起来。伦巴德和托斯坎纳的各城市国家已经强大到足以阻止任何以农村封建主义为基础的领土改组方案的实施。但是,它们本身也无法统治半岛,因为在当时,这些城市国家所赖以存在的商业资本根本无法在全国的社会结构中占主导地位。因此,当伦巴德同盟能够成功地反抗帝国入侵、保卫北方时,它自己却没有力量征服封

---

① [英]佩里·安德森:《绝对主义国家的系谱》,刘北城、龚晓庄译,上海:上海人民出版社,2001 年,第 150 页。

第一章 意大利民族的历史记忆

建的、农业的南方,意大利的分裂局面就这样被长期地维持下来了。

帝国的皇帝被打败了,教皇则成为法国国王的人质,迁居阿维农。意大利的北部和中部城市重新获得了自由,可以专心于政治与文化发展。从14世纪中期到16世纪中期,从阿尔卑斯山到台伯河之间的各城市国家经历了伟大的"文艺复兴"运动,在人文主义的指导下,意大利逐渐走出了"黑暗"的中世纪,然而,实现统一和建立民族国家的愿望却遥遥无期,难以实现。

第二章
意大利的统一历程

第一节 文艺复兴与意大利民族意识的产生

从13世纪开始,随着城市的复兴和市民阶层的崛起,欧洲各主要国家相继建立了包含教士、贵族、平民三个社会等级的三级会议,这标志着欧洲进入了等级君主制时代。此后随着市民与封建贵族之间力量对比变化,处于平衡与协调地位的王权逐渐加强,并在15世纪末进入绝对主义君主制时代。

在构建绝对主义君主制的过程中,原本等级君主制下的王权与市民联盟,共同对付坚持分裂、阻碍统一、要求弱化王权的封建贵族,并取得胜利,当然这种胜利并不是彻底消灭封建贵族,而只是压制其分裂割据倾向和能力,并在此基础上建立强大的绝对主义王权,实现国家的统一与发展。这是欧洲绝对主义君主制确立的一般过程。但是,意大利的情况是完全不同的。

首先,意大利不存在独立的民族王权。从前文对意大利中世纪历史的梳理中,我们发现,在西罗马帝国灭亡以后,意大利半岛便处于分裂状态,在加洛林王朝时期,虽然有一个"意大利国王"的称号,但其所辖范围仅限于半岛北部(不包括威尼斯地区)。同时根据查理曼所确定的传统,帝国皇帝一

第二章 意大利的统一历程

般也兼任意大利国王。公元962年2月2日,德意志国王奥托一世在罗马加冕为神圣罗马帝国皇帝,而在此之前的公元951年,他已经戴上了意大利国王的王冠,从此,德意志国王、意大利国王和帝国皇帝三位一体,谁被选举为德意志国王,自然也就成为意大利国王和帝国皇帝。从这种情况出发,我们只能断定意大利不存在独立、完整的民族王权。因为这种王权只是一个象征符号,它为异族所掌握,并成为异族入侵、掠夺意大利的借口,所以既不是独立的,也不具有民族性,同时也不是涵盖整个半岛的完整王权。独立的民族王权的缺失,使意大利半岛不具有实现民族统一的向心点和领导力量,造成群龙无首的局面,形成长期分崩离析的格局。所以,寻找或者造就一个能为半岛所接受的王权就成为实现意大利统一的必要条件。

其次,与其他国家普遍存在的封建贵族割据不同,由于城市与工商业的发达,在意大利,以市民为主体的城邦割据是抗拒统一的主要力量。

在中世纪意大利城市国家中,普遍流行的是所谓的"城邦国家观",这是一种旨在维护本城市国家的利益、带有区域性、地方性特色的国家观念,以维护自己城市国家的局部自由与独立为宗旨,以维护自己城市国家局部利益为主要特征。在城市国家观的支配下,城市国家通常热衷于保持城市的"自由",追求城市的经济利益,维护城市的政治独立往往成为他们处理一切事务的根本立足点。也就是说,在城市国家观的支配下,尤其是在佛罗伦萨、威尼斯等城邦国家中,城市市民大多保持或希望保持"自由",他们对城市国家"自由"的珍视远胜过对一个可能使城市国家丧失"自由"的统一国家的渴望,即他们也只是在保持自己城市的独立与自由的前提条件下承认自己是属于罗马的,而统一的意大利又势必使得这些城市国家失去一定程度的"独立与自由",这样就使得许多城市国家并不热衷于建立一个统一的意大利。

关于这一点,在上一节中已经谈到。在此需要着重指出的是,根据恩格斯对构建民族国家的论断,从15世纪下半叶开始,"国王的政权依靠市民打垮了封建贵族的权力,建立了巨大的、实质上以民族为基础的君主国,而现代的欧洲国家和现代的资产阶级社会就在这种君主国里发展起来"。①但意大利面临的现实却是民族王权缺失,资本主义经济发达的城邦国家也坚持自己的独立与割据状态,抗拒任何实现统一的企图,意大利的统一和民族国家构建就这样一再地拖延下来。

从资本主义经济发展的角度来看,意大利的分裂也决定了其虽然最早出现资本主义经济的萌芽,但却未能成长为资本主义经济的大树。这是因为,资本的逐利性决定了其扩张性,要使资本不断扩大,就必须不断寻找新的市场。意大利的资本主义生产关系在西欧发展最早,因而能在14—15世纪,即西欧其他各国尚未有资本主义生产关系的时候在生产效率方面占有优势,因而也就能保证其产品在国际竞争中的优势,从而保证手工业部门的利润。但是随着近代早期英格兰、法兰西、西班牙等国相继建立起强大的绝对主义王权和相对统一的国内市场,意大利的一个致命弱点显现出来:由于国家四分五裂,导致国内市场狭小,没有多少扩张空间。公元1500年,佛罗伦萨城和热那亚城各自仅有6万和7万人口,而最大的意大利城市——威尼斯城也仅有10万人口。② 显然,这样小的人口数量是无法支撑起资本的进一步扩张的。

再次,罗马教廷和教皇国的存在也是阻碍意大利统一的重要因素。

教权与王权的争斗是贯穿整个中世纪的主题,可以说罗马天主教会对世俗王权的削弱和控制从来就是中世纪西欧各国封建割据状态的一个重要根源,而任何民族主权意识的真正觉醒,首先都势必伴随着产生摆脱教皇控制而实现王权独立自主的要求,也就是实现教权与王权的分离,让王权在政治领域拥有至高无上的地位,而教权则在宗教精神领域发挥作用。但是,由于教皇国的存在,罗马教廷在意大利所拥有的政治利益就远远超出了宗教

---

① 中共中央马克思恩格斯列宁斯大林著作编译局编:《马克思恩格斯选集》,第三卷,北京:人民出版社,1972年,第444页。

② [英]安格斯·麦迪森著:《世界经济千年史》,伍晓鹰等译,北京:北京大学出版社,2003年,第44页。

的范围,如果意大利像英国、法国一样存在着民族性的王权,则这个王权与罗马教廷之间的纷争,不但具有王权与教权之争的性质,还具有地方与中央、统一与分裂斗争的性质。在实际并不存在一个民族性的意大利王权的情况下,罗马教廷是不可能允许出现一个可能会剥夺自己这种政治利益的最高王权,从而也不可能允许意大利统一。但是由于罗马教皇体制的特殊性和教廷的腐败无能,他们又无法自己承担起统一意大利的重任。正如马基雅维里所说:教皇们从来都不允许别人治理这个地区;而由于他们本身低能,又无法治理这个地区,而且在历史上的很多时刻,罗马教皇主动"引狼入室",导致意大利沦为欧洲列强的逐鹿战场,"历届教皇就是这样,有时是出于宗教热忱,有时是受个人野心驱使,不断从外部招来新势力,造成意大利境内新的动乱。他们一旦把一位帝王扶持起来,势力大了,就又嫉视他,想方设法要把他消灭"。①在一定程度上,罗马教廷和教皇国的存在成为意大利动乱的根源,成为意大利统一的障碍,以后的历史发展也确实证明了这一点。

上面总结的这三点,正是在13世纪导致霍亨斯陶芬王朝统一意大利的努力最终失败的原因,也是意大利统一进程中不得不面对和解决的三个问题,也是任何希望意大利实现统一的爱国者不得不思考的三个问题。

从14世纪中期开始,文艺复兴运动席卷意大利,并一直延续了200多年。著名的英国历史学家丹尼斯·哈伊认为:"文艺复兴在意大利的统一问题中,无论是作为一个历史时代还是作为文化运动都占有重要的地位。"②这一时期,意大利担任着"欧洲知识和艺术领袖的角色。"但是,文艺复兴并没有改变意大利四分五裂的政治状况,甚至加深了这种状况,而"分裂"也成为意大利这个"现代欧洲的长子"在现代化道路上所付出的高昂代价。

在意大利文艺复兴时期高度发达的文化中,以结束分裂、实现统一为思想核心的意大利民族主义思潮也逐渐萌发,但丁和马基雅维里的思想是这

---

① [意]马基雅维里:《佛罗伦萨史》,李活译,北京:商务印书馆,1982年,第24页。
② [英]丹尼斯·哈伊:《意大利文艺复兴的历史背景》,李玉成译,北京:三联书店,1988年,第60页。

种思潮的最著名代表。

阿里格斯·但丁（Alghieri Dante，公元1265－公元1321年）是意大利文艺复兴时期卓越的人文主义诗人和政治思想家。人们都知道《神曲》是文艺复兴初期最伟大的诗篇，奠定了但丁"桂冠诗人"的崇高地位，却不知道但丁的《帝制论》(De Monarchia，国内也有人翻译为《论世界帝国》)一书也是欧洲近代早期为数不多的重要政治论著之一，《剑桥中世纪史》把它与亚里士多德的《政治学》和卢梭的《社会契约论》并列。①

但丁的政治思想可以归纳为以下两点：

第一，但丁主张政教分离，反对王权依附于教权。

但丁认为，王权并非来自于教权，也不依赖教权而存在，王权直接来自于上帝，国王也是由上帝所选择的，作为上帝的代表统治世界。为了论证世俗政府权力的正当性，但丁对当时罗马天主教会大肆宣扬的关于王权来自于教权、王权应该服从教权的种种理论，如双剑说②、日月说③、钥匙权、④"君

---

① 参见张云秋：《略论但丁的政治思想》，载《史学月刊》，1988年第1期。

② 罗马帝国灭亡后，罗马教皇以及教会的权力向各教区迅速扩张，以国王为首的世俗权力也要求对所在地区的教会行使权力，这样就产生了教权与王权的关系问题。涉及这一问题的理论，教皇拉西乌斯一世在公元5世纪提出了"双剑论"，即上帝把象征最高宗教权力的剑交给教皇执掌，把象征最高世俗权力的剑交给皇帝执掌。随着教皇权力的扩张，公元10至11世纪，教皇格里高利一世在改革天主教会的同时，对"双剑论"进行了修正。他提出，上帝曾经把宗教权力和世俗权力都授予了教皇，而后教皇又把世俗权力委托给了世俗统治者，但是教皇保留了对世俗权力进行规范的权力，因而如世俗君主对权力使用不当，教皇有权罢免世俗君主。格里高利的新理论代表了中世纪天主教会的社会与政治理想，即在世俗世界建立起一元化的神权统治，实际上是建立起教皇权的一元化统治。

③ 由中世纪最有权势的教皇英诺森三世提出来，他说："教皇权力好比太阳，国王权力犹如月亮，它的光是向太阳借来的。"为教会控制世俗权力做好理论准备，要求世俗王权臣服于教皇的神权。

④ 来源于《圣经·新约》"马太福音"第16章19节：耶稣对使徒彼得说：我要把天国的钥匙给你，凡你在地上所捆绑的，在天上也要捆绑；凡你在地上所释放的，在天上也要释放。罗马天主教追认使徒彼得为第一任罗马教皇，此后的历任罗马教皇都以圣彼得的继承人自居，因此他们也享有耶稣赐予圣彼得的权力，掌管着"进入天国的钥匙"，对世俗社会中的人拥有"捆绑"与"释放"的司法权力。

士坦丁的赠礼"①等说法进行了驳斥。②

但丁认为,教会和世俗政府是两个独立的机体,是两种不同的权力,不能由一个人代表。它们各有自己的基础,教会的基础是基督,世俗政府的基础是人类的权力。他们各有自己特殊的使命:引导人类获得天国和尘世的幸福,任何一方都不能单独完成这样的使命。他们有各自的最高首领——教皇和皇帝,二者的权力都直接来自上帝。因为有上述种种不同,教会和世俗政府自然应该分离,互不隶属。

但丁认为罗马帝国的成功在于分权,"两个太阳,把两条道路照得通明:人世的道路,和上帝的道路",而罗马帝国崩溃后在意大利造成混乱的主要原因,是由于"其中一个把另一个消灭了;宝剑和牧杖连接在一起了;这样两个合在一起必然走上邪道;因为连接起来后就互不惧怕",③这也就是教权夺王权造成的后果,要改变这种状况,就需要划分教权与王权的界限。

第二,但丁主张,为了保障"正义"和"自由",应建立一个大一统的世界

---

① 严格地说,"君士坦丁赠礼"(Donatio Constantini)不是一份独立的文件,它是《君士坦丁诏令》(Constitutum Constantini)的一部分。《诏令》最早用拉丁文写成,一共3 000多字。罗马帝国皇帝君士坦丁通篇以第一人称复数自称。《诏令》的第一部分称为"Confessio"(誓愿),君士坦丁皇帝先讲了一遍罗马教皇西尔维斯特为他宣讲教义、施洗治病的经过,之后就表示从此皈依耶稣基督。第二部分称为"Donatio",也就是"赠礼",是对罗马教会恩泽的报答,主要内容如下:罗马教皇是基督在人间的代理,因此教皇西尔维斯特和他的继任者理应享有比皇帝更高的权威和更大的势力,安提阿、亚力山大、君士坦丁堡、耶路撒冷四个牧首区的大主教都要听命于罗马教皇;为纪念使徒圣彼得和圣保罗显灵为他治好疾病,君士坦丁皇帝要在罗马兴建以他们命名的教堂,并在希腊、北非、西亚、意大利等地辟出庄园产业专门供奉这两所教堂;君士坦丁皇帝赠予西尔维斯特"罗马帝国教皇"的称号和宫殿一所,同时赠予他皇冠、皇袍等服饰以及皇帝的节杖和印信;君士坦丁皇帝还规定罗马各教堂的神职人员应享有和罗马元老院成员以及贵族相同的特权和仪从,神职人员的任命权为教皇独有;君士坦丁皇帝又说,因教皇头上已有为纪念彼得而戴的头饰,不愿以皇冠加于其上,他因此特为教皇牵马,以示崇敬;最后,由于罗马已是教皇的驻跸地,君士坦丁皇帝宣布迁都君士坦丁堡,同时将帝国西部的统治权赠予教皇。在意大利文艺复兴时期,这份文件意大利人文主义学者瓦拉(Lorenzo Valla,约1406 — 1457)经考证为伪造。

② [意]但丁:《论世界帝国》,朱虹译,北京:商务印书馆,1985年,第56—88页。

③ [意]但丁:《神曲:炼狱篇》,朱维基译,上海:上海译文出版社,1984年,第127页。

帝国,这个帝国应当统一于一个世俗政府,而建立世界帝国的第一步是统一意大利。在这里,但丁的世界主义思想和民族主义思想被融合在了一起。

但丁心目中理想的世界帝国是古罗马帝国,并对之充满眷恋之情。但丁认为罗马帝国在奥古斯都时期达到黄金时代,全世界处于和平之中,人们安居乐业并具有各种美德。但在帝制崩溃以后,群雄相争,各行其是,遂使人类遭受无数磨难和不幸,意大利也由"各省的主妇"变成"妓院",由"帝国的花园"变成了"没有一块安祥和平幸福的土地"、"暴风雨中没有舵手的孤舟"。① 而这一切都是因意大利的分裂造成的。所以,他渴望罗马帝国的再现,盼望出现一位能够统一意大利的君主。

但丁认为"神圣罗马帝国"是古罗马帝国的延续,神圣罗马帝国皇帝是古罗马帝国皇帝的合法继承者,是唯一能够完成统一世界大业的统治者,因而对他们寄予无限的希望。在但丁生活的时代,哈布斯堡家族的鲁道夫一世(公元1273—1291年在位)和他的儿子阿尔贝特一世(公元1298—1308年在位)相继成为神圣罗马帝国的皇帝。但他们都没有越过阿尔卑斯山君临意大利,也没有到罗马加冕。鲁道夫的目标是在德意志地区重建王权,因而对意大利采取了不干涉政策,承认教皇对教会辖地的统治和安茹家族对西西里的统治。阿尔贝特也为德意志封建主内部的争斗所困扰,无暇顾及意大利。但丁对此非常不满,谴责他们放弃了自己应得的权力和应尽的职责,致使国家分裂、动乱。但丁在《神曲》中充分表达了这种看法:鲁道夫皇帝"他本可以治好那致意大利于死命的创伤,却让他人给她为时已晚的救助";"日尔曼的阿尔贝特啊,你遗弃了那个日益变得放荡不羁的女人","因为你和你的父亲,由于贪恋阿尔卑斯山彼方的土地乐而忘返,听任这座帝国的花园荒芜不堪","假如那马鞍空着没有人骑……这头畜生变得难骑了,就因为没有用靴刺来惩罚它"。②

继阿尔贝特后成为神圣罗马帝国皇帝的是亨利七世,此人号称"巴巴罗

---

① [意]但丁:《神曲·炼狱篇》,朱维基译,上海:上海译文出版社,1984年,第46页。
② [意]但丁:《神曲·炼狱篇》,朱维基译,上海:上海译文出版社,1984年,第47页。

第二章 意大利的统一历程

萨第二",自诩为世界之王,宣称人人都必须服从神圣罗马帝国皇帝,也就是服从他。这正符合但丁的意愿,所以,当"伟大的亨利将去整顿意大利秩序"的消息传来,流放中的但丁压抑不住内心的喜悦,高兴地致函意大利各邦国首领,告诉他们正义就要复活,第二个摩西将带领他的人民摆脱埃及人的压迫,但丁用诗人的激情和语言,赞扬亨利七世富有同情心,是恺撒和奥古斯都的再生,是人民的光荣,并敦促意大利人为这位"和平之王"的到来而高兴。当但丁获悉他的故乡佛罗伦萨和那不勒斯王国阴谋结盟反对亨利七世时,他异常愤慨,在诗中大力斥责"最可悲的佛罗伦萨人"。①

当时的意大利各邦国最关心的是自己的独立和自由,他们既不想受制于近在咫尺的罗马教皇,也不愿屈从于千里之外的神圣罗马帝国皇帝,但丁要他们以依附于一个外国皇帝为代价来摆脱教皇的控制,这显然是违背他们意愿的。而亨利七世进军意大利的目的也不是要实现统一和正义,只不过是重复其前辈们加冕和掠夺的老路罢了,他不但没有给意大利带来和平,反而加剧了意大利各邦国内部的党争,分裂的局面也更加恶化。

这也正是意大利和但丁的悲哀所在,民族王权的缺失让但丁只能求助于"异族皇帝"来完成统一大业,而城邦割据与罗马教皇的存在则阻止了任何统一的企图,同时,异族皇帝的进军加剧了各城邦内部"皇帝党"和"教皇党"之间的争夺,这样,意大利分裂为许多小邦国,各邦国内部又分裂为互相敌对的两派,各派别内又存在不同的家族利益冲突,意大利便在这些利益冲突中更加"碎化",民族的统一只是一个美好的梦。②

与但丁相比,马基雅维里的统一思想相对成熟许多。尼科洛·马基雅维里(Nicolo Machiavelli,公元 1469—1527 年)是意大利文艺复兴后期产生的政治思想家。马基雅维里出生在佛罗伦萨市奥尔特拉诺区一个"资产阶级"家庭,其家族的成员中曾有多人在佛罗伦萨政府中担任要职,马基雅维

---

① 张云秋:《略论但丁的政治思想》,载《史学月刊》,1988 年第 1 期。
② [英]丹尼斯·哈伊:《意大利文艺复兴的历史背景》,李玉成译,北京:三联书店,1988 年,第 60 页。

里从小就接受人文主义的教育,很早就因学识渊博而显露出超群的才华。1498年6月,他被任命为佛罗伦萨共和国第二国务秘书处首脑,进入共和国政权的核心,此后又成为掌管军事外交的"自由安全十人委员会"的成员,负责佛罗伦萨的防务和外交事务,直到1512年共和国崩溃和美第奇家族复辟。① 在这段时间里,马基雅维里曾先后多次出任公使,还被派往罗马教廷和比萨、法国、奥地利等执行外交使命,这些工作使他能够接触到意大利和欧洲各国的许多政治人物,亲身经历过多种重大政治事件,这对他的政治思想和世界观的形成无疑产生了很大的影响。更重要的是,在出使法国和奥地利期间,他亲眼目睹了这些国家在绝对主义君主制下所发生的巨大变化,如原本轻浮善变的法国人在强大王权的驯服下,变成了勇敢善战的斗士,法国在君主制的统治下成为欧洲的强国等等。但是反观意大利本身,由于缺乏强有力的领袖,人人都自视聪明,难以齐心协力,所以意大利人组成的军队总是战绩不佳,各邦国之间也钩心斗角;战乱不断,为外族入侵提供了机会。②

分裂与统一所造成的这种强烈对比,加上作为一个弱小城邦的外交官,在外交活动中实力优先的严酷现实给自己留下的深刻印象,都让马基雅维里深刻感受到意大利的分裂带来的弊端,而如何消除分裂,实现统一就成为他关注的最重要的问题。

14年的外交与军事生涯塑造了马基雅维里"实用主义"的"权力政治学",这种学说最集中的体现就是那本作为礼物奉献给当时佛罗伦萨的当政者洛伦佐·德·美第奇的《君主论》。后人对此书的褒贬不一,各种各样的解读也层出不穷,但据笔者看来,抛去各种权谋的外衣,《君主论》所体现的和贯穿全书的主线,却是一个意大利爱国者的民族主义情怀。

依据上文的分析,民族王权的缺失、市民城市的割据和罗马教皇国的存在是阻碍意大利统一的三大因素,马基雅维里渴望实现意大利的统一,他也

---

① [英]昆廷·斯金纳:《马基雅维利》,北京:工人出版社,1985年,第21—22页。
② [意]马基雅维里:《君主论》,阎克文译,沈阳:辽宁教育出版社,1998年,第112页。

第二章　意大利的统一历程

必然要思考如何解决这三个问题。正如恩格斯指出的,但丁"把异族皇帝看成意大利的救星",①把统一意大利的希望寄托在神圣罗马帝国皇帝身上;马基雅维里则要从意大利本土寻找并帮助塑造一个民族王权,在他看来,当时能承担这个重任的,只有统治佛罗伦萨的美第奇家族。

马基雅维里之所以选择美第奇家族,除了他自己是佛罗伦萨人这个因素外,从《君主论》写作的年代(1513年)来看,美第奇家族确实也拥有许多优势。

首先,他们统治着意大利北部三个城市国家中实力最为强大、地理位置最为优越的佛罗伦萨和周边的托斯坎纳地区(另外两个城市国家是米兰和威尼斯)。

从霍亨斯陶芬王室的遭遇来看,佛罗伦萨是最难对付也最坚决反对统一意大利的城邦力量,如果选择美第奇家族,佛罗伦萨的力量就有可能被用来为统一意大利服务。

其次,当时正值出身美第奇家族的教皇利奥十世②在位,原本是阻碍因素的教皇国此时也有可能为美第奇家族的统一战争助一臂之力。

正是考虑到这些因素,马基雅维里才敢于大声疾呼:"除了在您光荣的家族中,她再也找不到什么人能够寄予更大的希望了。您的家族凭着自己的命运和能力获得了上帝和教廷的宠爱,现在又是教廷的首脑,因此能够成为拯救意大利的领袖。"③

马基雅维里并不只是在进行空洞的呼吁,他也在为意大利的统一做自己的努力,这就是《君主论》一书所凝结的"多年来历经艰险所认识和领悟到的东西",一言以蔽之,就是"如何统一,如何统治"意大利。④也可以说,在《君主论》所提供的各种阴损狡诈的权谋和政治智慧之后,暗含的是马基雅维里

---

① 转引张云秋:《略论但丁的政治思想》,载《史学月刊》,1988年第1期。
② 俗名是乔万尼·德·美第奇,公元1513—1521年间出任罗马教皇。
③ [意]马基雅维里:《君主论》,阎克文译,沈阳:辽宁教育出版社,1998年,第111页。
④ [意]马基雅维里:《君主论》,阎克文译,沈阳:辽宁教育出版社,1998年,第1页。

渴望国家统一强盛的爱国情怀,这种情怀在书中有多处流露。如在"献辞"中,马基雅维里呼吁:"伏祈殿下亮察,接受我这份衷心奉献的小小礼物,如果您认真注意到它并把它读下来,您会从中看出我不同寻常的期望:愿您达到命运之神和您自身能力使您有希望达到的伟大地位"。① 在全书的结尾,他再次呼吁:"因此,恳请您光荣的家族,以人们从事正义事业所具有的那种精神和希望,担当起这项重任,使我们的祖国在她的旗帜下发扬光大"。②

为了实现意大利的统一,马基雅维里选择了美第奇家族作为统一运动的领袖,并不惜倾囊相授,把自己所观察到和所思考到的政治权谋和盘托出,告诉对方应当如何才能实现统一。马基雅维里对自己的这些权谋非常自信,他认为:"您的机会可谓超乎寻常,而有了这样伟大的良机,只要您的家族能够采用我已经提供给您作为目标的那些人所采用的方法,那就不会碰到巨大的困难"。③

马基雅维里在《君主论》中提出了"为达目的可以不择手段"的政治信条,并因此备受后人批评,其实,政治本身就是非常"厚黑"的,不能用道德的标准来衡量政治活动和政治家。从这个意义上看,《君主论》是意大利的"厚黑学"的经典,其真正用心,是为了实现意大利统一这个"高尚目的",为达目的,则不惜教导别人去采取各种各样的政治"手段"。马基雅维里所追求的目标是实现意大利的统一,为此目的,他编写出了《君主论》一书,奉献给有可能承担统一大任的人,希望自己的言辞能够点燃此人的雄心壮志,而书中所总结的各种"定国安邦"之策又能为其所用,最终完成统一意大利的目标。

但丁与马基雅维里是意大利文艺复兴时期所产生的两位最重要的政治思想家,从生卒年月来看,他们之间相差200多年,这也是意大利文艺复兴最为繁盛的200年。作为"中世纪的最后一位诗人,同时又是新时代的最初

---

① [意]马基雅维里:《君主论》,阎克文译,沈阳:辽宁教育出版社,1998年,第2页。
② [意]马基雅维里:《君主论》,阎克文译,沈阳:辽宁教育出版社,1998年,第114页。
③ [意]马基雅维里:《君主论》,阎克文译,沈阳:辽宁教育出版社,1998年,第113页。

第二章　意大利的统一历程

一位诗人",①但丁预示着意大利文艺复兴运动新曙光的出现,而马基雅维里则见证了意大利文艺复兴时代的黄昏。公元1527年5月6日,神圣罗马帝国哈布斯堡王朝查理五世皇帝麾下的军队攻陷并洗劫了罗马,以罗马屠城为标志,意大利的文艺复兴结束了,同年6月22日,马基雅维里也在贫病交加之中去世。

作为政治思想家,但丁与马基雅维里提出了一个共同的命题——"如何结束意大利的分裂局面,如何实现统一与复兴",这本身就是一个民族性的命题。虽然在但丁身上还保留有浓重的"世界主义"色彩,这既源于他缅怀古罗马帝国的帝国情结,也与基督教的"普世主义"宗教情感有关,但无论如何,但丁已经提出了意大利民族统一的命题,意大利民族主义也从此肇源。

但丁以降,经过200多年的发展,到15世纪末16世纪初,意大利的民族观念已经形成并获得共识,这种共识是由意大利人所拥有的共同语言、历史遗迹、艺术、文学、习惯、谋略、伟大人物的声望和对伟大圣徒的记忆而形成的。简而言之,在文艺复兴时代的意大利人看来,他们虽然在政治上没有达到统一,但早已实现了精神与文化上的统一。同法国、英国、西班牙这些以强大的王权为核心,依靠军事征服和政治斗争形成的统一国家不一样,意大利是一个仅存在于精神和道德领域的统一国家,这个国家由教士、诗人、艺术家和哲学家建立,其首都是罗马,但不是台伯河畔石头造的罗马,而是书本上和传说中的、精神上的罗马。这个罗马曾使但丁、彼特拉克着迷,还使以后所有的意大利伟人着迷。罗马是伟大的母亲,是意大利人心爱的每件东西的发源地,没有罗马,意大利人就不能安宁,因此失去罗马是不可弥补的。②

所有这些都使意大利不同于阿尔卑斯山以北的德意志、法兰西、西班牙

---

① 中共中央马克思恩格斯列宁斯大林著作编译局编译:《马克思恩格斯全集》,第1卷,北京:人民出版社,1972年,第249页。
② [意]路易吉·巴尔齐尼:《意大利人》,刘万钧译,北京:三联书店,1986年,第303—304页。

和英格兰。作为一个独立的民族,文艺复兴运动以后的人们也不再会像但丁一样指望一个异族皇帝来统一意大利了。能够证明意大利民族观念产生的最明显的例子,是1495年7月6日发生的福尔诺沃战役。

为了争夺对那不勒斯王国的主导权,法国国王查理八世在1492年底进军意大利,非常顺利地戴上了那不勒斯王国的王冠,确立了法国在意大利的霸权。然而两年半以后,意大利各邦国再也受不了法国的暴虐统治,教皇国、米兰、威尼斯、佛罗伦萨与其他大小邦国组成反法同盟,眼看大势不好的查理八世急忙撤军回国,于是便发生了福尔诺沃战役。

参加福尔诺沃战役和促成意大利各邦国联合出兵的人们都清醒地意识到这次战役的民族意义,他们知道在福尔诺沃战场上对垒的是两个民族:意大利和法兰西。意大利各邦国的士兵在冲锋时都呼喊着"意大利意大利!"的口号,意大利联军的统帅弗朗切斯科·贡扎加后来铸了一块金质纪念牌,上面刻着"纪念意大利重获自由"的字样,这都说明在当时意大利各邦国的人们心中已经产生、存在着"意大利民族"的观念了。但可悲的是,同法国骑士在战场上高喊"保卫国王"、"法兰西荣耀"的口号相比,单纯的"意大利"概念是多么的单薄和软弱。①法兰西民族国家是在强大王权的控制和统一之下形成的,而意大利欠缺的正是王权和统一。

作为对本国历史和意大利人的性格有深刻体察的意大利学者,路易吉·巴尔齐尼把福尔诺沃战役看作意大利历史的转折点。他认为1495年7月6日意大利各邦国联军在福尔诺沃战役的失败,决定了此后300多年里意大利将继续忍受四分五裂和外敌入侵的命运。反之,如果当时意大利人战胜了,那么意大利就会作为一个理应受到尊重的国家出现,并有能力决定自己的命运;喜欢冒险的外国人要进攻它也得三思而后行。②

---

① [意]路易吉·巴尔齐尼:《意大利人》,刘万钧译,北京:三联书店,1986年,第298页。

② [意]路易吉·巴尔齐尼:《意大利人》,刘万钧译,北京:三联书店,1986年,第294—295页。

第二章　意大利的统一历程

但是,1495年福尔诺沃战败的现实、1527年罗马屠城的惨剧,都既源于意大利四分五裂的政治状况,也是这种分裂状况造成的恶果。它们证明了意大利人"道德民族主义"的虚妄和无力:这种民族情感只存在于很少一部分文化精英心中,绝大多数的意大利人,包括统治阶级中的精英们并没有这种概念,在灾难来临之时,没有一个领袖有魄力和勇气挺身而出遏制灾难,意大利人眼看着他们神圣的城市遭到玷污而不能扬起一个手指来改变它的厄运,这不仅是他们在军事上、政治上无能的证明,更证明了他们所相信的精神上统一的意大利的破产。正如意大利著名的马克思主义史学家乔治欧·坎德洛罗所说:"实际上在中世纪从未存在过真正包括全部意大利领土的、可以配称为意大利国家的国家。"①

罗马屠城发生后的第三年(1530年),作为法国和西班牙争霸战争的最后的胜利者,哈布斯堡王朝的查理五世被选为神圣罗马帝国皇帝,他仁慈地同意由教皇同时加冕为帝国皇帝和意大利国王。按照查理五世的意愿,为意大利国王加冕所用的"铁王冠"②和为神圣罗马帝国皇帝加冕所用的"金皇冠"则被分别从米兰的蒙扎大教堂和罗马的圣彼得大教堂取出,运送到位于罗马和蒙扎中途的博洛尼亚,查理五世同时命令教皇克莱门特七世到那里与他相会。教皇温顺地接受了他的要求。③

教皇克莱门特七世和皇帝查理五世的这次博洛尼亚会晤,是意大利历史上的转折点之一。它以极大的排场和声势在欧洲大部分地区重新建立了教会的精神霸权和哈布斯堡家族的欧洲政治霸权。但是,这次会见仪式也标志着意大利文艺复兴时代的最终结束。此后的意大利彻底沦落为异族封建王朝统治下的、四分五裂的附属国。从博洛尼亚会晤开始一直到1861年意大利实现初步统一的300多年里,意大利没有自己的历史。

---

① 严钶钰:《浅谈近代前期意大利历史发展的特点》,载《广西民族学院学报》,1990年第4期。
② 据说这个王冠上装饰有自钉死耶稣基督的十字架上取下来的铁钉,因而得名。
③ [意]路易吉·巴尔齐尼:《意大利人》,刘万钧译,北京:三联书店,1986年,第304页。

意大利民族发展史

第二节　法国大革命冲击下的民族觉醒

从1492年法国国王查理八世入侵意大利到1559年4月《卡托—康布雷齐和约》①签订,在这60多年里,意大利成为法国王室和哈布斯堡王室争夺欧洲大陆霸权的主战场。战争摧毁了意大利各邦国的经济和文明,特别是1527年罗马城的陷落被认为意大利文艺复兴结束的标志。

从《卡托—康布雷齐和约》签订到西班牙王位继承战争结束(1714年)间的近200年,意大利分裂为18个邦国和两个侯爵领地。这些邦国和领地,除皮蒙特、威尼斯共和国和教皇国外,都受西班牙直接或间接的控制。

在西班牙王位继承战争中(1701—1713年),意大利再次遭受了沉重的苦难。意大利成为法国、西班牙和奥地利军队厮杀的战场,意大利各邦国也卷入其中,无论是城市还是乡村均遭洗劫或战火焚烧。战争的结果是波旁王朝统治下的西班牙在意大利的势力大大被削弱,而哈布斯堡王朝统治下的奥地利在意大利的势力大为增强。根据1713年的《乌特勒支条约》和1714年的《拉施塔特条约》,哈布斯堡家族统治下的奥地利获得了西班牙在意大利的一切领地和权利。但刚刚在西班牙确立起统治地位的波旁王朝不甘心失败,此后又多次派兵侵入意大利,与奥地利发生冲突。西班牙与奥地利之间的战争时打时停,在意大利领土上一直进行到1748年。根据1748年签订的《亚琛和约》,西班牙在意大利的势力稍有恢复,基本上控制了意大

---

① 1559年4月3日,法国国王亨利二世和西班牙国王腓力二世在法国康布雷齐(Cambrai)签订和约,宣告结束为控制意大利而进行的65年(1494—1559年)战争。根据和约,法国放弃对意大利领土的要求,哈布斯堡王朝统治下的西班牙成为在意大利的主导势力。法国归还萨沃依(Savoy)和皮埃蒙特(Piedmont)给西班牙的盟友、萨沃依的伊曼纽尔·菲利贝托(Emmanuel-Philibert of Savoy,1528—1580年),并把科西嘉(Corsica)还给热那亚(Genoa)。作为交换,法国保住了1558年从英格兰人手中夺来的加莱(Calais),还保住了1552年从哈布斯堡王朝的皇帝查理五世手中夺来的图勒(Toul)、梅斯(Metz)和凡尔登(Verdun)三个主教辖区。《卡托—康布雷齐和约》确定了哈布斯堡王朝和西班牙国王腓力二世在欧洲的霸权地位。

第二章 意大利的统一历程

利南部地区,包括两西西里王国(由那不勒斯王国和西西里岛合并而成)、帕尔马公国和皮亚琴察公国。奥地利则控制了意大利的北部和中部,包括伦巴德(原米兰公国)、托斯坎纳公国等地。意大利各邦国中仅有皮蒙特能够巧妙地周旋于在意大利领土上作战的各强国之间,执行独立政策并获得成功。皮蒙特大公于1713年获得国王称号,1720年又得到撒丁岛,撒丁王国(包括皮蒙特和撒丁岛)的历史从此开始。

在西班牙和奥地利的专制统治之下,加之连绵不断的战争对经济的破坏,意大利各城邦失去了中世纪所具有的繁荣和活力。新航路和新大陆的发现,使国际贸易的中心向大西洋沿岸转移,导致威尼斯、热那亚等地中海沿岸的城市经济一蹶不振。同时,专制统治窒息了各城市国家的政治活力,各城市共和国相继蜕变为封建的诸侯国。总之,16世纪以后的意大利进入了"百城沉寂"的年代,这种"蛰伏"的状态直到法国大革命和拿破仑的入侵才被打破。

在1789年法国大革命爆发之后的几年里,意大利并没有受到太大的影响,各邦国的君主们满足于对臣民加强警戒和扼杀不满的图谋;受法国启蒙思想影响的知识分子和一些上层人士虽然赞成自由、平等,但对大革命快速深入发展和各种激进行为表示不满;分散在意大利各地的激进派人数很少,他们组成雅各宾俱乐部,进行革命的密谋,但却被各邦国的统治者相继镇压。意大利真正感受到大革命的冲击和影响是从1796年4月拿破仑指挥法国"意大利方面军"进攻撒丁王国开始的。

翻越阿尔卑斯山的拿破仑所向披靡,相继打败撒丁王国和奥地利的军队,占领了意大利北部和中部的大片土地。在法国占领区,自由民主的思想和建立统一民族国家的思想迅速得到广泛传播,意大利的爱国者们从四面八方汇集到拿破仑建立的临时行政委员会管理下的米兰。这一时期意大利民众的心态和政治思想可以从下面一件小事中看出来。伦巴德行政委员会在1796年9月举办了一场公开的征文比赛,主题是"哪一种自由政府能更好地为意大利带来幸福",在回答这一问题的52名作家中,皮亚琴察人梅尔基奥雷·焦亚独占鳌头,他认为是统一的、自由民主的共和国。统一思想的传播是如此广泛和深入民心,甚至米兰的街头巷尾的歌谣小曲中也在唱着。①

从1796年底开始,法国占领区内相继建立了一系列共和国,勒佐、波伦亚、费拉拉和曼图亚于1797年1月组成"波河南(Cispadane)共和国",并决定以白—红—绿三色旗作为国旗,这是在意大利第一次打出这样的旗帜,从而确定了统一以后意大利国旗的基色。此后不久,米兰、布里西亚和其他一些城市组成"波河北(Transpadane)共和国",1797年6月在热那亚成立了"利古里亚共和国"。根据拿破仑的建议,波河南共和国与波河北共和国在1797年7月组成了"统一的不可分割的阿尔卑斯山南共和国",设立了一个五人执政团和两院制立法机构(众议院有权提出法律草案,参议院或予以通过或予以驳回)。这个共和国是由拿破仑一手创造的,并受到他严格的控制,共和国的宪法也是拿破仑起草的,共和国的执政团和立法机构的成员也是由拿破仑选派而不是由公民选出的,这也就决定了这些共和国的命运:她们不能掌握自己的命运,而只是法国人和拿破仑手中的工具。

1797年10月18日,拿破仑同奥地利签订了《坎波福米奥和约》,划定了法国占领区和奥地利占领区的边界,并不顾威尼斯人想并入阿尔卑斯山南共和国的恳切请求,把加尔达湖和阿迪杰河以外的威尼斯领土割让给奥地利。法国军队在撤退之前对威尼斯进行了洗劫(拿破仑下令搬走了放置在圣·马可广场上的青铜四马两轮战车,这是威尼斯人在第四次十字军东征时期从君士坦丁堡抢来的),1798年1月18日,奥地利军队重新开进该城。

1797年底,拿破仑离开意大利回到法国,继而开始了他征服埃及的东方之旅。驻扎在意大利的法军转而由贝蒂埃将军指挥,司令部设在波伦亚。1798年2月,贝蒂埃率军占领了罗马,并建立了一个共和国政府;3月,法军占领佛罗伦萨,建立伊特鲁利亚共和国;10月,皮埃蒙特地区被并入法国,撒

---

① [意]路易吉·萨尔瓦托雷利:《意大利简史:从史前到当代》,沈珩、祝本雄译,北京:商务印书馆,1998年,第441页。

第二章　意大利的统一历程

丁王国的王室退居撒丁岛。1799年1月，法军占领那不勒斯，建立"帕特诺珀共和国"（Parthenope，那不勒斯的古称，来源于荷马史诗）。

在短短一年半时间内，整个意大利的大小封建王朝们被清扫一空，变成了一系列共和国，并依靠法国占领军而维持其生存，这也决定了这些共和国的命运。随着反法联盟在战场上的胜利，法军节节败退，这些共和国也相继瓦解，正可谓"其兴也勃焉，其亡也忽焉"。那些对法军的占领和掠夺不满的人们，以及反对法国的宗教信仰自由政策的狂热天主教徒们，这时都拿起武器捍卫"神圣的信仰"，教会和被推翻的封建王朝也趁势反扑。但赶走了法国人，却迎来了奥地利人、英国人和俄国人，他们施行同样的掠夺政策，甚至比法国人更加残暴，无法掌握自己的命运的意大利人总是受害者。①

1800年5月，已经成为法国主宰的拿破仑再次率军穿过圣伯纳德山口，开始了对意大利的第二次征服。法国军队在马伦戈战役中打败奥地利军队，重新占领米兰，皮埃蒙特、利古里亚、伦巴德等地。1801年2月9日，法国和奥地利签订《吕内维尔和约》，认可了法国对意大利中北部的占领。为了把意大利变成自己手中驯良的工具，同时也为了获得更多的财政支持和军队，拿破仑着手整顿阿尔卑斯山南共和国。1800年9月，他把诺瓦拉地区并入该共和国，1801年12月，他在里昂召开了由该共和国的450名社会名流参加的大会——"里昂参政会"，会议通过了由拿破仑指使起草的宪法，规定总统为共和国的元首和政府首脑，有权任命副总统和各部部长，提出法律和签订条约；设立了由8人组成的国家参政院，负责研究对外事务和颁布有关国家安全的特殊措施；设立了由21名成员组成的监察机构，执行监督职能；设立了由65名成员组成的立法机构，负责对法律进行表决，为此，由土地所有者、学者和商人组成的三个选举团（每个选举团各有二百名成员）至少要每两年在不同的城市召开一次会议以选举上述机构的成员。

"里昂参政会"选举拿破仑为共和国的总统，作为对意大利人的让步，拿

---

① H. Hearder and D. P. Waley, eds., *A Short History of Italy: From Classical Times to the Present Day*, Cambridge: Cambridge University Press, 1963. pp. 113—115.

破仑选择米兰人弗朗切斯科·梅尔齐为副总统,并委托其代行总统的职权。"里昂参政会"决定把"阿尔卑斯山南共和国"改名为"意大利共和国",这表明了意大利人民对建立统一国家的热切向往。①

在 1804 年法兰西帝国建立后,意大利共和国也相应地转变为意大利王国。1805 年 3 月 17 日,依据意大利王国国家咨政会的法令,拿破仑在巴黎宣布自己为意大利国王,并于 1805 年 5 月 26 日在米兰的蒙扎大教堂为自己加冕,加冕所用的王冠,是查理曼大帝加冕为伦巴德国王时曾戴过的"铁冠"。② 拿破仑此时以查理曼的继承者自居,并宣称:"上帝赐给了我这顶王冠,谁要是碰它一下,谁将倒霉。"③他随后颁布"宪章",改组王国政府,任命了一位总督、一系列大臣,并设置了国家参政院。拿破仑任命他的皇后约瑟芬跟其前夫所生的儿子欧仁·博阿内尔为总督,并训示他要全面服从法国的利益,这样,欧仁统治下的意大利王国便成为拿破仑最忠诚的仆从国。

此后,意大利王国的疆域不断扩大,1806 年兼并威尼斯,1808 年兼并了原属于教皇国的安科纳边区,这个边区使意大利王国的南部边疆扩展到那不勒斯王国的边界;1810 年南蒂罗尔也加入了王国。在法兰西帝国的最后年月,意大利王国共有 700 万居民、10 万军队。尽管总督和王国政府没有主动权,只不过是接受和执行巴黎命令的一个行政机构,但它的存在对意大利的经济、政治、法律和社会观念的影响还是非常大的。

在法军刺刀的保护下,《拿破仑法典》在意大利各地得到执行,旧式的错综复杂的法律体系得到了统一,封建制度被废除了,所有的公民,不分贫富贵贱,在法律面前一律平等。这唤醒了人们的自由平等意识,为资本主义商品经济的发展创造了制度环境。

---

① 相关内容,参见[法]乔治·勒费弗尔:《拿破仑时代》,河北师范大学外语系《拿破仑时代》翻译组译,北京:商务印书馆,1995 年,上卷,第 119—120 页;下卷,第 213—225 页。

② 中世纪加冕用的此王冠被称为"铁冠",因为据说上面缀有一颗把耶稣钉死在十字架上的铁钉;金王冠保存在米兰附近的蒙扎大教堂里,国王需到此进行加冕。

③ [意]路易吉·萨尔瓦托雷利:《意大利简史:从史前到当代》,沈珩 祝本雄译,北京:商务印书馆,1998 年,第 448 页。

第二章 意大利的统一历程

为了搜刮更多的财富用于支持法国的对外战争,意大利王国在财政大臣诺瓦拉人普里纳的领导下统一了税制,建立了严密高效的财政管理机关。王国税收的一部分流入了法国,另外一部分收入则用于许多军事和经济工程,修建了卡普朗和蒙塞尼西奥公路、伦巴德平原上的水渠,疏浚了威尼托各条河流等等,这些工程促进了商业的繁荣。而度量衡和货币的统一也有利于商业的发展。

在军事上,意大利王国实行义务兵役制,大量意大利青年人进入军队,组成了意大利军团,他们不但接受了当时世界上最先进的军事训练,而且在拿破仑的指挥下参加历次战役,打败了反法联盟的军队,特别是西班牙和奥地利的军队,分享了法国军队胜利的光荣,培养了民族自豪感和自信心。

更重要的是,在意大利王国的疆域内,在白－红－绿三色国旗之下,旧的邦国界限消失了,人民开始把自己看作意大利人,而不是托斯坎纳人或皮埃蒙特人,一种民族自觉意识和民族自我认同感的轮廓开始显露出来,同一民族国家的话语和标志开始形成。

至于拿破仑和法国人的残暴统治所引起的仇恨,也导致了同一趋向,即加深了意大利人自己管自己的国土和驱逐外国人的愿望。在这个目的得以实现之前,他们还得走很长的路,但是这个独立自主的思想总算是产生了,而以前那个逆来顺受的旧意大利则一去不复返了。①总之,法国大革命和拿破仑战争终于把意大利从它所处的长期蛰伏状态中惊醒,激发了意大利人的民族意识。

经过漫长的分裂、邦国混战,中间还伴随着文艺复兴的百花齐放,筋疲力尽的意大利在西班牙和奥地利的专制统治之下,度过了250多年。但是,在拿破仑的占领与统治之下,意大利人终于发现:"原来,意大利半岛不一定

---

① H. Hearder and D. P. Waley, eds., *A Short History of Italy: From Classical Times to the Present Day*, Cambridge: Cambridge University Press, 1963. pp. 119－120.

只能分崩离析；原来，意大利也可以统一成为一个单一国家。"①拿破仑帝国崩溃之后，意大利的民族复兴运动拉开了序幕。

第三节 意大利民族复兴运动

关于意大利近代历史上的"民族复兴运动"（拉丁语为"Risorgimento"），学术界历来有不同的定义和划分，意大利历史学家焦瓦尼·斯帕多利尼认为意大利历史上存在着多次"民族复兴运动"，第一次发生在1815年至1860年间，在这段时间里，意大利经历了一个文化和政治统一的过程，并最终建立了统一的民族国家。第二次则是指意大利的反法西斯运动。②

不言而喻，所谓"复兴"，自然是原有事物的再生，就如"文艺复兴"是指古代希腊罗马文化的复兴一样，意大利的民族复兴，则是指古老的意大利民族的复兴。之所以叫"民族复兴"而不叫"民族形成和诞生"，就是因为早在意大利实现领土统一之前，在圣弗朗西斯科和但丁时代（公元1300－1400年城市国家时代）就已经形成了共同的语言和文化，所有意大利人已经被这共同的语言和文化纽带联系在一起（尽管各地之间被人为的政治边界所阻隔），形成了意大利历史学家路易吉·萨尔瓦托雷利所定义的"现代意大利民族"。在很长一段时期内，意大利留给人们的历史记忆包括了太多的失败、屈辱和名声扫地，而民族复兴运动则使意大利重新勃兴，步入世界民族之林。

对意大利而言，第一次民族复兴运动是指自拿破仑帝国灭亡到统一的意大利民族国家建立的过程，1870年9月意大利王国军队攻陷罗马城标志着民族复兴运动结束。这样一个漫长的过程，又以1848年至1849年革命

---

① ［英］约翰·高奇：《意大利的统一》，郑明萱译，台北：麦田出版股份有限公司，2000年，第21页。
② ［意］焦瓦尼·斯帕多利尼：《缔造意大利的精英：以人物为线索的意大利近代史》，第5版，戎殿新、罗红波译，北京：世界知识出版社，1993年，引言。

第二章　意大利的统一历程

为界划分为两大阶段。在前一阶段,以烧炭党人和马志尼派为代表的意大利各阶层的爱国者们,发动了一系列的密谋、起义和革命,以此来反抗外国和本国的封建统治,为实现国家的独立和统一而奋斗,虽然没有取得成功,但唤醒培育了意大利人的民族意识。在第二个阶段,通过王朝战争和民众自发的革命运动,意大利摆脱了外国的侵略和干涉,结束了分裂的局面,实现了民族的独立和统一。

1815年6月9日,参加维也纳会议的各国代表签署了汇集一切条约的大会最后文件,奥地利外交大臣梅特涅是操纵维也纳会议的核心人物。在维护欧洲力量平衡和保证各复辟王朝的正统性、合法性两大原则指导下,英国、奥地利、俄国和普鲁士四大强国瓜分了拿破仑帝国的遗产,确定了战后欧洲格局。

在奥地利的策划和庇护之下,根据维也纳会议的决议,意大利被划分为八个邦国和地区,恢复了法国大革命发生之前的分裂和专制状态。

1. 伦巴德—威尼托地区,人口500万,由奥地利派总督直接统治。奥地利占领意大利最富饶的两个地方——米兰城所在的伦巴德地区和威尼斯城所在的威尼托地区,此外还获得了在科马基奥、费拉拉和皮亚琴察三地驻军的权利。

2. 撒丁王国,包括皮埃蒙特和撒丁岛,人口490万,是意大利唯一保持独立地位的邦国,由萨沃依王朝统治。撒丁国王维托里奥·伊曼纽尔一世收复皮埃蒙特,并且获得了利古里亚共和国(热那亚),从而扩大了疆土。

3. 莫德纳公国,人口57万,莫德纳公国及马萨、费拉拉交还给属于哈布斯堡—洛林家族的弗朗切斯科四世,成为其世袭领地。

4. 卢加公国,人口16万,划归出身波旁家族的西班牙公主玛丽·路易贾,后由其子查理·路易继承。

5. 帕尔马公国,人口50万,被交给奥地利公主、拿破仑的第二任皇后、出身哈布斯堡王室的玛丽·路易丝作终身领地,继承权归卢加公国的查理·路易。

6. 托斯坎纳公国,人口150万,佛罗伦萨城所在的托斯坎纳大公国划归出身于哈布斯堡—洛林家族的斐迪南三世。

7. 教皇国,人口290万,恢复罗马教皇的统治。红衣主教厄尔科莱·孔萨尔维在维也纳会议上重申了罗马教廷对罗马涅、马尔凯、贝内文托等地的管辖权,因此教皇国也得已恢复。

8. 两西西里王国,人口640万,那不勒斯和西西里王国重新回到波旁家族的斐迪南四世之手。

奥地利除了拥有直接控制的伦巴德—威尼托地区,还由于哈布斯堡家族的联系,使得托斯坎纳、帕尔马和莫德纳三邦国成为它的附庸国。

这就是意大利民族复兴运动初期所面临的状况,旧的封建君主、旧的法规、旧的习俗全面复辟,在撒丁王国甚至还根据1789年的宫廷年鉴来确定每个人的职务。几乎一切都没有变化,法国人在14年里对意大利的统治和改造好像没有发生过一样,意大利仍然四分五裂,"只是一个地理概念而已",①这也正是梅特涅和复辟王国的各君主所希望的。

根据维也纳会议所重建的意大利各邦国政府,并不是一点不顾及被统治的"独裁"政府,相反,它们是介于"独裁体制"和"开明君主"之间的"家长制"政府。为了维护统治、平息人民的不满,各邦国复辟政府都力图关心和维护其臣民的利益,采取各种旨在提高本国臣民物质福利水平的措施,从而在一定程度上赢得了普通民众的忠诚。此外,在经历了拿破仑时代的战争和动荡后,实现和平安定成为大多数民众的最大愿望。加上宗教保守势力的影响和围绕在每一个政府周围的利益网,所有这一切,都使得意大利大部分人民满足于复辟而不是希望进行彻底的变革,更不要说革命了。这就是意大利在1820年至1821年和1830年爆发革命的社会大背景。

发动和领导这两次革命运动的都是秘密会社组织,如意大利北部的"联邦党"(主张以教皇为核心统一意大利各邦国,建立联邦制国家)和"兄弟

---

① [苏]苏联科学院历史研究所:《近代史》,第二卷上册,北京:三联书店,1964年,第303页

第二章 意大利的统一历程

会",意大利中部的"黑别针党"(参加者在领结上佩戴黑别针作为标志)及"拉迪尼斯蒂党"等。其中以"烧炭党"的影响力最大。

"烧炭党"是在拿破仑统治时期出现的一个资产阶级自由派的秘密政治组织,其成员来自于社会的各个阶层,包括军官和士兵。"烧炭党"最初的目标是反抗法国的侵略和占领,谋求实现意大利的独立和建立立宪政府。维也纳会议以后,"烧炭党"便把斗争目标转向奥地利和各邦国的复辟统治者。作为一个秘密组织,"烧炭党"采取了各种矫饰奇异的象征符号、充满神秘色彩的仪式以及可怕的誓言与惩罚措施等,以此强化成员内部的团结一致,确保个体成员对组织的忠诚,使成员不敢忘记曾发过的愿意为意大利独立而牺牲生命的誓言。[①]拿破仑帝国崩溃以后,从拿破仑军队中复员的数以千计的官兵、失业的文职官员以及曾为法国统治当局服务过的人们,部分出于对法国大革命自由平等博爱理念的信仰,部分出于对复辟后个人利益受到侵害的愤恨,纷纷加入或组建了各种秘密政治组织,从而扩大了反对力量。其中大量"烧炭党人"加入了各邦国新组建的军队中,掌握了部分武装力量,成为他们发动革命的有利条件。

1820年至1821年的意大利革命首先在南部的两西西里王国拉开序幕。1820年7月2日,在西班牙1820年革命[②]的影响之下,"烧炭党"掌握的部分军队发动哗变,并向首都那不勒斯城进军,国王被迫于7月6日发表公告,同意仿照《西班牙宪法》(即西班牙"1812年宪法")制定和颁布宪法,同时宣布了出版自由和其他改革。此后,"烧炭党人"和立宪派掌握了政权,并于

[①] [英]博尔顿·金:《马志尼传》,马清槐等翻译,北京:商务印书馆,1997年,第15—16页。

[②] 1812年,西班牙流亡政府的议会在反对拿破仑的斗争中颁布宪法,该宪法宣布国家主权和政权分离的原则;规定立法统一、法官不得罢免、个人自由、新闻自由;废除酷刑和籍没财产;将行政权交与由七位大臣和国务院辅佐的国王,立法权交给议会(每2年分三级选出)。以天主教为国教,禁止任何其他信仰,取缔宗教裁判所,取而代之的是保护信仰法庭。拿破仑帝国覆灭后不久,波旁王朝的斐迪南七世复辟,不久便废除宪法,厉行专制,从而引发不满。1820年1月,西班牙军队发动革命,3月份国王屈服,宣布恢复1812年宪法,后为"神圣同盟"授权法国出兵镇压。

1820年10月召开了议会。

与此同时,为了协商镇压西班牙革命和那不勒斯革命,"神圣同盟"各国先后在特罗波和莱巴赫召开会议,决定由法国的波旁王朝派军队帮助镇压西班牙革命,同时在那不勒斯国王的邀请下,由奥地利哈布斯堡王朝派军队对那不勒斯革命进行武力干涉。此后奥地利军队没有受到多少抵抗便占领了那不勒斯城,革命失败。

在此之前,意大利北部也发生了革命。在撒丁王国,自由派贵族和资产阶级中的自由派希望能够制定宪法、实行宪政,并联合伦巴德、威尼西亚组成一个"上意大利王国"(Kingdom of Upper Italy)。在一群贵族军官的领导下,革命在1821年3月9、10两日爆发,要求对奥地利宣战和颁布宪法。国王维托里奥·伊曼纽尔一世无力处理这种局面,便宣告退位,让位给弟弟查理·菲利克斯,同时任命支持自由派贵族的推定继承人查理·阿尔贝特公爵①为摄政。革命取得初步胜利,并把西班牙宪法稍加修改予以颁布。但"神圣同盟"的奥地利、俄罗斯、普鲁士三国坚决不允许在撒丁王国内部实行宪政改革,新国王查理·菲利克斯也宣布拒绝承认宪法,在奥地利的军事干涉之下,革命失败。

1830年7月,法国巴黎爆发了七月革命,推翻了妄图恢复封建专制统治的波旁王朝国王查理十世,推举一向标榜自由、开明的波旁家族的旁系奥尔良公爵路易·菲利普为"法兰西人的国王",建立了奥尔良王朝。路易·菲利普宣布新政府对意大利奉行"不干涉政策",即法国不会干涉意大利各邦

---

① 查理·阿尔贝特公爵(Carlo Alberto Amedeo),本名卡洛·阿尔贝托·阿梅迪奥,1831—1849年担任撒丁王国国王。查理·阿尔贝特是统治撒丁王国的萨沃依王室旁系,因其前面两任国王维托里奥·伊曼纽尔一世和查理·菲利克斯都没有男性子嗣,故而他于1831年继承撒丁王国王位。在1821年革命前夕,查理·阿尔贝特为树立声望、巩固自己的王储地位而结交了许多自由派人物,并鼓励发动革命。然而在革命开始后,他却把革命者的计划出卖给了撒丁王国的陆军大臣。国王维托里奥·伊曼纽尔一世退位后,他担任摄政王,于3月21日从起义中心都灵逃往诺瓦拉,并积极参加镇压起义。参见恩格斯:《查理·阿尔贝特的叛卖》,见《马克思恩格斯全集》,第43卷,北京:人民出版社,1995年,第19页。

第二章 意大利的统一历程

国的内部事务,但如果奥地利武力干涉,法国就要予以反对。在七月革命的冲击下,比利时、波兰和意大利相继爆发了革命运动。在法国共和派的支持下,一些烧炭党人在巴黎建立了"解放意大利协会",积极策划在意大利发动起义。1831年2月5日,起义在波伦亚和莫德纳公国爆发,并迅速扩展到教皇国内的罗马涅、马尔凯和翁布里亚等地。半月之间,起义者便掌握了教皇国(不包括拉齐奥地区)和中部各公国的政权,各封建邦国的君主纷纷逃亡,莫德纳公爵逃往曼图瓦,帕尔马女公爵玛丽·路易贾逃往驻扎着奥地利军队的皮亚琴察。教皇国的起义者在波伦亚建立临时政府,并召开起义各省的代表大会,宣布废除教皇的世俗权力,以"意大利各省联合"的名义建立解放的各省联盟,宣布成立临时立宪会议。但大会拒绝支持攻打罗马的计划,又过分依赖法国的不干涉政策,因此没有组织力量抵御奥地利可能进行的武力干涉。

在沙皇俄国的支持下,奥地利帝国首相梅特涅向法国明确宣布奥地利将对意大利进行干涉,并利用路易·拿破仑(即后来的拿破仑三世)在罗马参与革命密谋的事实,提醒法国国王路易·菲利普要警惕拿破仑式的军事独裁体制在意大利中部阴魂不散,提防波拿巴主义者对法国王位的威胁。为了巩固自己的王位,路易·菲利普便改变立场,默许奥地利干涉意大利,声称这只是哈布斯堡王朝的"内部家务事"——莫德纳大公和帕尔马女公爵都是哈布斯堡王族成员——而"法国人的血只为法国流淌"。①此后,奥地利军队长驱直入,打败革命力量。1831年3月26日,波伦纳临时政府投降。逃亡的各邦国君主在奥地利军队刺刀的保护之下重新复辟,立刻对革命者展开了残酷的报复。

由烧炭党发起和领导的1820年至1821年和1831年的意大利革命,是在西班牙和法国发生的革命事件影响下爆发的。这两场革命只是地区性的,而不是全国性的,革命者没有明确的革命目标和革命胜利后的国家改造

---

① [英]约翰·高奇:《意大利的统一》,郑明萱译,台北:麦田出版股份有限公司,2000年,第26页。

53

计划。从他们在这两场革命中的行为来看，争取立宪似乎是他们斗争的首要目标，很少有人提出独立和统一的口号(1821年撒丁王国的革命者们曾经打出了三色旗，但主要的目的仍然是立宪)，更谈不上互相支持和采取联合斗争，加上"神圣同盟"和奥地利强大的干涉力量，革命只能失败。

这两次革命的失败，宣告了作为一种政治力量的旧式秘密会社的破产。此后，在奥地利和各邦国警察机构的严厉打击之下，加上内部的分裂和叛变，无论是"烧炭党"、"联邦党"，还是其他的类似组织，力量都大大削弱，不足以承担革命的任务了。取而代之的是一个新型的革命组织——朱泽培·马志尼和他的"青年意大利党"。

朱泽培·马志尼①(Giuseppe Mazzini)1805年6月22日出生于热那亚，在一个有着共和传统、忠于萨沃依王室的家庭环境里长大。1821年，当时还只有16岁的马志尼看到1821年革命失败后撒丁王国的政治犯上船流亡国外的情景，他的内心就被深深打动了。马志尼于1827年加入"烧炭党"，参加了1830年革命，1830年11月被捕，被关在萨沃纳城堡里，1831年1月被驱逐出境，流亡马赛。②

"烧炭党"领导开展革命运动的方式及其失败让马志尼发现烧炭党在纲领路线和组织上存在诸多缺陷，最重要的是参加者缺乏清楚的政治目标。马志尼曾写道："带我入党的人，不曾提过半个有关联邦或统一、共和或君主的字眼，只是一味向政府宣战，如此而已。"③同时，马志尼还发现烧炭党在组织上比较松散，在革命运动中过分强调依靠部分会员的个人主动性和牺牲精神，没有意识到动员和组织人民参加革命的重要性。

纵观马志尼的思想和行动，对于如何实现意大利的民族复兴，马志尼一生都秉持下列三条理念。

---

① 马志尼生于1805年6月22日，卒于1872年3月10日。
② [英]博尔顿·金：《马志尼传》，马清槐等译，北京：商务印书馆，1997年，第17—18页。
③ [英]约翰·高奇：《意大利的统一》，郑明萱译，台北：麦田出版股份有限公司，2000年，第27页。

第二章　意大利的统一历程

首先是坚持"进步"的理念。马志尼认为,意大利的民族复兴运动,不能是只限于少数个人或狭隘社会阶层凭经验进行的政治行动,而应是在精神上,首先是在宗教和道德方面进行革新的一种广泛而深刻的潮流,这种潮流基于对上帝、对掌握着进步法则的人类坚实而深厚的信念,因而必然能打动人心,动员全体人民。马志尼认为,要推动并完成意大利的民族复兴运动,不应期待君主们,而要靠人民自己,人民政治解放的实现必然会带来社会的解放。

关于意大利民族复兴运动在世界发展史上的地位,马志尼出于其心中对身为意大利人的强烈自豪感认为,上帝已经将"进步的任务"赐与各国人民,而意大利必将在其中扮演独特的角色,意大利革命必须要执行一个旨在改造全人类的纲领,也就是"上帝和人民"的纲领。在拯救全人类的这一事业中,意大利将扮演发动者和捍卫者的角色,意大利不但要继承罗马帝国和罗马教皇的事业,在精神上还要远远超过它们,在意大利的指引下,联合起来的反政府的世界各族人民必将建立自由和团结的民族社会,这种社会的合作(根据各自的能力和专长)必将产生一个按民族和民族集团组成的新欧洲,同新欧洲一起必将产生一个联合的、解放了的新人类。马志尼坚信,意大利人能够为自己创造出一个民族国家,而这个国家将为创建自由世界负起独特的道义责任。①

其次,马志尼认为,为了承担解放全人类的伟大使命,意大利必须摆脱外族的压迫实现独立,必须消除各地区之间的隔阂,实现统一,并且把首都建在罗马。这与当时其他意大利爱国者所奉行的地方主义形成强烈对比。关于统一的意大利应该包括哪些地方,马志尼认为根据上帝划定的自然疆界,意大利有其"庄严的、无可争辩的疆界线",这包括阿尔卑斯山以南整个为地中海所包围的亚平宁半岛及其附属岛屿,由阿尔卑斯山和地中海所划

---

① [意]路易吉·萨尔瓦托雷利:《意大利简史:从史前到当代》,沈珩、祝本雄译,北京:商务印书馆,1998年,第476页。

定疆界线以内的所有地域都应该包括在统一的意大利国家之内。①

第三,马志尼是一位坚定的共和主义者,他相信只有共和政体才能实现平等和自由,意大利必须在一个建都罗马的共和形式的政府领导之下成为一个自由、独立与统一的国家。马志尼坚决反对任何形式的君主政体,认为这种政体意味着不平等;马志尼也坚决反对美国式的联邦制度,认为这种制度会导致衰弱而不会导致强大。②

正是在这些理念的鼓舞下,马志尼于1832年在马赛创立了"青年意大利"(Giovine Italia)组织,他为这一组织确定的纲领是:"'青年意大利'是相信进步和互助义务法则的意大利人兄弟会,他们相信意大利能够成为一个统一的国家,相信能够依靠自己的力量创造这个统一国家,相信意大利人的力量来源于团结一致和坚持不懈的努力;'青年意大利'成员秉持这种伟大的信念,将团结一致地奉献其思想和行动,致力于将意大利建成一个自由平等的国家、一个独立的主权国家;'青年意大利'致力于建立统一的、施行共和政体的意大利国家,之所以是共和政体的,是因为全民族所有的人按照上帝和人类的法则都是自由的、平等的,都是兄弟,只有共和国体制才能保证这一未来;之所以是统一的,是因为没有团结就没有力量,被联合一致的嫉妒成性的列强所包围的意大利,首先需要的是力量"。总之,马志尼认为新成立的"意大利民族国家是在一个公约中亲如兄弟的,在共同法律之下生活的意大利人的总体"。③

在"青年意大利"的组织纲领中,马志尼把政治革命、道德革新及世界主义的宗教思想完整地揉合在一起,从而为意大利的复兴运动规划了清晰明确的路线、目标和计划,这也成为意大利资产阶级民主派(也就是许多西方学者所说的"行动党"或"行动派")在思想上对"民族复兴运动"所作出的最

---

① [英]博尔顿·金:《马志尼传》,马清槐等译,北京:商务印书馆,1997年,第247页。
② [英]约翰·高奇:《意大利的统一》,郑明萱译,台北:麦田出版股份有限公司,2000年,第30页。
③ [意]路易吉·萨尔瓦托雷利:《意大利简史:从史前到当代》,沈珩、祝本雄译,北京:商务印书馆,1998年,第476—477页。

第二章　意大利的统一历程

杰出的贡献。

"青年意大利"成立后,马志尼立刻着手宣传和组织工作,在意大利各地设立"青年意大利"的支部,同时,从1832年起还开始发行与"青年意大利"同名的期刊(坚持到1834年),并将期刊秘密运至意大利半岛散发。马志尼在杂志上撰稿,后又在其他的期刊和小册子上继续撰文。此外,马志尼还通过频繁的通信与国内各地的支部保持联系,指导党员开展革命斗争。

从1832年开始,"青年意大利"党员便在意大利各邦国组织发动了一系列的密谋和暴动活动(如朱赛佩·加里波第就参与领导了1834年在热那亚发动的一次起义活动),但大多遭到严酷的镇压,许多"青年意大利"的党员被审判、杀戮或者流放,马志尼也多次被各邦国缺席判处死刑。"青年意大利"成立后所进行的这些活动,虽然没有取得直接的成功,但却取得了极大的宣传效果:革命失败后的流亡者在欧洲各国获得了普遍同情,接连不断的起义和随之而来的司法审判吸引了全国各阶层人们的关注,而一些革命烈士为了民族和国家的统一而舍身取义的行为更是震醒了人们心中的民族意识。这其中,班迪耶拉兄弟的牺牲成为鼓舞意大利人民觉醒的最重要事件。

马志尼和西西里王国的自由派人士本来计划于1844年3月在卡拉布里亚和西西里发动一场总起义,但由于协调不一致和准备不周,起义只在科森察爆发,并被当局镇压。为了重新组织起义,1844年6月,"青年意大利"成员阿蒂利奥·班迪耶拉和埃米利奥·班迪耶拉兄弟与其他几个人一起,于6月16日在卡拉布里亚的科特罗内附近登陆,并发动游击战。由于意识到敌强我弱的严峻形势,马志尼曾极力阻止他们进行这种徒劳无益的牺牲。但班迪耶拉兄弟坚信,为了震醒意大利人,作出牺牲和表率是必要的。起义爆发几天后,由于叛徒的出卖,他们被那不勒斯的军队俘虏,关进监狱。1844年7月25日,班迪耶拉兄弟和七位同伴被枪决,临刑时他们高呼"意大利万岁!自由万岁!祖国万岁!"。他们的牺牲和在面临死亡时表现出来的坦然无畏,成为最激励人心的事件。①

在同一时期,民族主义在意大利的经济和文化领域中也发展起来,并逐渐占据了主流地位,追求独立、实现统一,渐渐地成为意大利工商界和文化界的共识。意大利的内部分裂和外国的占领极大地阻碍了经济的发展,因此在意大利资产阶级中催生经济民族主义是非常自然的事情。

以意大利工商业最为发达的伦巴德地区为例,丝织业曾经是伦巴德地区的支柱产业,1824年以后,伦巴德生丝和丝织品的主要销售市场为法国和德意志地区,但统治伦巴德地区的奥地利殖民当局对伦巴德的出口商品征收限制性关税,同时极力将伦巴德商人的运销路线从热那亚改往奥地利占领下的得里亚斯特港(Trieste),这就激起了伦巴德工商界的极大愤慨。

四分五裂、缺乏统一内部市场的局面也造成了诸多恶果。各邦国高筑关税壁垒,限制商品流通,是政治妨碍经济发展的典型现象。例如,从帕尔马向37英里外的莫德纳运输货物,就须缴纳6次关税;沿波河运输商品,要被征收21次关税;把粮食从都灵运到临近的热那亚地区,所需要缴纳的各种税收和运输费用加起来,比从俄国的敖德萨运到热那亚所需费用还要昂贵。②这正如当时人们所作的一个比喻:"意大利好比一座房屋,然而从这一房间到另一房间的门比大门锁得还紧。"③

分裂还造成了交通运输的落后,全意大利只有在伦巴德一地拥有较好的公路和运河交通系统,铁路建设刚刚起步,在奥地利控制下的地区修建有三小段,在皮埃蒙特和那不勒斯各修有一截。非常现实的经济因素,促使意大利的资产阶级滋生了谋求独立、自由和统一的思想。加富尔在1847年7月14日的佛罗伦萨《商刊》(Commercial Journal)上发表文章指出:"我们深

---

① [英]博尔顿·金:《马志尼传》,马清槐等译,北京:商务印书馆,1997年,第88—89页。也参见[意]路易吉·萨尔瓦托雷利:《意大利简史:从史前到当代》,沈珩、祝本雄译,北京:商务印书馆,1998年,第481页。

② 赵克毅、辛益:《意大利统一史》,开封:河南大学出版社,1987年,第132页。

③ [苏]苏联科学院历史研究所:《近代史》,第二卷上册,北京:三联书店,1964年,第304页

第二章 意大利的统一历程

信,在降低各种隔离的壁垒的同时,我们也是在为意大利的知识、道德及物质各方面的进步而努力。"①

政治上的分裂、经济上的落后使意大利工商业资产阶级气馁不已,特别是在工业革命的大背景下,英法等传统强国充分享受到统一的国内市场和强大的国家政权在保护和促进贸易方面所提供的优越条件,并迅速开始了工业化进程,经济发展的速度和实力都对其他前工业化国家带来了巨大压力。在这种情况下,意大利的资产阶级渴望依靠强大统一的国家政权来保护国内市场,改善经济环境,以便享有现代化的信用制度、自由贸易制度,以及良好的交通运输系统所能提供的好处,从而谋求经济利益。

资产阶级在经济和政治上对统一的渴求,表现在文化上,就形成了所谓的"文化民族主义",这首先在许多具有民族观念的温和派知识分子中产生。在1848年以前,他们通过创办全国性的刊物、出版各种体现着民族观念的著作、组织全国性的学会等来宣扬自己的政治理念,唤醒国民的爱国热情,并探讨国家统一的路径和方式。

1821年在佛罗伦萨创刊的《文集》(Antologia)期刊以向全国读者推广民族主义思想、文艺为职责。此外,还有卡洛·卡塔内奥创立和领导的《工科》(Industry)杂志,以及《世界统计年鉴》(Universal Annals of Statistics)、《公共经济》(Public Economy)、《历史》(History)、《旅行和商业》(Travel and Commerce)、《欧洲杂志》(Europa)等刊物。这些期刊都以向读者介绍知识、激发民族主义情绪为己任,它们的宗旨是要促进意大利各地区并进而促进意大利全国的经济、社会和文化水平的提高;使意大利经济文化达到或超过欧洲强国(法国和英国)的水平;消除或降低半岛上各邦国之间的关税壁垒;通过已开始设计和建设的铁路把半岛各邦国以及外部世界联结起来;促进经济生产活动的现代化,促进全民族的思想解放和精神自由化。

各种全国性的协会也相继成立。1839年在比萨召开了第一届"意大利

---

① [英]约翰·高奇:《意大利的统一》,郑明萱译,台北:麦田出版股份有限公司,2000年,第34—35页。

科学家大会"(Congress of Italian Scientists)。会议的目的虽然要宣扬进步的理念,会议的议程虽然禁谈国事,但与会学者们在有关经济和社会改革等问题上所进行的激烈辩论却不能不涉及意大利的民族独立和国家统一问题。因此召开这样的会议招致了奥地利的外交抗议,撒丁王国的外交大臣萨拉洛·德拉·马里加尔塔伯爵则攻击这次大会是以"科学与艺术为幌子来掩人耳目,而它的真正目的是意大利革命"。从1839年至1847年,"意大利科学家大会"共召开过9次全国大会,参加的人数增加很快:第1次比萨大会为421人,第2次都灵大会为611人,第3次佛罗伦萨大会为888人,到第7次那不勒斯大会参加人数最多,达到2 427人。在大会上,人们不再认为自己是托斯坎纳人、伦巴德人、皮埃蒙特人、威尼斯人或那不勒斯人,而全都称自己是意大利人,所谈论的也是全意大利的科学、经济和文化的发展状况。因此,当时有许多评论指出,"意大利科学家大会"的重要作用就是要"在精神上把意大利统一事业推向前进"。①

这一时期也出版了许多有关意大利历史的著作,提高了人们对本国历史的认识,激发了他们强烈的民族自尊心。1830年恺撒·鲍勃写作了《蛮族时期的意大利史》,1846年又出版了《意大利史要览》,大力提倡民族独立的思想。1839年,卡洛·特洛亚(Troya)出版了巨著《中古时期的意大利史》第一卷。此外还有一些学(协)会出版历史刊物,如卡洛·阿尔贝托在都灵创办的"皮埃蒙特爱国者历史协会"(Piedmontese Society for Patriotic History)和詹彼得罗·韦厄瑟在佛罗伦萨创办的"意大利历史档案馆"(Italian Historical Archive)出版期刊《意大利史文献》,都有助于推动对意大利历史的讨论和研究,有效地促进了国民对本国历史的了解,并进而促进了民众的思想解放和民族意识的觉醒。

这种"文化民族主义"的思潮并未局限在历史学领域,而是扩展到了文学、哲学、美学等各个领域,产生了一批具有重要影响的人物,如历史小说

---

① 赵克毅、辛益:《意大利统一史》,开封:河南大学出版社,1987年,第138—139页。

第二章 意大利的统一历程

《约婚夫妇》的作者亚历山德罗·曼佐尼、歌剧《威廉·退尔》的作者安东尼奥·罗西尼、讽刺诗作家朱赛佩·朱斯蒂、作曲家戈弗雷多·马梅利(意大利国歌《意大利兄弟们》的作者)等人。

在浪漫主义的影响下,这一时期的作品都是在乐观主义的基调之上赞美正义和自由,抨击暴政,通过揭露意大利所遭受的苦难,以唤起人们的爱国热情。在奥地利的高压统治之下,这些作品大多采用了比较隐晦的手法,但共同的感受和遭遇却使观众或读者能够明白作者的意图,不致引起误解。例如,当格拉瓦尼·尼科利尼根据"西西里的晚祷"①而写成的剧本《普罗奇达岛的约翰》在佛罗伦萨上演时,引爆全场意大利观众的热烈情绪,在场观看的法国公使听到观众对于攻击他的法国同胞的台词发出的欢呼,感到非常愤慨,但是奥地利公使却平静地安慰他说:"不要不高兴,信封是写给你的,但是内容却是写给我的呀!"②

在马志尼和民主派所发动的起义、暴动不断遭到失败的情况下,人们对于通过"自下而上"的路线统一意大利能否成功产生了怀疑。而1820年至1821年和1831年革命及其失败也表明,意大利的革命任务实际上包含着两层:统一和独立。统一是要推翻各邦国的暴政,建立统一的意大利民族国家;独立是要打败外国侵略者,特别是当时占据了意大利大片领土的奥地利,收复在其占领下的土地。

统一和独立的双重革命任务是紧密联系在一起的,但独立是实现统一的前提条件。在前两次革命中,起义者十分容易地赶跑了撒丁王国和那不勒斯王国的专制君主,但奥地利不费吹灰之力便插手镇压了革命,这说明欧洲强国对意大利局面的巨大影响力。通过这两次革命,革命者也开始明白独立和统一是一枚硬币的两面,要统一,必须独立,摆脱外国势力的干涉,特

---

① 指在13世纪法国侵占西西里岛,法国士兵强奸一名妇女,引发民愤,起义者以听到傍晚祈祷的钟声为号,同时发动反法起义的事件。

② H. Hearder and D. P. Waley, eds., *A Short History of Italy: From Classical Times to the Present Day*, Cambridge: Cambridge University Press, 1963. p.131.

别是奥地利的干涉。

奥地利是欧洲的强国,要对抗奥地利并取得胜利,意大利必须有一个实力强大的核心来领导对奥战争并实现统一。在"自下而上"路线难以成功的情况下,主张通过王朝战争的方式"自上而下"统一意大利的人们在选择哪些力量充当统一运动"核心"的问题上形成了分歧。

1843年,天主教神甫焦贝蒂(Vincenzo Gioberti)出版了《论意大利民族在道德及文明方面的优越》(*On the Moral and Civil Primacy of the Italians*),系统阐述了"新圭尔夫派"①关于实现意大利统一的路线和建国方略。作为一位具有自由思想的天主教徒,焦贝蒂认为马志尼派的暴动策略显然已经失败,意大利只有依靠各邦国王公的支持才能完成统一,所以他建议各邦国拥护罗马教皇为领袖,以撒丁王国为后盾,共同组成联邦,由一些当权的君主组织超内阁政府,各邦现存的制度保持不变。他认为,意大利的统一将是天主教会迈向全球主宰的第一步,而这一步"必须由信仰与力量这两项主力所在之处开始,亦即圣城(罗马)与武乡(撒丁王国)的结合"。②

恺撒·鲍勃在1844年出版的《论意大利的前途》(*On the Future of Italian*)一书则明确主张以撒丁王国为首完成意大利的统一。他认为撒丁王国的君主注定要领导整个意大利,并且主张在整个欧洲框架下看待意大利国家统一的问题,争取其他列强的支持来驱逐奥地利。

马西莫·达泽利奥在1846年出版的《罗马涅近事》(*The Most Recent Events in Romagna*)和1847年出版的《推动意大利人国家主张意见书》(*Proposal for a Programme for Italian National Opinion*)也表达了以撒丁王国为首完成国家统一的主张。达泽利奥认为,与主张君主立宪的温和派联手,将意大利从奥地利的统治下解放出来,也符合各邦国王公的利益,

---

① "New Guelf",区别于13世纪初形成的支持罗马教皇同神圣罗马帝国皇帝对抗,争夺世俗权力的"旧圭尔夫派"。
② [英]约翰·高奇:《意大利的统一》,郑明萱译,台北:麦田出版股份有限公司,2000年,第39页。

第二章 意大利的统一历程

"如果意大利的众统治者,不想令子民成为极端的自由分子,自己就应先成为自由主义的温和派"。①达泽利奥还提出了比较完整的建国计划,包括设立由民选代表组成的社区公会(Communal Councils),推行陪审团制度,制定进步的新闻法律,保障新闻自由,兴建铁路系统,打破内部的关税壁垒等。

在1848年以前,撒丁王国的国王查理·阿尔贝特和1846年当选的新教皇庇护九世(1846—1878年在位)也为那些主张通过"自上而下"方式实现国家统一的人们提供了希望。

查理·阿尔贝特在1831年继承撒丁王国王位后,在司法领域进行了一系列具有自由主义色彩的改革,同时鼓励发展农业和教育,赢得了民心。虽然在外交上他仍然维持了与奥地利的密切关系,但在私下里,他也作出一些反奥的姿态和表示,以此来提高自己在知识分子和资产阶级中的声望。如在1844年他开始铸造奖章,颁发给那些向他赠送作品的学者,奖章一面饰以披着鹰的羽毛的萨沃依狮子(奥地利国徽和哈布斯堡王室的徽章都是鹰,而撒丁王国萨沃依王室的徽章是两只狮子),另一面刻着但丁、克里斯托弗·哥伦布、拉斐尔、伽利略的肖像,环以萨沃依王室前代国王阿梅代奥六世的格言"我期待我的星星"。1845年,阿尔贝特对伦巴德的政治家马西莫·达泽利奥说:"请告诉那些先生们,让他们安静下来,别乱走乱动,眼下还没有什么可干的,但应确信机会会有的,那时,我的生命,我孩子们的生命,我的武器,我的金钱财富,我的军队,一切的一切,都将贡献给意大利事业。"1846年4月,由于海关税收问题,撒丁王国和奥地利发生外交冲突,阿尔贝特在内阁会议上大声疾呼:"如果我们失去奥地利,我们会得到意大利,那么,意大利就会自行其是。"②正是由于阿尔贝特的这些言行,使他在资产阶级和知识分子中赢得了爱国者的名声,撒丁王国也成为赖以实现统一的希望。

---

① [英]约翰·高奇:《意大利的统一》,郑明萱译,台北:麦田出版股份有限公司,2000年,第40页。
② [意]路易吉·萨尔瓦托雷利:《意大利简史:从史前到当代》,沈珩、祝本雄译,北京:商务印书馆,1998年,第490页。

1846年具有自由和改革色彩的庇护九世当选为教皇,更增加了意大利沿着"新圭尔夫派"设计的路线实现统一的可能性。教皇庇护九世的当选和他在教皇国实行的一系列具有自由主义色彩的改革,如大赦政治犯、开放新闻自由、建立国家咨议会和部长会议、建立公民自卫队等都赢得了民心,人们把庇护九世视为意大利的解放者,希望在教皇的领导下实现意大利的统一。而教皇在1848年2月10日发布的布道词中公开为意大利的前途命运祈祷"伟大的上帝,赐福意大利吧!"①更唤起了意大利天主教徒们为国家独立和统一奋斗的狂热。1848年革命就在这种情况下发生了。

从1848年1月开始,意大利各邦国都爆发了要求颁布宪法、实行宪政的游行示威或起义。在这种情况下,那不勒斯王国的斐迪南二世在1848年2月10日首先屈服,其他邦国相继跟进,到3月14日教皇国颁布宪法为止,各邦国都有了宪法。这些宪法普遍以法国的1830年宪法为范本,实行君主立宪政体,设立由任命产生的参议院和选举产生的众议院,君主有权任命各部主管部长,国王不对议会负责,保证公民享有自由、平等、出版自由等权利,并准许建立公民自卫队。

1848年3月7日,维也纳爆发起义,从1815年以来极力维护欧洲大陆保守复辟格局的奥地利首相梅特涅化装逃亡,奥地利建立了立宪政府。消息传到意大利已经是10天以后。1848年3月17日,米兰人民在卡洛·卡塔内奥的领导下发动起义,经过5天的强烈战斗,打败了拉德茨基元帅率领的奥地利军队,建立临时政府。与此同时,威尼斯和佛罗伦萨等地也发生了起义,赶走了奥地利军队或者在奥地利支持下的封建君主。这就造成了摆脱奥地利统治、实现意大利独立的绝佳机会。

1848年3月23日,撒丁国王查理·阿尔贝特向伦巴德和威尼斯的起义人民公开表示支持,宣告他的部队将伸出"兄弟之情,朋友之情的援助之手",相信上帝"给意大利派来了庇护九世",并"把意大利放在一个地位,有

---

① [意]路易吉·萨尔瓦托雷利:《意大利简史:从史前到当代》,沈珩、祝本雄译,北京:商务印书馆,1998年,第492页。

第二章 意大利的统一历程

能力起来为自己独立展开行动"。①1848年3月26日,撒丁王国的军队越过边界,追击撤退中的奥军,开启了1848年对奥战争。但在实际上,查理·阿尔贝特并不希望对奥地利作战,其真实意图是想借机吞并伦巴德,实现其扩张撒丁王国领土的野心,同时也要加强对君主立宪派的支持,打击米兰的共和派,以防米兰落入共和派之手,否则到时候不但对自己的王权构成威胁,更会为列强的干涉制造借口。

从1848年3月24日宣战开始,撒丁王国的军队行军缓慢,既没有对退守维罗纳的奥地利军队发动攻势,也没有采取有效措施切断奥地利对维罗纳的增援。奥军司令拉德茨基元帅利用这段时间在"四城防御区"(曼图亚—佩斯基埃拉—维罗纳—莱尼亚戈)内重整军队,准备决战。

撒丁王国对奥地利的宣战在意大利其他各邦国引起了强烈反响,在一段时间里,对奥地利作战似乎成为共同的目标。佛罗伦萨临时政府对奥宣战,并派出正规军和志愿兵支援撒丁军队。3月28日,庇护九世应撒丁王国之请,决定在波洛尼亚组织一支7 000人的正规部队,由焦万尼·杜兰多指挥,派遣开赴教皇国与威尼托(Veneto)相邻的边境地区,以吸引、分散奥地利军队。4月21日,教皇命令军队渡过波河(river Po),在维琴察(Vicenza)与威尼斯军队会师。奥地利也立刻对教皇国宣战。5月初,那不勒斯王国也派遣佩帕将军率领军队奔赴对奥作战前线的波伦亚,但5月15日之后,国王斐迪南二世又把大部分军队撤了回去。

教皇庇护九世这时发现自己面临着一个困境:作为天主教会的最高首脑,他不能支持意大利的教徒攻打奥地利的教徒,由于教皇国参战,德意志和奥地利的天主教徒中反罗马的分裂主义性质的抗议运动迅速发展,这些地方的红衣主教们也对教皇施加压力,并以分裂相威胁;另一方面,作为意大利邦国之一的教皇国的君主,在民族大义面前又不能置身事外。

教皇庇护九世所面临的这种困境充分地体现在了他的两篇宣言中。庇

---

① [英]约翰·高奇:《意大利的统一》,郑明萱译,台北:麦田出版股份有限公司,2000年,第54页。

65

护九世在 4 月 29 日召开的枢机会议上明确宣称,他无意参战,他必须"以同样的父爱"拥抱"所有的人民和各民族"。这被人们视为教皇对意大利民族事业的背叛,也标志着长期以来庇护九世所塑造的自由、开明形象的破产。但是 5 月 1 日教皇又发布了一个宣言,声称他无法阻止一部分属民的民族热情,从而默认了教皇国军队参战的事实。①

虽然在奥地利的军事威胁下,米兰和威尼斯两地的临时政府都曾经向撒丁王国求援,但这并不代表着他们希望统一在撒丁王国的旗帜下,对共和派人士而言更是如此。在米兰,起义的领导者卡塔内奥在政治上支持自由和共和政治,但却不赞成大众民主,他主张以联邦制统一意大利,但对撒丁王国抱有很深的疑虑,认为撒丁王国极有可能镇压米兰共和派的起义。从本质上说,他的思想还属于地方自治主义的,他所关心的重点是保卫本地区的独立和自由,而不是意大利的独立和统一。卡塔内奥非常清楚查理·阿尔贝特的真实企图,他希望能够推翻君主立宪派掌握的临时政府,宣布建立共和体制,但为马志尼所阻止,马志尼强调当务之急是寻求独立然后再讨论其他。

在威尼斯,起义者的领袖是丹尼尔·马宁(Daniele Manin,1804—1857 年)。早在 1848 年 1 月,马宁就代表威尼斯的意大利人向奥地利政府上书请愿,请求奥地利放弃对威尼斯的陆、海军和财政的控制,开放言论自由,让伦巴德和威尼西亚两地变成"货真价实的意大利民族国家"。奥地利政府不但拒绝了马宁的请愿,还把他逮捕,直到梅特涅下台后才予以释放。1848 年 3 月 22 日,威尼斯爆发起义,推翻了奥地利的统治。马宁出任临时政府的领袖。马宁虽然已经具有了建立意大利民族国家的自觉意识,但他首先强调的是威尼斯的本土意识,是为解放和保卫自己的城市而战。其次,马宁属于资产阶级中的共和派,对撒丁王国抱有极大的戒心和不信任。但在面对共同的敌人奥地利时,马宁也同意将威尼斯政府的体制问题延后,待获胜后再

---

① [意]路易吉·萨尔瓦托雷利:《意大利简史:从史前到当代》,沈珩、祝本雄译,北京:商务印书馆,1998 年,第 495—496 页。

讨论。①

但是查理·阿尔贝特国王不愿意拖延时间。为了正式吞并伦巴德,查理·阿尔贝特国王下令在1848年5月29日组织了一次公民投票(同时举行投票的还有帕尔马、皮亚琴察和莫德纳等地),投票结果在6月8日公布,有561 002票赞成与撒丁王国合并,主张缓议者只有681票。②同一日,威尼西亚地区也以压倒性的多数投票通过合并决议,与撒丁王国、伦巴德合并组成新的国家,实行君主立宪制度。

在孤军奋战的威尼斯内部,各派政治力量也就前途问题展开争论,有人主张立刻合并,有人主张待打败奥地利以后再讨论是否合并问题,也有人主张向法兰西第二共和国求援。在巴黎工人发动的六月起义被镇压后,威尼斯只能于1848年7月3日接受与撒丁王国合并的建议,希望借此获得查理·阿尔贝特的军事援助。但撒丁王国军队在库斯托扎的溃败打破了一切希望。

1848年7月25日,查理·阿尔贝特所率领的撒丁王国军队在库斯托扎(Custozza)被拉德兹基率领的奥地利军队打败,率军撤退到米兰城,这是为了防止卡塔内奥和米兰的共和派掌握政权。等奥地利军队前来,查理·阿尔贝特又无耻地将米兰城献出。8月9日签订的"萨拉斯科停战协定"规定撒丁王国放弃对意大利北部各公国和威尼斯的合并。1848年10月,奥地利皇帝镇压了维也纳的起义,重新掌握了政权,欧洲列强召开的会议决定意大利应当恢复到1815年时的状态。

停战只是一个间歇,意大利各邦国民主运动的发展使战争的再次爆发不可避免。撒丁王国军队在库斯托扎战役被打败后,威尼斯立刻宣布脱离撒丁王国独立,重新升起了威尼斯自己的圣马可狮子旗,共和派政治家马宁

---

① [意]焦瓦尼·斯帕多利尼:《缔造意大利的精英:以人物为线索的意大利近代史》,戎殿新、罗红波译,北京:世界知识出版社,1993年,第89—90页,第103—104页。

② [英]约翰·高奇:《意大利的统一》,郑明萱译,台北:麦田出版股份有限公司,2000年,第55页。

掌握了大权,宣布建立威尼斯共和国。1848年12月,民主派也掌握了撒丁王国的政权,主张以联邦制统一意大利的焦贝蒂和乌尔巴诺·拉塔济相继出任首相,改组军队,更换将领,准备重新对奥作战。在罗马,1848年11月爆发了示威群众的起义,教皇在11月24日化装逃往加埃塔,立宪会议选举产生了共和国议会,这个议会于1849年2月9日宣布"从法律上和事实上"废除教皇的一切世俗权力,宣布成立罗马共和国,但又宣布教皇在精神权力的独立性方面享有一切必要的保障。在托斯卡纳地区也发生了民众起义,民主派的力量迅速增强,于1848年10月27日组成了蒙塔内利—圭拉济内阁,1849年2月21日又组成了圭拉济、蒙塔内利和曼佐尼三人联盟的临时政府。

第二轮对奥战争在1849年3月20日拉开战幕。但在恢复了力量的奥地利军队面前,意大利的力量显得太弱小了。1849年3月23日,撒丁王国军队在诺瓦拉(Novara)战役中溃败。当天晚上,为了承担战败的责任并保证萨沃依家族对撒丁王国王位的控制,查理·阿尔贝特国王宣布退位,将王位让给长子维克托·伊曼纽尔公爵,自己则流亡西班牙。当时的情况如此混乱和匆忙,以至于查理·阿尔贝特忘了在退位诏书上签字。1849年3月24日,新继位的维克托·伊曼纽尔国王在维格涅(Vignale)与奥地利军队的司令官拉德兹基元帅会面,商谈停战条件。但在事后却传出一段子虚乌有的事,说新国王在会议上坚决拒绝奥地利提出的以扩大撒丁王国领土为条件,交换新国王废除宪法、放弃红白绿三色国旗的承诺。事实上,拉德兹基从没有要求废除宪法,他只是告诉维克托·伊曼纽尔,如果他愿意镇压本国的民主派人士,停战条件就可以宽松几分。对此,维克托·伊曼纽尔立刻同意,表示自己既不赞同民主分子,也不希望战火再度点燃,并指出他将捍卫君主的权威,厉行专制。奥地利对撒丁王国新国王的表态非常满意。停战协定在1849年3月26日签订,规定新国王应当命令军队处于和平状态,解散志愿兵,允许一支两万人的奥地利军队占据撒丁王国领土的一部分,费用

第二章　意大利的统一历程

由撒丁王国承担,直到两国缔结最后的和约。①

撒丁王国军队在诺瓦拉战败的消息传到罗马共和国后,权力被移交到以马志尼为首的三人委员会手中。马志尼发出新的战斗呼吁:"国王的战争结束了,民族的或者说人民的战争开始。"②希望各地人民发动起义来挽救意大利的统一事业。但是,罗马共和国对罗马教皇权威的否定,招致了欧洲各天主教国家的军事干涉,最终导致了共和国的失败。奥地利和法国都坚决支持恢复教皇的地位,其他列强对此也并不反对。奥地利军队早在1849年2月就进占了费拉拉,那不勒斯王朝的军队也开始在共和国南部边境集结,1849年4月22日,法国军队在奇韦塔维基亚(Civitavecchia)登陆,4月28日对罗马城发动进攻。从5月开始,奥地利军队也发动进攻,先后攻取了波伦纳、安科纳(Ancona)和佩鲁贾(Perugia)等地。那不勒斯王国的军队在国王斐迪南二世的率领下也向罗马发动进攻,同时又有约4 000名西班牙军队登陆并攻占了特拉希纳(Terracina)。1849年6月4日,35 000名法军对罗马城发动总攻,苦战一个月后,罗马于1849年7月2日陷落。马志尼乔装潜逃。加里波第则率领部分起义军队撤出罗马城打游击战,失败后又经历了千辛万苦的辗转旅程,才到达热那亚,从那里乘船离开意大利,流亡英国和美国。

在罗马陷落之前,那不勒斯和西西里岛的革命运动在1849年4月就已经被镇压了。

罗马陷落之后,整个意大利只剩下威尼斯共和国孤军奋战。但国际形势变得非常不利,法兰西第二共和国忙于内部纷争,无法对威尼斯提供有效的帮助,英国的帕麦斯顿政府主张不惜一切代价实现欧洲大陆的和平;匈牙利革命于1849年8月19日被俄奥联合镇压后,奥地利帝国后方稳定,得以将注意力集中到意大利。1849年8月27日,在坚持了18个月后,威尼斯被

---

① [英]约翰·高奇:《意大利的统一》,郑明萱译,台北:麦田出版股份有限公司,2000年,第59页。

② 赵克毅、辛益:《意大利统一史》,开封:河南大学出版社,1987年,第186页。

意大利民族发展史

奥地利军队攻陷。意大利1848年至1849年革命就这样失败了。

1848年至1849年革命是实现意大利独立和统一的良好契机,特别是在奥地利国内发生革命的情况下,意大利各邦国同仇敌忾,共同出兵对奥作战,甚至连教皇也派出了军队。在这样的革命形势下,如果正常发展,至少也能够推翻奥地利在意大利的统治,以撒丁王国为核心建立一个北意大利王国。但是,无论是撒丁王国君主领导的两场对奥战争还是资产阶级共和派领导的威尼斯共和国和罗马两共和国,最终都失败了,这其中的原因值得深思。

综合来看,导致意大利1848年至1849年革命最终失败的原因可以总结为以下几点:

第一,奥地利的军事镇压直接粉碎了意大利北部各邦国的革命运动。

1848年3月,米兰反抗奥地利殖民统治的起义"光辉五日"引发了意大利北部各处的革命烈火,这很大程度上是因为奥地利也爆发了革命运动,本身自顾不暇,无力对意大利各地爆发的革命进行有效镇压。但这种权力真空现象只是暂时的,一旦奥地利镇压了内部的革命,就能够腾出手来全力对付意大利各地的革命者。意大利革命者在国际上处于孤立无援的地位,路易·拿破仑攫取了法兰西第二共和国的政权以后,为了讨好本国的天主教徒以巩固统治地位,不惜违背自己曾经许下的诺言,派遣军队镇压罗马共和国,帮助教皇恢复统治。

第二,主导各邦国政治的革命者大多是地方主义者而不是民族主义者,缺乏同舟共济的民族大义,这导致各邦国各自为战,互相猜忌,不能互相支援,最后被各个击破。

如在威尼斯面对奥地利军队进攻的时候,撒丁王国思考的是如何吞并伦巴德和威尼西亚,必须威尼斯作出同意合并的许诺才给予军事援助。在威尼斯共和国坚持抗击奥地利的18个月中,意大利各邦国都拒绝购买威尼斯的债券——这是为了缓解财政困难而发行的——也不肯接受威尼斯发行的纸钞,对于威尼斯的苦难,各邦国束手"作壁上观"。撒丁王国军队在库斯托扎战败后,威尼斯毅然升起了圣马可狮子旗,决定为捍卫威尼斯共和国的

第二章 意大利的统一历程

独立而战斗,意大利统一再也没有人提起。这样,查理·阿尔贝特国王为撒丁王国吞并意大利北部领土扩张版图而战,卡塔内奥为米兰而战,马宁为威尼斯而战,马志尼和加里波第为罗马共和国而战,西西里人为他们的岛国而战,就是没有哪个人为意大利的统一而战。

第三,革命阵营内部在实行何种政治体制上分歧严重,削弱了革命力量。

1849年初,从威尼斯到佛罗伦萨再到罗马,似乎形成了一个推行共和制度的轴心。威尼斯共和国,由马宁领导;佛罗伦萨争取共和制的斗争,由圭拉济指挥;罗马共和国由马志尼掌管。但这只不过是一种表象,事实远非如此令人乐观。这些共和国的出现,都是昙花一现。这三个城市的情况有某些共同之处:组织形式一样(托斯卡纳虽然未宣布成立共和国,但事实上已建立起共和制度),民主的内容和色彩一样,社会状态一样,而且都需要反击国际和国内反动派的进攻。然而,在思想原则、政治方针和道德观上,却大相径庭。

威尼斯在历史上长期是独立的城市共和国,因此它沉湎于古代的骄傲,它先是被迫同意合并于撒丁王国,在撒丁王国战败后又宣布独立,在圣马可广场重新升起了自己古老的旗帜。显然,与其说威尼斯共和国是为意大利的未来而拼搏,倒不如说它是为自己过去的光辉历史而奋斗。

佛罗伦萨长期处于矛盾之中:它一方面有共和传统,另一方面又实行君主制。尽管革命爆发后当地的统治者托斯卡纳大公已经弃位逃跑,但人们的争论仍在继续。在性格上充满矛盾且缺乏原则的律师圭拉济的统治下,佛罗伦萨临时政府在各种问题上都态度暧昧,处处表现了两面派作风。因此,佛罗伦萨不可能以明朗而自觉的态度把共和国建立起来。

罗马还没有能力战胜教皇传统的影响,但在意大利"民族统一运动中的摩西"马志尼的指导下却单枪匹马地发表了唯一的一份,也是最后一份成立共和国的宣言,其用意是想为建立一个人民和民主的意大利开辟道路。

威尼斯把执政大权交给马宁,企图重建历史上由执政官掌权的共和国;

佛罗伦萨则赋予圭拉济以绝对的权力，企图恢复中世纪由执政官掌权的政府统治；而已经建立了共和国的罗马，从实质到形式，都推崇历史上的古典共和国，处处按其模式行事。然而，此举为时过早，结果令人失望。

共和派、君主立宪派、社会主义者对革命胜利后应当采用哪种政治体制纷争不已，互相打压，米兰和威尼斯两地决定暂时搁置政府体制的争论，就是内部意见不合的最大证明。

虽然意大利1848年至1849年革命最终失败了，但也给渴望摆脱外族奴役，实现民族统一和复兴的爱国者们带来了诸多启示。

首先，各地的革命者必须抛弃地方成见，联合起来为意大利的独立和统一而战斗。

其次，为了实现革命力量的联合，必须要有一个坚强的领导核心，这个核心不但要具有足够的实力来领导独立战争和统一运动，而且要具有足够的威望和号召力，能凝聚各地区和各派别革命力量。

再次，需要有一个能为大多数革命者所认可的政治纲领，能够不涉及阶级利益冲突而把社会各阶层中的民族主义者、社会主义者们联合起来。

最后，鉴于意大利的军事、经济力量无法与奥地利相抗衡，利用国际局势，争取列强的同情和支持是打败奥地利、实现民族独立的不可或缺的条件。

第四节　意大利统一大业的完成

意大利的统一过程，在时限上涵盖了从1849年意大利革命失败到1870年收复罗马的这段时间；从过程上，意大利的统一包含了王朝战争和人民战争两条主线。萨沃依王室统治下的撒丁王国，在外国势力的同情和帮助下，通过发动两次王朝战争(1859和1866年的对奥战争)，并借助其他国家发动的一次王朝战争(1870年普法战争)统一了包括罗马城在内的国家领土。在第一次王朝战争期间，以加里波第领导的"千人团"远征为代表的人民战争，推翻了西西里岛和意大利南部的封建王朝，使其合并到新生的意大利王国

第二章 意大利的统一历程

版图内,这是自东哥特王国灭亡以来的1 300多年里第一次把意大利南部跟意大利的其他地方在政治上统一起来。

一

意大利的统一进程就是在这两条路线的既相互配合又相互斗争的背景下完成的。但是,从某种意义上说,意大利的统一进程是意大利的"建国三杰"或者说"四大国父"领衔主演的一场宏大的历史剧,正是通过马志尼、加里波第、加富尔、伊曼纽尔二世的设想、努力和行动,意大利才得以统一。

1849年威尼斯共和国最终失败以后,意大利似乎又恢复到了革命前的状态,奥地利依然占领着伦巴德和威尼托,中部各邦国的君主则更加依赖奥地利的军事支持,教皇回到罗马,丝毫不愿意进行改革。那不勒斯王国废除了宪法,加强镇压和独裁专制,以致引起英国政治家威廉·格拉斯顿的极度厌恶,称之为"对上帝的否定"。[①]唯有撒丁王国还保留着一定革命成果,三色旗还在飘扬,1847年宪法还在发挥作用。但从严格意义上说,撒丁王国宪法并不是一部"宪法",只是一些宪法原理的集成,其中包括一些关于自由的基本保证,例如人身安全和财产安全的保障、在法律面前人人平等、议会对税收的监督、出版自由、公共集会的权利以及成立国民自卫军等。

撒丁王国1847年宪法对国家政权各组成部分的规定如下:

1.立宪君主制,国王掌握国家的最高行政权力,但通常根据负责大臣的建议行使其权力,国王不需要对任何行政决策的后果负责,而由副署决策的部门大臣负责。

2.由两院构成的议会:(1)参议院,由担任过高级职务或在社会各方面建立过功勋的、年龄在40岁以上的男性公民组成,这些人由国王任命为终身参议院议员。21岁以上的男性王室成员为当然的参议院议员。(2)众议院由21岁以上的识字的男性公民选出,每5年选举一次,或者在国王解散

---

① [意]路易吉·萨尔瓦托雷利:《意大利简史:从史前到当代》,沈珩、祝本雄译,北京:商务印书馆,1998年,第505页。

议会以后选举。政府财政议案只能由众议院提出。要通过任何议案并使其成为法律,都须得到两院的同意和国王的批准。

3. 内阁,包括政府主要部门的大臣和一位首相,他们可以兼任也可以不兼任大臣职务。但所有的阁员都必须是两院之一的议员。①

撒丁王国的这部宪法虽然并不十分完善,但它还是为建立一个君主立宪制政府提供了十分良好的基础。当然,在1849年以后的反动潮流中,这种宪政体制也受到了很大的冲击。在1849年12月的议会选举中,保守势力取得胜利,并成立了一个由保守派组成的政府,国王和保守势力联手,打算搁置1848年3月制定的"现状法"(Statuto),从而废止君主立宪政体,但被首相达泽利奥阻止。1849年后,在各派革新力量的推动下,撒丁王国议会制定了一系列限制教会和神职人员的法律,如在1850年4月通过的《西卡尔迪法》(该法来自司法大臣的名字)取消了教会法庭和庇护权,这引起了罗马教廷的抗议。随后,撒丁王国政府同都灵大主教弗朗佐尼发生冲突,大主教被逮捕和放逐。在讨论该法时,议员卡米洛·本索·加富尔伯爵(Camillo Benso Cavour,1810—1861年)支持政府的决策,并系统阐述了政府的新原则,这一原则表明立宪机构具有进步性,能吸引最进步的分子到其轨道上来。加富尔的发言引起了国王和首相达泽利奥的注意,此后不久加富尔便被达泽利奥召到内阁,任农业大臣,后由于成绩斐然,又被任命为财政大臣(1850—1852年)。

达泽利奥引退后,加富尔被国王召请组阁。在此之前,加富尔就已经为自己组阁寻求支持了。1852年年初,加富尔和代表中左政治力量的乌尔巴诺·拉塔济在他们共同的密友卡斯台利家中举行会谈,在几个方面达成了共识,即维护君主立宪制、争取民族独立、维护宪法体制、争取经济和社会进步。尽管这几点共识显得过于笼统,含义也不够明确,但毕竟勾画出了一个政治行动纲领的轮廓。正是有了这个政治纲领,加富尔代表的中右势力和

---

① H. Hearder and D. P. Waley, eds., *A Short History of Italy: From Classical Times to the Present Day*, Cambridge: Cambridge University Press, 1963. pp. 141—142.

第二章　意大利的统一历程

拉塔济代表的中左势力得以在一个具体和求实的基础上联合起来：这个基础便是政治改革、社会改革和宗教改革。①中右和中左势力的联合，无疑是一种进步。它迫使右派人士必须作出决断：到底是走向反动，还是支持自由；到底是拥护宪法，还是反对宪法。对于左派来讲，也同样如此：最激进的一伙人将陷入困境，他们不能不考虑到自身的责任，他们如果坚持毫无意义的对立立场，必将面临种种危险。

这样，中右势力和中左势力的"联姻"便改变了议会中的力量结构，形成了一个稳固的多数派，可以为执政者提供坚定的政治支持。在加富尔的协调下，"联姻"持续了10年之久，正是在这10年里，加富尔放开手脚进行改革，推行自己的对内对外政策，而这些政策都带有浓厚的意大利民族性色彩。

中左派和中右派的"联姻"政策还使君主制有了一个牢固的宪法基础，由于代表中产阶级的中左派加入联姻，成为维护与促进宪政发展的主流力量，这样，温和派与民众在行动上便形成了牢固的联系。这也是一种君主制与革命者之间的联系，反映了君主制温和派与民众之间一致的革命进取精神和一致的行动。君主制温和派是由加富尔领导的，而民众势力则是由马志尼出谋划策和进行发动，再由加里波第灵活地加以组织的。这两派势力的合流，便是民族复兴运动取得成功的秘诀。

加富尔所开创的"联姻"策略为以后的执政者们所继承，在以后的意大利政治生活中，一直是中间派在发挥作用。在议会内，右翼和左翼总是互不相容，彼此对立，但两者的中间派却联合在了一起。"联姻"后的中间派，无论是在联合政府的组阁过程中，还是在具体的执政过程中，都使自由主义势力实现了最广泛的团结。自由派右翼往往怕这怕那，而左翼则过于激进。无论是右翼还是左翼，都会给国家造成危害：前者造成反动倒退，后者造成颠覆破坏。无论哪一种危害，都只会有利于敌对势力。右翼中间派和左翼中间派的"联姻"，则防止了这种情况的发生。因此在加富尔之后，为了联合

---

①　[意]焦瓦尼·斯帕多利尼：《缔造意大利的精英：以人物为线索的意大利近代史》，戎殿新、罗红波译，北京：世界知识出版社，1993年，第120页。

一切支持政府的力量,克里斯皮执政时期提出了"多数派变化论",再往后就是焦利蒂时代的"焦利蒂主义"。

在拉塔济的支持下,1852 年 11 月 4 日加富尔组成联合内阁,加富尔兼任财政和外交大臣,开始放手实施其对内和对外政策。

加富尔的改革主要有以下几个方面:

1. 奖励殖产兴业,修筑铁路,扩建热那亚港口,建立商船队,扶植工商业特别是重工业发展;

2. 实行"自由贸易"政策,先后同英国、法国、比利时、瑞士等国签订了通商条约,降低关税,增加对外贸易;

3. 积极扩充军备,增加军费,扩编军队,采用先进的武器装备,加强训练,同时修筑军用道路,整修边界要塞;

4. 进行司法改革,限制教会权力,不准教会干预国家事务,取消僧侣不受国家司法管制的特权,关闭部分修道院,没收其财产;

5. 实行言论、出版和集会自由。

加富尔进行的这些改革,在一定程度上消除了撒丁王国国内的严重弊端,为资产阶级自由派创造了良好的政治环境,促进了经济发展,增强了国力,为进行统一战争打下了基础。①

在外交上,加富尔奉行接近英法、打击奥地利的政策。1848 年至 1849 年意大利革命的失败使加富尔充分认识到撒丁王国仅仅是欧洲一个二流小国,统一意大利违背了列强的意愿和 1815 年维也纳条约体系,因此意大利不可能仅仅依靠自己的力量实现统一,必须借助其他大国的帮助,同一个或几个大国结成联盟,才有可能冲破这种国际藩篱。在 1848 年以后的国际局势下,只有英国和法国才有可能支持意大利的统一事业。马志尼等意大利爱国人士久居英国,赢得了英国舆论界对意大利统一事业的同情;加富尔也曾游历英伦三岛,与英国政界人士交往很多。在法国方面,拿破仑三世上台

---

① 赵克毅、辛益:《意大利统一史》,开封:河南大学出版社,1987 年,第 229 页。

后急于洗刷维也纳会议的耻辱,重振拿破仑一世的霸业,也愿意帮助撒丁王国对付奥地利这个共同的敌人。

为此,加富尔积极推行争取盟友的外交政策,维持与这两个国家的友好关系。为了达到这个目的,加富尔在担任达泽利奥内阁的贸易大臣任内就毫不犹豫地同法国签订了一个对本国不利的商务条约,鼓励法国和撒丁王国之间的自由贸易。后来作为财政大臣,他又向英国政府申请贷款以偿付对奥地利的战争赔款,从而使撒丁王国的财政摆脱了罗思柴尔德银行的掌控,并利用财政的余额建造了从都灵到热那亚的铁路。

法兰西第二帝国建立后,加富尔从拿破仑三世身上看到了统一意大利的希望。路易·拿破仑在窃取了法国1848年革命的果实后,曾经在1849年派军队入侵意大利,扼杀了罗马共和国,但是到1850年代中后期,随着法国国内外局势的变化,他对意大利事务表现了异乎寻常的热心,支持撒丁王国反对奥地利。这主要出于以下几个原因:

第一,想重温拿破仑一世当年的辉煌功绩,取代奥地利成为意大利的主宰;第二,拿破仑三世从年轻时代起,就非常同情意大利的民族统一事业,他还曾加入烧炭党,并参加了1830年的罗马起义;第三,从维护法国的利益出发,拿破仑三世奉行反对奥地利和维也纳条约的外交政策,希望打破沙俄、奥地利与普鲁士组成的"神圣同盟"的关系。

克里米亚战争为拿破仑三世提供了一个展示法国力量的机会,同时也为加富尔需求法国和英国的友谊提供了机会。

1854年3月,以俄国为一方,以英法与土耳其为另一方爆发了战争,战场主要集中在黑海北岸的克里米亚半岛。最初英法希望寻求奥地利的支持,但是奥地利虽然对俄国采取敌对态度,并占领了多瑙河沿岸的一些斯拉夫人小公国,可并不愿意参战。为了促使奥地利参战,英法认为必须保证奥地利在意大利侧翼的安全,因此向撒丁王国施加压力,让它也参战。

意大利绝大多数的爱国人士不理解,为什么要到远方去为一场非意大利事业搏斗,为一条亲奥政策而战?马志尼对撒丁王国的参战最为仇视,在他看来,意大利要对之作战的只有一个敌人——奥地利,作战的地方只有一处——伦巴德平原。把意大利人的精锐部队派遣到克里米亚去死于霍乱,去同一个与意大利没有争执的敌人作战,这种想法等于自杀。但是,作为一名老练的政治家,加富尔从中看到了撒丁王国所面临的危险和机遇,如果奥地利成为英法两国的亲密盟国,而撒丁王国还是既中立而又孤立的话,那么就连稍微改善意大利局势的希望也丧失了。而加富尔是非常不愿意面对这种外交局面的。加富尔一直认为"意大利问题是个国际问题中的问题,而不是国内政治中的问题"。[①] 这是他与马志尼等革命者之间的鸿沟所在,也是他对意大利历史的重大贡献。

同时,撒丁王国的国王维克托·伊曼纽尔二世支持派兵,希望通过远征以重振撒丁王国的军威,洗刷库斯托扎和诺瓦拉战败的耻辱,伊曼纽尔二世国王的决心是如此的坚定,以至于法国驻撒丁王国大使向加富尔透露,如果他在派兵问题上犹豫不决,国王就将解散议会和内阁。在这种情况下,加富尔决定做个顺水人情,派兵参战。

1855年1月撒丁王国向克里米亚派遣了15 000名士兵加入英法联军阵营。1855年8月16日,这支部队在切尔纳亚战斗中获得胜利。捷报传来,举国欢腾,公众对出兵的不满一扫而空。同时,一股自豪的浪潮也席卷意大利,远征军统帅拉·马莫拉成为民族英雄。1855年9月,俄军据守的塞瓦斯托波尔要塞被英法联军攻陷,俄国求和。1856年2月,加富尔作为撒丁王国的外交大臣,以战胜国代表身份参加了巴黎和会,这时几乎所有的意大利爱国者都相信:撒丁王国介入克里米亚战争并取得辉煌的军事和外交胜利,全都应该归功于加富尔一个人。

在巴黎和会上,加富尔以意大利的利益代言人自居,他竭力想把意大利问题加入会议的议程中,如果可能的话,还要达到谴责奥地利侵略意大利的目的。此外,加富尔还希望扩张撒丁王国的领土,兼并帕尔马公国。但是奥

---

① [英]A. J. P. 泰勒:《争夺欧洲霸权的斗争:1848—1918》,沈苏儒译,北京:商务印书馆,1987年,第128页。

第二章 意大利的统一历程

地利态度蛮横,绝不妥协,加富尔的每一项要求都被奥地利阻止了。拿破仑三世对加富尔说:"奥地利对什么也不会让步,它宁愿打仗,也不愿让你得到帕尔马。"①

在巴黎和会期间,加富尔同拿破仑三世和英国外交大臣克拉伦登勋爵保持密切的联系和畅通的信息交流,据说拿破仑三世主动安排了一个秘密的联络渠道,使加富尔提供的一切信息都能安全地到达他手里。借此机会,加富尔通过外交备忘录的形式提醒英法两国政府关注意大利其他邦国在复辟后所实行的残暴统治以及奥地利对意大利的占领和掠夺。这些情况,特别是有关那不勒斯王国对自由主义者大肆逮捕和迫害的情况,引发了意想不到的效果。英法两国政府联合向那不勒斯国王就其治理方式提出严重警告,后又断绝外交关系(1856年10月)。

在巴黎和会的最后阶段,意大利问题作为补充议题被提出来,英国外交大臣克拉伦登勋爵首先发言,强烈指责教皇政府和那不勒斯政府,使与会者受到震动。加富尔本人则机智而温和地对克拉伦登演说的论点加以充分说明。但各国代表都以未奉有指示为由拒绝讨论这一问题,而且奥地利代表还强烈抗议,所以大会未能就意大利问题作出任何决议。会后,加富尔同克拉伦登和拿破仑三世举行秘密会谈,表明了自己的立场:除对奥地利作战以外,意大利问题不可能有别的解决办法。

巴黎和会达到了加富尔的目的,他通过英国人把意大利问题向欧洲提出,其力度是不容忽视的,尽管没有产生即刻的实际效果,但却大大提高了撒丁王国和加富尔的威望,争取了民心,越来越多的自由派人士聚集到撒丁王国,其中还包括许多对马志尼派失去信心的共和派人士。

1853年4月,马志尼组建了"行动党"(Party of Action),吸收工人阶级参加,同时在策略上也作了调整,马志尼认为城镇地区的暴力镇压机关力量太过强大,决定向农村发展,鼓动农民起义。但从1853年到1856年7月,行

---

① H. Hearder and D. P. Waley, eds., *A Short History of Italy: From Classical Times to the Present Day*, Cambridge: Cambridge University Press, 1963. p.146.

动党4次试图发动卢尼吉雅纳(Lunigiana)的农民起义都没有成功。1856年11月间,西西里发生数起小型起义事件,马志尼和行动党大受鼓舞,决定在西西里发动起义。1857年6月28日,行动党党员皮萨卡内(Carlo Pisacane)率领350人在萨普里登陆,准备发动起义。但各项时机都不成熟,当地的配合组织尚未准备就绪,而当地秘密警察已经截获线报,警察和军队都做好了镇压准备。当地革命组织的领袖们也决定袖手旁观,静待其变。选择的时间也不对,当时正值农作物收获季节,当地大多数农民此时都到北部的阿普利亚(Apulia)帮助收割庄稼去了。而马志尼在热那亚等地所安排的策应起义也没有成功。皮萨卡内等人满以为会有大批兴高采烈的农民前来迎接,最后只在海岸上见到一个老头。

1857年7月1日,起义者与地方部队遭遇,伤亡150人,其余的人也在第二天被官兵包围,出卖他们行踪的正是当地的农民,皮萨卡内最后战死。起义的失败说明一般民众的觉悟还远未达到准备与革命者合作的程度,他们根本无法领会革命者的目标和理论。

二

皮萨卡内在西西里岛的失败加剧了行动党的分化。意大利的爱国者对马志尼怨声一片,认为他煽动没有任何意义的暴动与起义,浪费了意大利优秀爱国者的"鲜血"。行动党的威望也降到最低点,许多共和派人士彻底放弃了自下而上的路线,开始与加富尔合作。这其中包括领导1848年威尼斯共和国的领导者丹尼尔·马宁和罗马共和国的领导者之一加里波第。

在加富尔的支持下,1857年8月1日在都灵成立了"民族协会",马宁任主席,加里波第担任副主席,西西里岛的流亡者朱赛佩·拉法里纳担任秘书。协会制定了在萨沃依王室领导下实现统一的政治纲领,协会的口号是"意大利和维克托·伊曼纽尔"。①"民族协会"的成立和工作标志着加富尔对

---

① [意]米诺·米拉尼:《传奇将军:加里波第》,曹振寰译,北京:世界知识出版社。1986年,第186页。

第二章 意大利的统一历程

国内各派政治力量完成了整合。但是,要想战胜奥地利,没有法国的帮忙是不可能的。

但机会还是来了。

1858年1月14日,意大利共和派爱国者费利切·奥尔西尼(曾参加过烧炭党)在拿破仑三世前往歌剧院途中进行刺杀,未遂,然而奥尔希尼并未逃跑。被捕后,他在法庭上慷慨陈词,呼吁拿破仑三世帮助意大利实现独立和统一,然后安然赴死,这给法国人以很大的震撼。

1858年7月20日到21日,拿破仑三世邀请加富尔参加在普隆比埃尔召开的秘密会议,双方在会上坦诚相见,都亮出了手中全部的牌。拿破仑三世同意出兵帮助把奥地利驱逐出意大利,支持建立一个在维克托·伊曼纽尔统治下的北方意大利王国(南至伊松佐河,包括中部各公国和罗马涅),拿破仑三世也要求撒丁王国把萨伏依和尼斯割让给法国作为报酬。同时,拿破仑三世为其堂弟热罗姆·波拿巴亲王向撒丁王国国王维克托·伊曼纽尔的长女克洛蒂尔德公主求婚。拿破仑三世还声明,为让法国能够名正言顺地出兵,撒丁王国应刺激奥地利首先宣战,使其背负侵略者的恶名,至于采取哪种办法,由加富尔自己决定。拿破仑三世设想在驱逐奥地利之后,在意大利应建立由教皇领导的三王国(教皇国、扩大后的撒丁王国、那不勒斯王国)邦联,拉齐奥地区将留在教皇手中。总之,拿破仑三世计划建立北部意大利王国以削弱奥地利,进而建立一个邦联来确立法国在意大利的权势,同时还能为法国谋取领土好处。

此时英国和俄国的态度也对意大利有利。英国即使不支持,至少也不反对意大利统一。英国人对意大利文化极其仰慕,贵族子弟们在青年时期大多有过到意大利进行旅行的经历,撒丁王国打击罗马天主教会神权的立法,迎合了英国人反教皇的心态,而且意大利经济的发展对英国投资者而言也是一个机遇。[①]此外,加里波第的英雄事迹在英国广泛流传,加里波第被视

---

① George Macaulay Trevelyan, *Englishmen and Italians some Aspects of their Relations: Past and Present*, Proceedings of the British Academy, Vol. IX, London, 1919.

为一位传奇英雄。维多利亚女王曾在日记中写道:"(撒丁王国)作为一个自由宪政国家,致力于消除无知、专制、革命等种种障碍……有权期望我们予以支持。"①自由党的帕麦斯顿在1859年的英国议会大选中当选首相,此人对奥地利极为仇视,致力于削弱奥地利在欧洲大陆的影响,支持意大利的反奥统一事业。

在俄国方面,1849年时沙皇俄国出兵帮助奥地利镇压了匈牙利革命,所以在克里米亚战争中,俄国希望奥地利能投桃报李,予以支持。没想到奥地利趁火打劫,虽未直接宣战,却趁机在巴尔干半岛扩张,让俄国人恼怒不已。在1856年的巴黎和会上,俄国就已经对加富尔表示过支持,而且意大利问题和俄国没有任何利益冲突,假他人之手报复一下忘恩负义的奥地利也未必不是好事。

此时国外国内局势都有利于意大利的统一大业,万事俱备,只欠东风。普隆比埃尔会议之后,法国与撒丁王国两国要做的就是激怒奥地利了。在加富尔的支持下,意大利各地的动乱开始蔓延,拿破仑三世在1859年元旦招待会上公开对奥地利大使说:"我很遗憾我与贵国政府的关系不如过去融洽。"②这句话使意大利各地动乱更为高涨。维克托·伊曼纽尔二世国王在撒丁王国议会开幕式上(1859年1月10日)的话使动乱更为激烈,他说:"在一方面,我们尊重我们曾签订过的条约,但另一方面我们也不能对意大利各地传来的痛苦呼号麻木不仁。我们团结一致就会有力量。"③

1859年1月,拿破仑三世的堂弟热罗姆·波拿巴亲王携带法国和撒丁王国联盟条约到达都灵,同维克托·伊曼纽尔二世的长女克洛蒂尔德公主结婚,法撒两国正式结成联盟。为了使战争具有全意大利色彩,同时也为不

---

① [英]约翰·高奇:《意大利的统一》,郑明萱译,台北:麦田出版股份有限公司,2000年,第100页。
② [法]亚·大仲马编:《加里波第回忆录》,黄鸿钊等译,北京:商务印书馆,1983年,第361页。
③ [法]亚·大仲马编:《加里波第回忆录》,黄鸿钊等译,北京:商务印书馆,1983年,第363页。

第二章 意大利的统一历程

愿加入撒丁王国正规军的共和派分子提供参加战斗的机会,加富尔委托加里波第招募志愿军,建立了"阿尔卑斯山猎兵团"。

法撒结盟和撒丁王国的扩军备战,引起了奥地利的警觉,大批奥军进驻伦巴德。加富尔以此为借口,开始征召后备役部队。大战当前,英国害怕奥地利的失败会使法俄壮大,并引发巴尔干半岛的战争,因而提出调停建议。但拿破仑三世和俄国拒绝调停,反而要求召开国际会议讨论意大利形势。但奥地利企图排斥撒丁王国参加,并要求撒丁王国立即裁军。英国希望不惜一切代价避免意大利的战争,因而强迫拿破仑三世同意发出联合通牒,要求撒丁王国立即解除针对奥地利的武装。1859年4月21日,加富尔被迫接受英法联合通牒。但此时的奥地利已经失去了耐心,1859年4月23日,奥地利发出最后通牒,给撒丁王国3天时间考虑,或者解除武装,或者打仗。1859年4月26日,撒丁王国拒绝了奥地利的最后通牒。奥撒战争爆发,法撒联盟条约生效。

战争爆发后,奥军立刻入侵皮埃蒙特,并进攻到距都灵仅20英里的地方。但由于阴雨连绵,道路泥泞,后勤不能保障,奥军被迫后撤,从而为法国调动军队提供了时间。撒丁王国投入战争的正规军共有9.3万人,而法国军队多达20万人。在战争开始后的18天里,由撒丁国王维克托·伊曼纽尔二世担任最高统帅。1859年5月14日,拿破仑三世接任最高统帅,法撒联军在马詹塔战役中打败奥军,解放米兰。此时奥地利皇帝弗兰西斯·约瑟夫[①]也御驾亲征。1859年6月24日,法撒联军在沙弗里诺(Solferino)和圣马提诺(San Martino)两地打败奥军。同时,加里波第率领新组建的民兵部队——"阿尔卑斯猎兵团"在奥军侧翼展开游击战,接连取胜,解放了布雷西亚(Brescia)和萨洛(Salo)两地。

---

① 奥地利皇帝弗兰西斯·约瑟夫(1830年8月18日—1916年11月21日),是著名电影《茜茜公主》中英俊善良的男主角,他于1848—1916年间担任奥地利皇帝,1867—1916年间担任匈牙利国王。他于1854年同自己的表妹巴伐利亚的伊丽莎白·艾米利·维斯巴赫,也就是茜茜公主(Sissi)结婚。

联军的节节胜利使托斯坎纳和艾米利亚等地的亲奥政府相继倒台。在托斯坎纳,属于奥地利哈布斯堡家族的大公(此前拒绝了加富尔提出的结盟计划)对于敌对性的示威游行未作任何抗拒,于1859年4月27日放弃佛罗伦萨和大公国,外出流亡。临时政府相继成立,撒丁国王维克托·伊曼纽尔二世同意给托斯坎纳以保护,任命内阁。其中发挥主要作用的人物是贝蒂诺·里卡索利,他不遗余力地坚决反对复辟阴谋或建立在热罗姆·波拿巴亲王统治下的新王国的阴谋。马詹塔战役后,莫德纳大公弗朗切斯科五世逃至曼图瓦,接受奥地利的庇护。新组建的临时政府宣布莫德纳并入撒丁王国,维克托·伊曼纽尔二世接受这一合并,并委任路易吉·卡洛·法里尼为其总督。也由于马詹塔的胜利,帕尔马女公爵决定出走,公国临时政府随即宣布并入撒丁王国,奥地利人撤出皮亚琴察和罗马涅。1859年6月12日,波洛尼亚民众组织了一次示威游行,迫使教皇特使红衣主教米莱西离开城市,一个临时政府委员会成立,并将绝对统治权献与维克托·伊曼纽尔二世,但他当时未作明确的回答。1859年6月14日,佩鲁贾也建立了临时政府,可是6月20日城市又被教皇的瑞士卫队夺回,城市遭洗劫,手无寸铁的居民被屠杀。加富尔和自由党人巧妙地利用这一机会,激起人民仇视教皇政府的情绪,但拿破仑三世却宣布反对翁布里亚和马尔凯的反教皇动乱,导致这些地区的人民起义遭到镇压。

沙弗里诺和圣马提诺战役之后,奥地利军队退守"四城防御区"之内的坚固阵地,准备决战。而拿破仑三世发现意大利的形势变化远远超出自己的预想和控制,如果彻底打败奥地利,撒丁王国就有可能借机吞并意大利北部和中部的所有地区,这违背了自己的设想。正如恩格斯所分析的,法国所遵循的唯一原则是"永远不会容许一个统一的、独立的意大利存在,一直到路易·拿破仑,这一原则始终没有动摇"。[①]此外,加上部队损伤较大,后勤补给困难,更重要的是拿破仑三世自己对法撒联军能否顺利攻占奥地利军队

---

① [德]恩格斯:《波河与莱茵河》,参见中共中央马克思恩格斯列宁斯大林著作编译局编译:《马克思恩格斯全集》,第13卷,北京:人民出版社,1995年,第297页。

第二章 意大利的统一历程

固守的"四城防御区"没有把握,这时又传来普鲁士军队在莱茵河畔集结的消息,使他最终决定谋求和平。

在没有通知撒丁国王维克托·伊曼纽尔二世的情况下,拿破仑三世便派人向奥地利皇帝弗兰西斯·约瑟夫提议停战。1859年7月11日,两位皇帝签订了"维拉弗朗卡预备性条款"。根据条款,奥地利把伦巴德割让给拿破仑三世,并由其转交给撒丁国王;威尼斯连同曼图瓦和佩斯基埃拉仍属奥地利,并由奥地利与那不勒斯、罗马、托斯坎纳、帕尔马及莫德纳分别缔结条约,建立一个在奥地利领导下的意大利各君主国的邦联,以教皇为名誉首脑;托斯坎纳和莫德纳君主将恢复职位,但不得使用武力复辟。

拿破仑三世背信弃义单方面停战和签订"维拉弗朗卡预备性条款",在意大利引起了轩然大波,意大利人发现他们被拿破仑三世耍弄了。马志尼把"维拉弗朗卡预备性条款"称为第二个《坎波福米奥和约》,第二个拿破仑皇帝也同样背叛了意大利人的信任。加富尔愤而辞职,同时也是为了使撒丁王国和法国的协定失效,同时他又暗地里命令佛罗伦萨、波伦亚和帕尔马各地的临时政府牢固地掌握政权,反对任何复辟企图。

在离开都灵回国之前,拿破仑三世曾经对撒丁国王维克托·伊曼纽尔二世说:"你得付给我战争费用,关于尼斯和萨伏依,我们就不再提了。"①拿破仑三世此刻处在很尴尬的境地,他没有把奥地利人赶走,无法帮助建立一个北部意大利王国,中途停战又激怒了意大利人,设想成立的意大利邦联也泡汤了。他真正想得到的是尼斯和萨伏依两个省,但继加富尔之后成立的拉·马莫拉政府,面对国内强大的压力,却不愿意也不敢答应。

加富尔的辞职使法国与撒丁王国签订的有关中部意大利的协定全部失效。各临时政府的首脑们(法里尼担任莫德纳临时政府首脑,莱奥内托·奇普里亚尼担任罗马涅临时政府首脑,里卡索利担任托斯坎纳临时政府首脑)召集立宪会议,投票通过并入撒丁王国的决议(1859年8月和9月)。托斯

---

① H. Hearder and D. P. Waley, eds., *A Short History of Italy: From Classical Times to the Present Day*, Cambridge: Cambridge University Press, 1963. p.151.

坎纳、罗马涅、莫德纳和帕尔马建立军事联盟,以撒丁王国的将军曼弗雷多·范蒂为司令,加里波第在其手下任将领。

法国和奥地利于1859年11月10日签订《苏黎世和约》,确认"维拉弗朗卡预备性条款"的效力,同时规定关于被废黜之各邦国君主的权力将由大会作最后决定。撒丁王国既未在保留条款上签字,也没有在关于召开大会的条款上签字。不久,罗马涅合并于法里尼绝对统治下的莫德纳公国。撒丁王国政府虽然不接受上述四邦国议会作出的有关委任撒丁王国萨沃依王室贵族欧金尼奥·迪卡里尼亚诺亲王为摄政的任命,但仍以他的名义派遣卡洛·邦孔帕尼担任代理长官之职。

在这样纷繁复杂的政治与外交环境下,只有加富尔有足够的胆量和智慧来打破僵局。1860年1月,加富尔再次组阁,着手解决兼并北部各邦国问题及处理与法国的关系。对法国政治形势有着深刻体察的加富尔知道通过政变上台的拿破仑三世的地位并不十分稳固,这个凭借法国人对拿破仑和法兰西帝国伟大荣耀的追忆所建立的王朝,是依靠操纵议会选举、劫持民意得以延续的,所以拿破仑三世不能拒绝接受根据公民投票作出的决定。因此,他命令法里尼和里卡索利就合并问题马上在本邦国内举行全民公决。

1860年3月,托斯坎纳和艾米利亚(Emilia)两地进行全民公决,就"并入伊曼纽尔二世的君主立宪王国"与"单独成立王国"(选票上并没有说明将采取哪种体制)两项进行选择。艾米利亚地区的投票率为81%,526 218名具有投票权的公民中有427 512人参加投票,426 006人选择并入撒丁王国。在托斯坎纳则有386 445人参加投票,占总选民人数534 000人的72%,其中,366 571人投票赞成合并。①

为了安抚法国,加富尔政府在1860年4月1日宣布将遵守诺言,将萨伏依和尼斯两地割让给法国,同时在这两地也就是否并入法国问题举行全民公决。根据1860年4月15日及22日在两地分别进行投票的结果,97%的

---

① [英]约翰·高奇:《意大利的统一》,郑明萱译,台北:麦田出版股份有限公司,2000年,第104—105页。

萨伏依选民和85％的尼斯选民赞成并入法国。① 割让尼斯和萨伏依在意大利激起了人们的反感,其中最著名的是加里波第,作为出生在尼斯的意大利人,同时又在为意大利的统一浴血奋战,加里波第难以接受这样的割让,他在一封公开信中曾宣告:"为我自己,为我的同胞,我保留在民族权利不再是空话的那天,收复我们在那里出生的故土的权利。"②

正是加富尔老练的政治手腕和对国际形势的把握和掌控,改变了意大利的统一事业在"维拉弗朗卡预备性条款"签订之后所面临的夭折局面。到1860年4月,除了威尼西亚仍在奥地利的占领之下,撒丁王国的领土已经扩张到意大利北部和中部各邦,南部与教皇国接壤,从某种程度上说,加富尔已经实现了他在1858年同拿破仑三世举行的普隆比埃尔会议上所设定的绝大部分既定目标,撒丁王国已经成为一个"从阿尔卑斯山到亚德里亚海"的意大利国家。

这时,在加富尔和自由派看来,统一进程已告一段落,尚未统一的三个部分:威尼西亚、教皇国、那不勒斯王国,都是目前难以触动的。没有外国列强的帮助,撒丁王国不可能单独打败奥地利,收复威尼西亚;而教皇国作为世界天主教的中心,对它的任何侵犯都会招来其他天主教大国的干涉,法国、西班牙、奥地利都可能出兵,1849年欧洲列强对罗马共和国的围攻可能重现;半岛南部的那不勒斯王国是一个为国际所认可的主权国家,并同撒丁王国建立外交关系,而且两国并不接壤,撒丁王国没有任何理由可以"侵略"并兼并对方的领土。

在加富尔看来,撒丁王国领导的通过王朝战争实现统一的进程已经完成,要实现意大利的最终统一,只有待机而动了。马志尼和加里波第领导的行动派正是在这种背景下重新举起了统一的大旗。

---

① [英]约翰·高奇:《意大利的统一》,郑明萱译,台北:麦田出版股份有限公司,2000年,第105页。
② [意]米诺·米拉尼:《传奇将军:加里波第》,曹振寰译,北京:世界知识出版社,1986年,第415页。

三

加里波第在得悉"维拉弗朗卡预备性条款"签订之后便辞去了在撒丁王国军队内担任的正式职务,离开"阿尔卑斯山猎兵团"去都灵谒见国王,然后返回自己居住的卡普列拉岛。在这之前他发表了一份《告同胞书》,表达了自己渴望再次为统一战斗的心愿:"有朝一日,如果渴望解放我们祖国领土的维克多·伊曼纽尔再次号召他的士兵拿起武器,我将会拿起武器和我那些勇敢的战友们站在一起。"[①]

很快,再次战斗的机会就来了。长期被外族入侵和统治的遭遇培养了西西里人的反抗精神,密谋、暗杀、造反是西西里人的家常便饭,正如马克思指出:"在人类历史上,没有任何其他国家和任何其他人民像西西里和西西里人那样,受到过如此痛苦的奴役、征服和外来压迫,进行过如此不倦的争取自身解放的斗争。"[②] 1848 年以后,那不勒斯的波旁王朝加强了对西西里的控制,剥夺了西西里所享有的部分自治权利,在经济上奉行自由放任的政策,这虽然有利于资本积累,但却加剧了土地兼并,下层民众的生活日益艰难,小规模的农民暴动时有发生,只能依靠大规模驻扎军队才能维持统治。1859 年,西西里人发动了一系列起义,其中发挥领导作用的是属于马志尼派系的尼科拉·法布里奇和弗朗切斯科·克里斯皮。由于波旁王朝军队的镇压,起义者损失很大,迫切需要得到外部力量的援助。克里斯皮在前往西西里岛发动起义之前曾向加里波第求助,当时加里波第拒绝参加起义的组织工作,但答应在起义开始后予以援助。到 1860 年 4 月,起义已经波及全岛,同时那不勒斯王朝的镇压也更加残酷,正是在这种情况下,意大利历史上富有传奇色彩的"千人团"远征开始了。

---

① [意]米诺·米拉尼:《传奇将军:加里波第》,曹振寰译,北京:世界知识出版社,1986年,第 413 页。

② [德]马克思:《西西里和西西里人》,参见中共中央马克思恩格斯列宁斯大林著作编译局编译:《马克思恩格斯全集》,第 15 卷,北京:人民出版社,1965 年,第 49 页。

最初，加富尔和自由派是反对"千人团"远征的，部分是担心可能引起列强的干涉，从而影响国家的统一进程，同时也包含着对统一运动领导权的争夺。加富尔认为统一只能在撒丁王国的领导下实现，只有如此才能够保证新生的意大利民族国家采取君主立宪政体和保持自由主义传统；对于主张在意大利建立共和国的马志尼和加里波第以及行动派人士，虽然可以利用其爱国热情，但对其活动范围和影响力却必须严加防范和限制，这就是在1860年4月以前行动派未能发挥重要作用的原因。现在加里波第对西西里的远征无疑标志着行动派对统一运动领导权的挑战。

事实上，由于加富尔主持割让尼斯和萨伏依，已经失去了行动派的信任，马志尼和更加激进的共和派爱国者们坚信加富尔是出卖意大利解放事业的叛徒，加里波第本人也对加富尔恨之入骨。"千人团"远征意味着加富尔已经失去主动权，只能够注视着加里波第创造惊人的功绩，但是，作为一名深谋远虑的政治家，加富尔至少没有刻意阻挠这次远征，而只是任其自然发展，静待时机，以图渔翁得利。他曾在1860年5月4日（此时"千人团"部队已经从热那亚起航）表示："如果西西里起事失败，我们一句话也不用说；要是成功，就立刻以人道与秩序的名义插手。"① 从某种程度上说，这是加富尔采取的"一石二鸟"之计，如果不能借那不勒斯王朝这把刀为自己除去加里波第这位既主张民主、共和又跟自己交恶甚深的对手，那么不如坐山观虎斗，随时准备抢夺加里波第浴血奋战打下来的胜利果实。

加里波第率领的千人团（Mille）（又称为"红衫军"，以其部队所穿红色上衣得名）——确切数字为1 088名男性军人和1名女性战士——于1860年5月10日在西西里岛的马萨拉（Marsala）登陆。军队中半数以上的人出身中产阶级，另一半则由手工工匠和工人组成，只有45名西西里人。加里波第将靠这一千多人对抗25 000名驻扎于西西里岛上的波旁王朝军队。1860年5月13日，"红衫军"旗开得胜，攻占萨拉米城，加里波第宣布以撒丁王国国

---

① ［英］约翰·高奇：《意大利的统一》，郑明萱译，台北：麦田出版股份有限公司，2000年，第107页。

王维克托·伊曼纽尔二世之名接管西西里的统治大权,并呼吁西西里民众在"意大利和维克托·伊曼纽尔"的口号下联合起来战斗。1860年5月15日,"红衫军"在卡拉塔菲米(Calatafimi)击溃波旁王朝军队,随即进军西西里首府巴勒莫,1860年6月6日,巴勒莫守军向"红衫军"开城投降。

在马志尼派政治家克里斯皮的帮助下,加里波第在西西里岛建立临时政府,自己担任独裁官,但由他人代为管理日常行政事务,并将全岛分为24个区域,每区设一名总督管辖;新政府废除了许多捐税,特别是招人痛恨的谷物税,同时下令把公有土地分给参加解放战争的军人或其家属。

加里波第在临时政府中主要负责军事事务。1860年7月20日,"红衫军"在米拉佐打败波旁王室的军队,占领墨西拿,准备跨海进攻意大利半岛。拿破仑三世希望联合英国封锁海峡,制止加里波第对那不勒斯王国的"侵略",但被英国拒绝。1860年8月18日,加里波第率领"红衫军"渡过海峡,开始了胜利之旅。各地人民欢欣鼓舞,夹道欢迎"红衫军",将加里波第视作"救世主"。而那不勒斯波旁王室的军队则士气低落,许多军官同情革命事业,不做抵抗便四散溃逃或缴械投降。1860年9月6日,那不勒斯王国国王弗兰西斯二世和王室撤退到加埃塔,1860年9月7日,加里波第率领"红衫军"顺利进入那不勒斯城。在此之前,加富尔曾经试图派人在城内发动起义,但没有成功。

为了阻止加里波第继续向罗马进军,加富尔以制止叛乱为由,说服拿破仑三世同意撒丁王国军队占领教皇国中的翁布里亚和马彻斯两地,同时保证不侵占罗马。

1860年9月11日,撒丁王国军队进入教皇国,18天内就打败了教皇军队占领了两地,然后撒丁王国军队在那不勒斯王国北部边界驻扎下来,准备阻击加里波第北上的部队。

1860年10月1日,加里波第在伏特里诺河(Volturno)击溃了那不勒斯波旁王朝的最后一支军队。10月2日,撒丁王国国会通过决议,将通过全民公决的方式决定西西里岛和意大利南部是否合并加入撒丁王国。1860年

10月21日,投票如期举行。半岛部分有1 312 366人(投票率为79.5%)参加投票,有1 302 064人赞成合并组成一个"不可分割"的意大利王国;西西里岛上有432 720人(投票率为75.2%)参加投票,其中有432 053人赞成合并。[①]在这种情况下,加里波第顺应民意,于1860年10月26日在特亚诺(Teano)会晤国王维克托·伊曼纽尔二世并交出政权,11月7日又陪同维克托·伊曼纽尔二世进入那不勒斯城。谢绝国王的一切赏赐后,加里波第功成身退,回到卡普雷拉岛隐居。

1861年2月18日,第一届真正意义上的意大利国家议会在都灵召开,开幕式由国王维克托·伊曼纽尔二世主持。1861年3月14日,议会两院通过关于建立意大利王国的法律,1861年3月17日,国王批准颁布。法令的全文为:"撒丁、塞浦路斯、耶路撒冷国王维克托·伊曼纽尔二世本人及其后继者从此之后冠以意大利国王称号。"这份法案在参议院讨论时,其法案委员会提出,应该在"意大利国王"头衔前边加上一个明确的定语:"神意所授,国民所选的。"这样一个定语,显然意在强调君权神授,反映了保守派的主张。通过多次激烈辩论,最后达成妥协,意大利国王的尊位反映着"上帝恩宠和国民意愿",这实际上是以巧妙的手法,把意大利的君主立宪政体传统和人民主权原则融为一体了。[②]

四

1861年成立的意大利王国并不是完整的,威尼西亚还在奥地利的统治之下,教皇国仍然占据着以罗马城为中心南北狭长的一段区域。正如1859年借助法国的帮助统一北部意大利一样,收复威尼西亚和罗马也是依靠外国的帮助和国际形势变化带来的机遇。

[①] [英]约翰·高奇:《意大利的统一》,郑明萱译,台北:麦田出版股份有限公司,2000年,第112页。
[②] [意]焦瓦尼·斯帕多利尼:《缔造意大利的精英:以人物为线索的意大利近代史》,戎殿新、罗红波译,北京:世界知识出版社,1993年,第143—144页。

1866年2月,俾斯麦邀请意大利结成军事同盟,同年4月18日两国签订了同盟条约,规定只要普鲁士与奥地利开战,意大利也应向奥地利宣战,意大利可以获取威尼西亚和曼图亚(Mantua)。但双方缺乏信任,所以规定条约的有效期仅为3个月。

为了破坏普意联盟,奥地利提出,如果意大利退出协定,奥方可以将威尼西亚让与法国,再由法国转交给意大利。但意大利方面知道拿破仑三世不会轻易交出威尼西亚,除非意大利保证教皇对罗马的统治。国王维克托·伊曼纽尔二世也不愿意接受这种不体面的方式,而督促政府宣战。1866年6月20日意大利对奥战争爆发,但出师不利,6月24日意军在库斯托扎战败,7月20日又在里萨海战中败北。而与此同时,普鲁士军队则节节胜利,在1866年7月3日萨多瓦会战中打败奥军,推进到维也纳城下,奥地利战败求和。1866年7月21日,普奥停火,奥地利得以调集30万军队到意大利战场。面对强敌,意大利没有能力继续作战,只得接受拿破仑三世的调停,放弃收复特伦蒂诺的想法。

1866年10月3日,意大利和奥地利签订《维也纳和约》,奥地利通过拿破仑三世为中间人让出威尼斯地区,并承认意大利王国。1866年10月21日,就合并问题在威尼斯地区亚举行公民投票,赞成者有647 489人,反对者只有60人。①意大利收复威尼斯。

1870年7月普法战争爆发,9月法军在色当战败,拿破仑三世成为俾斯麦的战俘。此后巴黎爆发起义,法兰西第二帝国灭亡,法兰西第三共和国成立,并从罗马撤走驻军。意大利决定趁机占领罗马。1870年9月20日清晨5点15分,意军开始攻城,用大炮把城墙轰开一个缺口,然后占领了罗马。到9月20日上午10点10分左右,战事基本结束。共有49名意大利士兵和19名教皇卫队牺牲。

与整个意大利民族复兴大业的前三场战争比起来,攻占罗马显得太单

---

① [英]约翰·高奇:《意大利的统一》,郑明萱译,台北:麦田出版股份有限公司,2000年,第122页。

调和顺利了,缺乏激动人心的浪漫场面。为了补救高潮不足的缺点,便有人提议在罗马举行隆重的国王入城仪式和凯旋仪式,但这个提议被国王维克托·伊曼纽尔二世拒绝了。国王维克托·伊曼纽尔二世在1870年12月才进入罗马城,借口是视察台伯河泛滥造成的灾情,马车在即将作为王宫的奎利纳尔宫门口停了下来,国王踏出车门,回头对坐在旁边的拉·马莫尔将军说:"我们终于到了。"这句话是用皮埃蒙特方言说的,而不是意大利语。[1]

攻占罗马,标志着意大利统一的最后完成,但如何建设新生的国家,实现真正的民族和国家复兴,以及如何处理新生的意大利王国与罗马教皇的关系都成为考验意大利人智慧的难题。

---

[1] [英]约翰·高奇:《意大利的统一》,郑明萱译,台北:麦田出版股份有限公司,2000年,第127页。

第三章
民族国家的建设与整合

第一节 统一后意大利的初步整合

从1859年到1870年,为了实现国家的统一,意大利人进行了两次王朝战争并充分利用了第三次王朝战争带来的机遇,中间还要加上人民群众自下而上发动的统一运动——加里波第和红衫军的斗争,最后基本完成了国家的统一,结束了自西罗马帝国灭亡以来长达1 400多年的分裂和混乱局面,统一的意大利民族国家在形式上形成了。

民族统一运动连同领导这场运动的精英们,也相继谢幕,国家已经统一,如何把习惯了分裂和自治的各个地方真正联系起来,整合成一个真正的民族国家,任重道远。

1861年出现的这个"意大利王国"(意大利文:Regno d'Italia;英文:Kingdom of Italy)是意大利历史上第一个真正意义上的"统一国家",具有重要意义。

如前文所述,在古罗马时代早期,分散在意大利半岛各地的城邦,与作为中央政府的罗马城邦之间并不存在有机的政治和文化联系,而是依据其地位,分成被征服者、同盟者等。随着罗马帝国的建立及其演变,一方面皇

第三章 民族国家的建设与整合

帝的权力趋于独裁;另一方面公民权扩大到整个帝国,意大利半岛和海外各行省变成平等的关系,半岛各城邦与罗马在早期所存在的一些共性和特殊关系,共同消融在帝国的大熔炉中。

罗马帝国解体后,意大利半岛也陷入分裂。在北部继"伦巴德王国"而兴起的"意大利王国",虽然存在了几百年时间,但无论是在法律上还是在事实上都从不包括整个意大利;就其政治和社会结构来看,它也并不是一个意大利人的国家,而仅仅是高踞于意大利人民之上的外来王朝政府的总称。①

在半岛中部,由于罗马城的宗教和政治地位,一直维持着特殊的独立地位,相对游离于意大利半岛的任何政治力量之外,而且由于天主教的普世宗教性质,罗马在更多的时候更像是世界天主教的中心,而不是意大利地域内的一个邦国。在意大利南部和西西里岛,一系列外国王朝交替更迭,并同欧洲其他王朝维持着王朝家族的特殊联系,对意大利的认同度一直非常低。

从1859年到1870年间,意大利地域范围内的各邦国,或者自愿、或者被强迫,最终在撒丁王国的领导下被聚合在一个全新的"意大利王国"政治体系中。但是随着意大利王国的建立和完成,外国的统治彻底完结,各种王朝家族联系也被割断,因此新诞生的意大利王国虽然继承了许多历史遗产,但却代表着一种崭新的民族国家形式。19世纪上半叶的奥地利政治家梅特涅曾说过,意大利不过是一个"地理概念",如今它更像一个政治概念。同样,新诞生的意大利王国也面临着塑造意大利民族意识的艰巨任务,就像民族复兴运动时期的意大利政治家阿泽利奥所说的那样:"我们塑造了意大利——现在我们该塑造意大利人了。"②

法律的统一是国家统一的必然结果,同时也是维护国家统一、塑造国民意识的重要工具。1861年以后,废除各地混乱且差异巨大的法律代之以统

---

① [英]赫·赫德,德·普·韦利编:《意大利简史:从古代到现代》,罗念生、朱海观译,北京:商务印书馆,1975年,第526页。
② [英]马丁·布林克霍恩:《墨索里尼与法西斯主义意大利》,吴杨译,上海:上海译文出版社,2003年,第2页。

一的意大利法律成为当务之急。

虽然意大利是罗马法的发源地,但是长期的分裂造成了意大利各地在法律上的差异和混乱,而且由于国家的大部分地区长期受外国的统治,意大利处于法律输入的地位,西班牙的法律规则、奥地利哈布斯堡王室的改革措施,以及法国的各类法典都对意大利产生了深远影响。

法国大革命之后,受其影响,意大利的法律体制发生变化,一方面是意大利人折服于体现在拿破仑法典中的革命思想,自愿接受拿破仑法典;另一方面,拿破仑对意大利的侵略和占领也使得这种接受更加顺利。正如当代法学家茨威格特和克茨所说,在意大利,法国民法典也同样是随着拿破仑军队接踵而至的,除受英国海军的保护而未被直接占领的西西里岛和撒丁岛之外,拿破仑民法典在意大利半岛普遍得到实施。[①]所以,伴随着拿破仑统治的巩固和拿破仑法典的推行,意大利原本多元的法律制度和法律传统开始实现初步统一。在拿破仑的控制下,意大利半岛的东北部和中部地区于1805年接受了《法国民法典》的意大利文译本;西北部的皮埃蒙特和利古里亚(热那亚)并入法国领土,直接实行《法国民法典》;南部的那不勒斯王国于1808年接受了《法国民法典》的意大利文译本。唯一的例外是在伦巴德—威尼斯地区,实行的民法典是1811年《奥地利民法典》的意大利文译本。《法国商法典》的影响更为广泛和明显,那不勒斯、教皇国地区和皮埃蒙特等地都直接采用这个法典或制定实质上与它相同的法典。[②]

拿破仑法典为意大利半岛各国广泛接受,其原因在于:一方面,由于法律的统一适应了意大利资本主义经济和社会在更广阔的统一市场和更理性的制度框架内发展的要求;另一方面,由于罗马法是法、意两国共同的法律传统,且意大利是罗马法的发源地,以罗马法为基础编纂的《拿破仑法典》非

---

① [德]茨威格特,克茨:《比较法总论》,潘汉典等译,北京:法律出版社,2003年,第160页。
② 何勤华、李秀清主编:《意大利法律发达史》,北京:法律出版社,2006年,第25页。

常容易为意大利人理解和接受。①

1814年拿破仑帝国崩溃以后,意大利各邦国的复辟君主们发现《拿破仑法典》限制了贵族与地主的各种封建特权,有利于加强君主和中央政府的权威,便默认和保留了这种法律上的变革。即使有些邦国在形式上废除了《拿破仑法典》,但其重新编撰的新法典也是以《拿破仑法典》为蓝本的,从而具有浓厚的拿破仑色彩。如在体例上模仿拿破仑法典的三编制,各编的内容也与之相似,并根据各邦国的具体情况增加了一些内容,有些法典还作了有益的改进,如1820年帕尔马公国颁布的民法典采用了更精确的法律术语和更多的专业词汇,1837年撒丁王国颁布的民法典对那些在实践中证明有缺陷的条款进行了改革等。②

1861年意大利基本统一之后,建立意大利王国的法律体系成为最急迫的任务,而各邦国法律体系中所包含的法国色彩为制定全国性的统一法典提供了便利条件。

以《意大利民法典》的制定为例。1861年意大利基本统一后短短4年便完成了民法典的编纂工作,1865年7月1日颁布,1866年1月1日生效,其主要原因就是统一前各邦国私法具有基础的一致性,正如茨威格特和克茨所言:"统一的意大利私法的基础毕竟由于意大利(半岛)各国的大多数民法典明确一致的依据《法国民法典》而形成。"③也正如意大利学者所言,民法典能够快速完成要归因于这样的事实:私法的统一并不导致政治—立法类型的特别问题,因为四部统一前的民法典在渊源上是统一的法国民法典,其内

---

① G. Leroy Certoma, *The Italian Legal System* (London: Butterworths, 1985), p. 9.
② [意]阿尔多·贝特鲁奇:《意大利统一前诸小国的民法典制定与1865年意大利民法典》,徐国栋译,见徐国栋主编:《罗马法与现代民法》(第1卷),北京:中国法制出版社,2000年。
③ [德]茨威格特,克茨:《比较法总论》,潘汉典等译,北京:法律出版社,2003年,第160页。

容实质上是统一的,因此,已经产生了一种"普通法"。①

正是有了这样的背景,所以意大利的法律统一进程相对顺利和迅速。1861年意大利王国成立之后,首先选择以撒丁王国1848年制定的具有鲜明君主集权色彩的《查理·阿尔贝特宪法》作为新王国的宪法。在此基础之上,开始统一其他法典体系,到1865年,新王国的民法典、商法典、民事诉讼法典、刑事诉讼法典都得到统一和实施,这些新法典都主要参照撒丁王国的法典制定,并吸取了其他邦国法典的优点,尽量照顾到各地的习惯差异。

《意大利刑法典》的制定受到一定的阻碍,这主要是由于托斯坎纳地区在1853年颁布的刑法典中废止了死刑,所以1859年制定的保留死刑的《撒丁王国刑法典》在除托斯坎纳以外的王国地区发生效力,直到1889年出台统一的刑法典为止。这样便建立了意大利的六法体系。

无论是从法律形式和体系看,还是从法院体系来看,以撒丁王国为蓝本构建的意大利王国法律体系都遵循并符合大陆法系的特征,比较近似法国模式,但也参考了德国模式的优点。

意大利在政治上的统一必然导致法律上的统一,或者说,统一后的意大利人民需要统一的法律。②法律的统一是政治统一成果对社会经济发展产生推动力的必备条件,也是培育统一的民族国家意识的重要条件。单纯从推动经济发展的角度来看,政治的统一有利于创造统一的全国市场,这就需要统一的国家法律来规范共同的市场行为,形成共同的市场规则;反之则会出现政治上统一而法制上分裂的状况,意大利国家统一的意义也就无法得到实现。

在法律统一的过程中,意大利的各项政治体制也迅速建立起来。意大利是在撒丁王国的领导下完成统一的,撒丁王国的行政、法律和军事体制成

---

① [意]阿尔多·贝特鲁奇:《意大利统一前诸小国的民法典制定与1865年意大利民法典》,徐国栋译,见徐国栋主编:《罗马法与现代民法》(第1卷),北京:中国法制出版社,2000年。

② Carlo Calisse, *A History of Italian Law* (London: B. Register, 1928), translated by Layton, p. 792.

第三章　民族国家的建设与整合

为建立新王国的基础,从某种意义上说,新生的意大利王国便是在疆域上扩大了的撒丁王国。如在国王维克托·伊曼纽尔二世的倡议下,首次形成了以皮埃蒙特(撒丁王国的别称)军队为核心的意大利军队,伊曼纽尔二世早在1861年就向拿破仑三世表示过要把皮埃蒙特"意大利化",把军队"皮埃蒙特化"。而意大利统一进程的特殊性,特别是在统一南方的过程中,战争主要在加里波第领导的志愿兵"红衫军"和那不勒斯王国军队之间展开,皮埃蒙特军队没有同后者发生正面冲突,这也为统一后两支军队的融合奠定了良好的基础。经过整编和体制改革,到19世纪80年代,意大利的陆军和海军力量都有较大的增长,发展成为在欧洲举足轻重的主要军事力量。①

在国家行政体制的选择上,由于意大利王国继承了撒丁王国1848年制定的体现中央集权特征的《查理·阿尔贝特宪法》,相应地,撒丁王国的中央集权体制也扩展到整个王国。但是,应该采取尊重各地自治权利的联邦体制还是采取加强中央权威的中央集权体制,在意大利的政治精英中存在着很大的争议。

无论是联邦派还是中央集权派都是立足于意大利的历史与现实提出自己主张的:历史上意大利长期处于分裂状态,1860年才统一,虽然不再存在小国并立的局面,但是每一个地方都仍然保存着自己的传统和组织机构,它们的社会经济发展水平有所差异,追求的目标也不尽相同,因此,统一后意大利各地区的统一性和凝聚力非常低,一些西方学者形容意大利这个国家有"多元性"而缺乏"统一性"。②另外,意大利南方和北方经济发展很不平衡,意大利的北方地区经济发达,而南方地区则相对落后,撒丁岛和西西里岛不但落后,它们与半岛的联系更为薄弱,分离倾向也更强。

基于这样的历史与现实,联邦派认为应当尊重各地区不同的历史、传

---

① [意]克罗齐:《1871—1915年意大利史》,王天清译,北京:中国社会科学出版社,2005年,第44页。
② 金太军:《当代各国政治体制——南欧各国》,兰州:兰州大学出版社,1998年,第32页。

统、习俗，尊重各地的自治传统，在传统的地方政权市（镇）和省之上，建立一种规模更大的地方自治机构——大区，以便及时掌握各个地区不同的情况和要求，有效地解决地方上的问题，而不能采取一刀切的中央集权管理方式。如政治家明盖蒂就曾在1861年提出在省之上建立六个大区，授予其部分自主权的主张。①

但中央集权派却提出了完全相反的主张，他们认为，正是由于各地的长期分离和差异，特别是在一些地区还存在着比较强大的分离主义势力和复辟势力的情况下，为了维护统一的成果，巩固新生的民族国家，更应该采取中央高度集权的国家治理体制。这种情况下，政治家法里尼要求全国在行政上实现"皮埃蒙特化"的观点占据了上风，他在1859年11月从摩德纳发出的一封信中写道："我实施了打击，我赶走了乡土观念，成立了唯一的政府。在新的一年，从皮亚琴察到卡多里卡，所有的法律、规范和其名称，甚至失误，都将是皮埃蒙特的。"②

中央集权派的主张得到了大部分人的支持和认同，同时也符合撒丁王国的传统。在1861年6月里卡索利担任首相时期，他仿照法国的行政体制，建立起严格的中央集权体制，在地方设立省和市镇两级行政单位。根据市级法和省级法，把全国分为69个省，各省设有省议会和一个执行官，但主要权力掌握在中央委派的地方专员手中。省下为市镇，设有选举产生的议会和执行官员，但市长要由上级政府从市议员中遴选。由中央委派的地方专员是地方行政管理中的关键人物，掌握了犹如"钦差大臣"一般的权力：他有权推荐市长人选，解散省、市议会，协助省执行官控制市议会的决定等等。

---

① ［意］克罗齐：《1871－1915年意大利史》，王天清译，北京：中国社会科学出版社，2005年，第40页。
② ［意］克罗齐：《1871－1915年意大利史》，王天清译，北京：中国社会科学出版社，2005年，第40—41页。

第三章 民族国家的建设与整合

总之,地方专员的任务就在于保持地方政府与中央的一致。①这样,从 1861 年意大利王国成立到 1871 年正式定都罗马的这段时间里,以法律、军事和行政体制的统一和构建为基础,意大利国家的各项政治体制基本确立起来。在政治统一实现之后,意大利的经济、交通、文化就在统一国家的大背景下得到迅速发展,在这一过程中,人们的国家观念和民族意识也逐渐扩展,这又相应地促进了意大利民族国家的巩固。

第二节 探索国家整合的曲折道路与法西斯主义的兴起

一、议会政体的变异

统一后的意大利所面临的政治、经济形势并不容乐观,虽然当时领导统一运动的精英们沉浸在成功的喜悦中并对建设繁荣强大的意大利民族国家充满憧憬与希望,但形势是非常严峻的。

在经济上,意大利的山区和丘陵地带土壤贫瘠,平原地区往往又多沼泽,瘴气弥漫,耕作方法原始,水土流失严重,土壤地力逐渐枯竭,农业发展不容乐观。在工业发展上,意大利缺乏大工业发展所需要的煤炭和铁矿,大多数基本工业原料都要依赖进口。

在政治上,构建意大利民族意识的努力也遭到抵制。在统一前的一千多年里,意大利一直分裂为诸多小邦国,被贸易壁垒、地方关税、各种不同的方言以及邦国与邦国之间的猜忌所隔离,甚至未能意识到必须作为单一的民族而统一起来。与此同时,群众运动的观念同它的思想方法是背道而驰的。首先,人民的民族意识水平不平均,大多数农村人和外省人的民族意识

---

① Hilary Partridge, *Italian Politics Today* (Manchester: Manchester University Press, 1998), p.58. also see Martin Clark, *Modern Italy*: 1871—1982 (Longman, 1984), p.51.

意大利民族发展史

淡薄;其次,还有人依然效忠于覆灭的旧王朝并各自为政的;而数百万农民只看重身边的那一块土地,任何外部势力在他们看来都是入侵者和潜在的剥削者。①

1861年意大利实现初步统一之后,新成立的意大利王国政府应当主要推动和实现两种进程,其一是传播国家意识,其二是国家的政策和管理要适应一个领土更为广阔、人口更多的国家的需要。加富尔对第二种进程的难度和重要性有清醒认识,他在第一届意大利议会开幕前给威廉·弗拉里弗的信中写道:"今日之任务较过去更为艰巨、更为棘手。创立意大利、把组成意大利的各种不同成分融为一体、协调南北两部分,这一切与反奥战争、反罗马斗争同样困难。"②

经济和文化上的差异使地方主义和分离主义越发严重,这尤其表现为意大利经济落后的南部地区与工商业发达的北方之间的"南北矛盾"。

意大利南部的许多地区土地贫瘠,生活贫困,既没有工业,也没有中产阶级,但文盲却占90%以上,与进步发展相脱节。为了解决统一后不同地区之间的发展差异,中央政府需要在政策上给予南方落后地区更多的优惠权利,在物质上给予更多的援助和支持,才能纠正经济发展的地缘方针,至少可消除最明显的地区差异,不至于达到不可收拾的地步。然而,由于统一后的意大利政治家过于沉迷于"自由放任"的施政理念,这一切实际上并没有做到。③

由于全国统一,北方把沉重的捐税制度和一个新的官僚政治机构引入意大利南部和海岛等贫瘠的地区,反而加重了当地民众的负担,激起他们的反抗。另外统一后南北之间消除了贸易壁垒,南方相对落后的工业和贸易

---

① [英]马丁·布林克霍恩:《墨索里尼与法西斯主义意大利》,吴杨译,上海:上海译文出版社,2003年,第2页。
② [意]瓦莱里奥·卡斯特罗诺沃:《意大利经济史:从统一到今天》,沈珩译,北京:商务印书馆,2000年,第65页。
③ [意]瓦莱里奥·卡斯特罗诺沃:《意大利经济史:从统一到今天》,沈珩译,北京:商务印书馆,2000年,第64页。

体系受到北方的剧烈冲击,又缺乏政府的保护和扶持,逐步瓦解,在工业化的时代反而经历了一场"去工业化"逆流。

南方的农民,在政治和经济地位上,与中世纪的农奴差别不大,深受瘴气、高利贷和盘剥性地租之害,同时又受当地盗匪的掠夺。一位意大利南方人辛酸地把南方描写成:"一片与世隔绝的国土,支离破碎,曲折中断的山脉纵横交错,只要有河流的地方就有洪水,没有灌溉过也不可能灌溉的荒地十分辽阔,而且瘴气肆虐……"①

在意大利统一后,选择一种什么样的政治制度,将这样一个地区差异巨大、经济发展相对落后、人民文化素质较低的新生国家真正地融合在一起,形成共同的民族国家观念,是一个非常关键,但也是非常困难的抉择。

由于以加富尔为代表的撒丁王国在统一过程中的领导地位,新建立的意大利王国在国家行政体制的选择上,继承了撒丁王国于1848年制定的体现中央集权特征的《查理·阿尔贝特宪法》,相应的,撒丁王国的中央集权体制也扩展到整个王国。但与此同时,由于加富尔对英国的君主立宪之下的议会政府体制情有独钟,力图将其移植到意大利,甚至连意大利王国议会大厅的装修布置,也参考了英国议会下院的做法——议员们只有座位而没有办公桌,每个人都需要站着发言等等。

因此,1861年以后,新生的意大利王国施行的是一种君主立宪制、自由议会体制和中央集权统治的结合体。

但是在这个贫穷落后的国家,议会制政府的基础是非常脆弱的,其突出的表现是民众政治意识的淡薄和对政治的漠不关心。

按意大利王国宪法规定,意大利王国议会分为两院:参议院和众议院。参议员由担任过高级职务或者在某个方面建立过功勋的、40岁以上的男子组成,他们均由国王任命为终身参议员,21岁以上的王室成员为当然的参议员;众议院由年纳税40里拉及以上的、年满21岁的男子选举产生,每5年选

---

① Margot Hentze, *Pre-Fascist Italy-The Rise and Fall of the Parliamentary Regime* (London, 此书为私人书商印刷,无明确出版社,1939), p. 235.

举一次,或者在国王解散议会后选举。财政议案只能由众议院提出。①意大利王国第一届议会的众议院是于1861年2月3日选举产生的,随后于当年3月才宣告意大利王国的成立。当时规定只有年纳税40里拉及以上的年满21岁的男子,才拥有选举权,因而大量的贫困民众被排除在选举制度之外。②

按照这种选举资格限制,在1870年至1882年间,在意大利总数2 500万人口中,只有60万成年男子有选举权。但由于1870年后产生的罗马问题,罗马天主教廷对意大利王国采取敌对态度,发布教皇通谕禁止天主教徒参加世俗的政治活动,违反者将被革出教门。因此直到19世纪末大多数虔诚的天主教徒都拒绝参政,这使得能积极参与国家政治活动的人数更少。

在意大利这种农业人口占绝大多数、高文盲率以及淡薄的政治意识为特征的社会状况,自由主义的议会政体没有任何传统的根基并且普遍不受信任,只能沦落为精英寡头政治。

1876年是意大利历史上的一个分界点,是意大利民族复兴运动结束和新国家建设阶段开始的转折点。此时带领意大利实现统一的一代领袖们纷纷凋零,让位于新一代的领导人。意大利"建国三杰"中的加富尔早于1861年过世,共和派领袖马志尼则于1872年去世,同年意大利最著名的作家曼佐尼去世,拉塔齐和拿破仑三世在1873年去世,已经处于风烛残年的老英雄加里波第退隐地中海中的卡普雷拉岛。在意大利统一进程中处于关键地位的另外两位人物——意大利开国君主维克托·伊曼纽尔二世和教皇庇护九世此时也即将走向生命的终点,两人都于1878年去世。

从1870年到法西斯上台之间的50年间,意大利的政治权力主要控制在复兴运动中崛起的中上层阶级手中,这些人被称为"政治阶级",其实是不同地方实力派的聚合体。他们之间的派系区分不在于各自的信仰和阶级不同,而在于个人的恩怨和各自效忠的地区不同,所以学术界也把这一时期的

---

① 陈祥超:《意大利法西斯独裁统治的确立》,载《世界历史》,1985年第5期。
② 黄昌瑞:《意大利文化与现代化》,沈阳:辽海出版社,1999年,第97页。

第三章 民族国家的建设与整合

意大利视为一种并没有明显政党界限的议会政治体制。

不幸的是,在1876年以后的30年中支配意大利政坛的三个人:阿果斯蒂诺·戴普雷蒂斯①、弗朗切斯科·克里斯皮②、乔万尼·焦利蒂③,没有一个人作出努力去建立真正的政党内阁,每一个人都宁愿靠操纵小集团和派系的方法获得政治支持以掌握政权。

从1876年到1887年,除短暂的间隔以外一直担任首相的阿果斯蒂诺·戴普雷蒂斯发明了所谓的"多数派变化论"的政治操纵策略。当戴普雷蒂斯于1876年首次担任首相的时候,他发现众议院已经分裂成了一些小政治集团,要保证取得多数的支持,有两个方法:第一是重新组织政党并严格执行政党纪律,不管议员个人对任何一个议案持有什么意见,在投票上与本党一致行动,犹如英国的政党制度一样;第二是采取简单的利益收买方法,促使足够数量的议员从利害方面考虑不得不投票拥护现任政府。戴普雷蒂斯采取的是第二个方法。

在一个有500名议员的众议院里,如果每名议员都根据其个人对每个议案的意见去投票,就会使任何政府都不可能贯彻它的政纲。戴普雷蒂斯为他的收买策略提出了一个似是而非的论据,说政府的目的是要从各党派中选拔最优秀的人才参加内阁,实际上,这意味着一旦一个议员或一个议员集团对政府议案的通过具有破坏性,或者持有一定的异议,他们就会被收买。收买的手段层出不穷,根据被收买者的兴趣爱好,或者给予一个小集团的领袖以内阁的席位、政府的职务,也可能给予具有经济价值的内部情报,或者授予勋章。有时候允诺给一个议员的选区建立一所学校或者一个火车

---

① 阿果斯蒂诺·戴普雷蒂斯(Agostino Depretis, 1813—1887年)从1876年起担任意大利首相。

② 弗朗切斯科·克里斯皮(Francesco Crispi, 1819—1901年)是出生于西西里岛的意大利政治家。他支持加里波第远征西西里。1887—1891年、1893—1896年先后两次担任意大利首相。

③ 乔万尼·焦利蒂(Giovanni Giolitti, 1842—1928年)是意大利政治家,多次任意大利首相。

站,这样就可以达到目的。尽管方法不同,但目的一样。有一次戴普雷蒂斯的政府提出一个很不得人心的征收糖税的提案,每个人都预料这个提案会被否决,可是却非常顺利地通过了。几天以后,官方通报公布了一份不少于60名议员的名单,每人都被授予骑士头衔,这些人都是投票赞成这个提案的,这就使得政府对议员的收买行径赤裸裸地大白于天下。①

政府对国会议员的操纵必然导致议会选举的腐败,政府收买议员进而延伸至对选民的操纵与收买,从而使议会成为代表政治阶级本身和与政治阶级在家庭、地方管理和经济方面的依附者利益的特殊集团(在当时的意大利,这些人被称为"受庇护者")。②

在1881年意大利议会改革前,所谓的议会大选就是各地方党派和政治"首脑"行贿受贿、暗箱操作、威逼利诱选民活动的大爆发,这种充斥着"强制性和不可选择性"的腐败选举做法逐渐潜移默化地成为意大利的政治文化,成为意大利政治生活中的毒瘤,是任何人都难以改变的。如据焦利蒂在自己的回忆录中披露,在斯特罗波镇上,由于有两位选民没有把票投给焦利蒂这位"名人",而是投给了其竞争对手,引起了其他选民的不满,镇长不得不利用各种手段查出这两个"异端"选民,并强迫他们迁居法国。

意大利这种虚假低效的议会民主制必然导致全国民众对议会政治的冷漠与隔阂。一个选区的选民不能确保这个选区选出的议员不为威逼利诱所迷惑,坚守他自己在参加竞选时所宣布的政纲,而议员一经选出,他们对选区的关心就减少了。这种制度造成大量的收买和操纵,极大地阻碍了任何试图建立和健全意大利民主政治体制的努力。

这种精英体制能够应付日常的政治挑战,但一旦面对瞬息万变的新局势和新兴社会政治力量的挑战时,就会显得软弱无力和束手无策,这就是法

---

① [英]赫·赫德、德·普·韦利编:《意大利简史:从古代到现代》,罗念生、朱海观译,北京:商务印书馆,1975年,第322页。

② [英]马丁·布林克霍恩:《墨索里尼与法西斯主义意大利》,吴杨译,上海:上海译文出版社,2003年,第3页。

西斯体制在意大利得以发展和夺取政权的根本原因。

二、民族主义的蜕化与殖民扩张

意大利民族的悲哀与灾难在于,当民族独立与国家统一已经实现时,民族主义不仅未能紧跟着收住脚步,反而被错误思潮与认识所左右,逐渐蜕化,从而促使国家民族走向侵略扩张的道路。民族主义是构建民族国家的精神动力,但一切殖民主义、霸权主义、强权主义者也同样能够从中找到凭借和力量,意大利的殖民主义便是由民族主义的扭曲和蜕化而来。

在国际上,英法等老牌殖民国家在世界各地的侵略扩张以及将殖民掠夺财富用于支持本国经济发展的榜样,对新生的意大利产生了极大诱惑力。1870年以后的意大利历届政府都梦想能够占领广阔的殖民地,从而把本国的产品从狭隘的国内市场推向国际市场,更梦想着从广阔的海外获得原料以发展本国经济;再加上古罗马帝国、热那亚和威尼斯的扩张历史带给意大利人强烈的自豪感。种种因素使得很多像弗朗切斯科·克里斯皮(1887年至1891年和1893年至1896年间担任首相)这样的人确信,意大利能够重现古罗马帝国的辉煌,对外开疆拓土,重建世界帝国。此后,意大利以民族利益、经济利益为借口,开始对外进行殖民扩张。

作为距离意大利最近的非洲国家,突尼斯的财富吸引了意大利殖民扩张主义者的目光。突尼斯位于非洲北部地中海沿岸的最突出、地中海最狭窄处,它的阿达尔角与意大利西西里岛隔海相望,形成共扼地中海狭窄咽喉的态势。由于这里是经直布罗陀海峡通往埃及和苏伊士运河的必经之道,因此在控制地中海海权的大格局中,突尼斯与马耳他岛、西西里岛具有同等重要的战略意义。① 19世纪中期突尼斯仅有150万人口,而可耕地却多达750万英亩,地下还蕴藏着丰富的矿藏。早在19世纪60年代,意大利的政治家们就意识到了突尼斯对意大利的重要性,喋喋不休地告诫国民要关心

---

① 王绳祖主编:《国际关系史》(第三卷),北京:世界知识出版社,1995年,第95页。

国外的殖民事业,并鼓励意大利人通过移民的方式,对突尼斯进行缓慢渗透。

垂涎于突尼斯的不止意大利一家,已经确立对阿尔及利亚殖民统治的法国也对突尼斯垂涎欲滴,不断加强渗透。同样,突尼斯的战略地位,也吸引了英国人的注意。因此,突尼斯就成为英国、法国和意大利进行殖民角逐的场所。

早在19世纪60年代,英法意殖民势力就开始渗入突尼斯,经营工业,建筑房屋,购买土地等不动产。突尼斯先后同英国(1863年)、奥地利(1866年)、意大利(1868年)、法国(1871年)签订了不平等条约。欧洲列强在突尼斯获得许多经济、税收特权,欧洲国家的商品充斥突尼斯市场。1868年突尼斯政府宣布国家财政破产并于1869年7月5日将国家财政交给英国、法国、意大利建立的"整理国债国际委员会"监督,从而失去了经济自主权。①此时的突尼斯处于国际共管状态下,哪一家都无法获得明显优势。

普法战争以后,法国在欧洲大陆受制于德国,转而加强对海外的侵略扩张,以期达到失之东隅收之桑榆的效果,因而加大了对突尼斯的渗透力度。到1880年,法国人在突尼斯已占有10万多公顷土地,拥有突尼斯外债1.25亿法郎中的1亿法郎;法国公司获得了突尼斯铁路修建租让权、电报租让权;1879年又开办了"突尼斯银行",控制了突尼斯的经济和金融。但法国势力在突尼斯的扩张遭到了意大利的反对。意大利资本家已在突尼斯投入大量资本,开办企业、修筑铁路,并在武器交易中领先。在突尼斯的意大利人数量也远远超过法国人,1881年意大利移民已约有1.2万人,而法国移民仅有700人左右。意大利把突尼斯看作列强瓜分世界的格局中理所应当属于"自己的"一份。1871年,意大利曾趁法国在普法战争中失败之机,向突尼斯沿海派出舰队,企图占领突尼斯,但在英法共同干涉下,被迫退兵。②

---

① 王绳祖主编:《国际关系史》(第三卷),北京:世界知识出版社,1995年,第96页。
② 王绳祖主编:《国际关系史》(第三卷),北京:世界知识出版社,1995年,第97页。

第三章　民族国家的建设与整合

1878年,意大利卡伊罗利①政府派外交大臣科蒂伯爵参加为解决俄土战争以后的欧洲问题而召开的柏林会议,这标志着意大利第一次在欧洲协商中作为一个大国出现。但是意大利在欧洲列强外交舞台上的初次登台表演并不成功,代表意大利出席会议的外交大臣科蒂伯爵既不是个精明的外交家,也不是个有说服力的演讲家,他为劝说欧洲列强向奥匈帝国施加压力,将特兰提诺归还给意大利所作的努力,遭到有礼貌的无视,意大利什么也没有得到。

由俾斯麦充当"诚实的外交掮客",英国、德国与法国私下作了一次分赃交易。由于突尼斯与西西里岛已成犄角之势,英国人不希望看到突尼斯落入意大利人之手,以避免形成足以扼断地中海航道的力量,同时英国也希望以同意法国夺取突尼斯换取法国承认英国占领塞浦路斯。意大利的宿敌奥匈帝国也在会议上获得好处,占领了波斯尼亚和黑塞哥维那,趁机扩张了在巴尔干半岛的势力。

在老谋深算的俾斯麦领导之下的德国,为转移法国对德国复仇的视线,也鼓励法国占领突尼斯。1878年柏林会议期间,俾斯麦向法国大使表示:"突尼斯这只梨子已经成熟了,是你们采摘的时候了。贝伊(突尼斯统治者的称号)的傲慢无礼是促使这只非洲果子成熟的八月阳光,如果你们让它留在树上过久,它可能烂掉或被别人偷走……我的希望是想在与你们有关、而德国利益与法国利益并不发生对抗的许多问题上,向你们作出我的善意保证。"②

但是同时俾斯麦又玩弄两面三刀的外交伎俩,一方面建议法国人去夺取突尼斯,另一方面又命令德国外交国务大臣伯恩哈德·冯·毕洛夫去鼓励意大利出兵直接占领突尼斯,以期达到分化法意关系、挑起法意之间的冲突的目的。英国和德国的承诺与支持,大大鼓励了法国对突尼斯的扩张野心。

---

① 贝纳戴托·卡伊罗利(Benedetto Ciroli,1826—1889年)曾加入马志尼领导的共和派,1879—1881年间任首相。
② 王绳祖主编:《国际关系史》(第三卷),北京:世界知识出版社,1995年,第97页。

1881年法国茹费里政府借口突尼斯的部落居民侵入阿尔及利亚,出兵占领突尼斯,强迫突尼斯统治者签订了《巴尔杜条约》。虽然为了避免欧洲列强特别是意大利的干涉,在《巴尔杜条约》中没有使用"保护制"字眼,并伪称对突尼斯占领是暂时性措施,但实际上突尼斯已经沦为法国的保护国。

对于法国无视意大利在突尼斯利益的殖民占领行为,意大利国内群情激愤,导致法意边境发生多起边境冲突,大有爆发战争之势。但由于实力差距较大,虽然意大利的民族自尊心受到极大羞辱,但毫无办法抗争。

此时,俾斯麦趁机向意大利伸出了橄榄枝。1870年普法战争以后,法国民众卧薪尝胆,寻找对德国的复仇机会,这让俾斯麦时刻感觉到来自法国的敌意和威胁。为此,俾斯麦欧洲外交政策的一个重要构想,是依靠德国、奥匈帝国和沙俄之间的"三皇同盟"来保护德国免遭法国方面任何报复性的进攻,而三国之间达成同盟关系,很大程度上是依靠各国皇室之间的相互访问和联系来维持的。但是俄国沙皇亚历山大对于俾斯麦大力推动的三皇同盟并不热心,认为这样一种同盟关系不但会打破欧洲的均势状态,还有可能鼓励德国在趁法国没有完全复元以前又用"预防性"的战争去进攻法国,同时又用同盟关系迫使奥地利和俄国保持中立。

俄国的冷淡态度让俾斯麦丧失了对俄国的信赖,转而向意大利寻求支持。阻碍意大利与德国之间实现结盟的障碍很少,但要撮合意大利与奥地利这一对"世仇"之间达成联盟却难度很大,特别是当时意大利和奥地利之间还存在着尖锐的领土争端,拥有大量意大利人口的蒂罗尔和特兰提诺两地还被奥地利占领着,由此激发了意大利对实现所谓"民族统一"的渴望。

法国占领突尼斯,让俾斯麦找到了撮合德、奥、意三国同盟的机会,在俾斯麦的协调斡旋下,1881年意大利国王翁贝托一世和王后访问奥地利首都维也纳,受到了哈布斯堡王室热情的款待,两国关系日渐融洽,并于1882年5月签订了三国同盟条约。

加入三国同盟,是意大利外交的明智选择。因为这既能保证它不受法国或奥地利的攻击,自己又承担很少的义务,同样这也可以解释为借着同中

第三章 民族国家的建设与整合

欧君主国联盟以反对共和制的法国,并进而支持意大利君主政体的一个企图。[①]由于这个同盟条约对改善意大利的外交处境非常有利,在1882年以后经过几次续订,一直维持到1915年意大利参加第一次世界大战时期为止。

1881年至1882年间,法国占领了突尼斯,英国在实质上控制了埃及,这使得意大利在北非的殖民扩张野心遭到重创。放眼偌大的地中海南岸地区,只剩下相对贫瘠的利比亚还吊着意大利"非洲殖民梦想"的胃口。

同时意大利的殖民扩张目光从地中海转移到红海沿岸和东非。1882年意大利占领非洲红海沿岸的阿萨布港,并扩大了在沿岸地区的统治权。戴普雷蒂斯去世后,继任首相的弗朗切斯科·克里斯皮是一个野心勃勃的殖民主义者,他一直梦想建立一个庞大的殖民帝国,恢复古罗马帝国时期的荣耀,对于具有丰富资源和重要战略地位而又比较落后的埃塞俄比亚,意大利更是垂涎三尺。克里斯皮的目标是在整个或部分埃塞俄比亚建立从属意大利的保护国。1885年,意大利军队在英国支持下,占领了马萨瓦港口至贝卢尔沿岸一带(达纳基尔部族的领土),并以此为基地向埃塞俄比亚北部腹地步步推进,迫使埃塞俄比亚皇帝孟尼利克二世于1889年5月2日签订了不平等的《乌西亚利条约》。条约规定,埃塞俄比亚北部若干地区划归意大利,而意大利则按附约赠送给埃塞俄比亚3万支枪和28门大炮,以及200万里拉。条约中最重要的是后来引起争议的第17条条款。该条款的阿姆哈拉文本说埃塞俄比亚在与其他欧洲国家交涉时,"可以向意大利国王陛下政府请求协助",但意大利文本用"同意"一词代替了"可以",而该词在罗马则被解释为"必须"。

1889年《乌西亚利条约》签订后不久,意大利克里斯皮政府便据此向欧洲列强宣布将埃塞俄比亚置于意大利保护之下,并占领了埃塞俄比亚的北部领土(阿斯马拉)。1890年,意大利把在红海沿岸占领的全部领土合并为厄立特里亚殖民地。此时意大利在东非的殖民地扩张到相当于今天的厄立

---

① [英]赫·赫德、德·普·韦利编:《意大利简史:从古代到现代》,罗念生、朱海观译,北京:商务印书馆,1975年,第327页。

特里亚和索马里的地区。

意大利对埃塞俄比亚的侵略，遭到了孟尼利克二世和埃塞俄比亚人民的反对，而法国人也因为意大利在东非的扩张受到英国的支持而大为不满，进而在幕后大力支持孟尼利克二世抵抗意大利。法国向埃塞俄比亚输出军火，委派法国军官帮助训练埃塞俄比亚军队，到1895年，孟尼利克二世麾下已形成一支配备10万支来复枪、400门加农炮的军队。

1893年2月12日孟尼利克二世向意大利政府宣布：从1894年5月2日起，埃塞俄比亚将不再履行《乌西亚利条约》所规定的一切义务。为了进行武装干涉，意政府组建了一支1.4万人的军团，由巴拉蒂埃里将军指挥。1894年7月17日，意军不宣而战，对埃塞俄比亚发动战争，并在半年内侵占了古城阿克苏姆及提格雷省首府马卡累。1896年3月1日，孟尼利克二世亲自率军在埃塞俄比亚北部的阿杜瓦战役中取得胜利，此战意大利军队一败涂地，阵亡5 000多人，另有2 000多人被俘。阿杜瓦战败的消息传到罗马后，愤怒的人群拥上街头以示抗议。克里斯皮首相因其殖民政策的彻底失败而蒙羞，与内阁集体辞职，从此结束了自己的政治生涯。此后，意大利政府被迫于1896年10月26日同埃塞俄比亚签订了《亚的斯亚贝巴和约》，放弃了把埃塞俄比亚作为它的保护国的要求，承认埃塞俄比亚是拥有完整主权的独立国家，并赔款1 000万里拉。

但是在很多意大利人的眼里，阿杜瓦战役的失败并没有动摇他们的帝国梦想，倒是使他们开始怀疑1861年以后所建立的自由主义政治体制到底有没有能力实现他们的帝国梦想。

在19世纪后期瓜分世界的殖民扩张浪潮中，意大利的殖民扩张能力与表现毫无疑问是西方殖民列强中最差的一个，以至于德国政治家俾斯麦曾讽刺意大利的殖民扩张野心和脆弱的军事扩张能力，说意大利是"胃口很大但却满嘴蛀牙"(Italy had "poor teeth and such a large appetite")的泥足巨人。①

---

① Mark Thompson, *The White War: Life and Death on the Italian Front*, 1915—1919 (New York: Basic Books, 2009), p. 15.

第三章　民族国家的建设与整合

对自由主义政治体制的怀疑，促使一部分意大利人开始转向国家主义的怀抱，这意味要把意大利变成一个由国家全面控制的、充满侵略性的军事强国。①这不仅意味着政治上的革命，也是民族心理上的革命。

意大利在殖民扩张中屡屡受挫的耻辱感以及1890年代以后社会党的崛起，激起了意大利知识界的反弹。原本意大利政治家和知识分子们就对意大利作为"强国中的最弱国"的地位极度敏感。许多意大利人羡慕德国在统一后迅速崛起为欧洲大陆的经济和军事强国，不少意大利人日益迷信俾斯麦的"铁与血"的信条，希望以此启示意大利。同时从德国传播来的"超国家与超人"、"种族理论"、"雅利安主义"等在意大利也找到了一定的市场，于是新的国家主义即反动的"民族主义"抬头。有人曲解马志尼的"第三罗马"和焦贝蒂的"意大利的首要地位"的说法，为他们的要拥有为全欧所敬畏的殖民地大帝国的虚幻梦想辩护。少数活跃的知识分子也不断抨击自由主义，宣扬民族沙文主义。

首先是舆论界，如科拉迪尼主编的《国家思想报》以及《三色报》、《大意大利报》都充当了宣扬民族沙文主义的吹鼓手和急先锋。科拉迪尼主张军国主义和殖民扩张，力图唤起冒险精神，歌颂战争的"道德价值"。这些论调非常迎合那些不安定、不满足分子的心理，亦受到工业家们的欢迎。

其次是文学界，现实主义诗人的"最杰出代表"邓南遮以其诗抨击自由党的腐朽和对武力的颂扬，使读者心潮澎湃；菲利波·马里内蒂领导的未来主义学派，是一个杂糅了文学、艺术和半政治性质的流派，他们歌颂武力、现代科技和战争。

在历史学和经济学等领域也有许多学者鼓吹民族沙文主义，如奥里昂尼用其历史著作表达了扩张主义的观点及对一个非洲帝国的要求；以阿尔贝蒂为首的一群经济学家则认为未来的意大利经济应向近东、俄国和巴尔干半岛上的各国渗透，意大利应当开启"光荣伟大"的"前进政策"。

---

①　在他们心中，建立东非帝国的梦还在继续。阿杜瓦战役之后40年，法西斯主义使他们的梦想成为了现实。

意大利思想界的动荡导致了民族主义的高涨。但是在这种特殊的条件下,民族主义完全失去了它的科学含义,民族利己主义、扩张主义、沙文主义以各种面目在意大利泛滥。"意大利民族主义协会"成立于1910年,领导人有恩里科·科拉迪尼和后来参与创建法西斯主义体制的路易吉·费代尔佐尼和阿尔弗雷多·罗科等人。这些民族沙文主义者将意大利的经济落后和国际地位低下归罪于政治阶级的软弱和腐败、自由主义本质上的缺陷和科拉迪尼所说的"可耻的社会主义"的分裂影响,他们倡导独裁政府、无限制的资本主义发展和帝国主义的外交政策。他们主张,在意大利这样一个"无产阶级国家",各阶层的团结将有助于最大可能地发挥生产力,并通过帝国主义的扩张,使其成功地挑战英法这样的"财阀统治阶级"的国家。

虽然在很长一段时间里,民族沙文主义者获得的民众支持不算很多,且主要来自于受过教育的中产阶级,但他们与保守党、天主教会和商界建立了紧密的联系,并在其中产生重要的影响。他们虽然是彻头彻尾的极右派政党,却又与左翼分子取得了共识。

20世纪初,从社会党中脱离出了一个新的政治流派,即"革命工团主义"。工团主义运动在1914年前遍及大部分欧洲,它反对通过政党和议会进行政治活动,支持革命的工会主义。意大利工团主义革命家埃德蒙多·罗索尼与社会党针锋相对,提出了自己的战略,认为工会不仅是一个革命机构,还可以作为建立新社会秩序的基础。到1914年时,一些工团主义者的步子走得更远了。他们确信社会党和意大利无产阶级都无法取得革命的成功,他们认为意大利落后的根源不在于资本主义而在于政治阶级,于是他们得出结论,必须要号召包括工人和有雄心的中产阶级在内的所有的"生产力",发起革命,推翻现有的自由主义制度。工团主义的立场与保守的民族主义者并不一致,但出于对自由主义和社会主义的共同仇恨,他们走到了一起,从而孕育了法西斯主义的萌芽。①

---

① [英]马丁·布林克霍恩:《墨索里尼与法西斯主义意大利》,吴杨译,上海:上海译文出版社,2003年,第7页。

三、第一次世界大战和法西斯党夺取政权

1914年8月第一次世界大战爆发后,与德奥两国签订有同盟条约的意大利却宣布中立,在同盟国与协约国集团间两边观望,希望能左右逢源。而意大利国内也在1914年至1915年的冬天和初春,就是否应当参战还是保持中立、支持协约国还是支持同盟国的问题上,引发了一场激烈的争论。争论的焦点是哪一种外交选择更能够为意大利攫取更多的民族利益。主战派包括保守的自由党人和民族主义者,他们希望通过与英法联盟获得意大利东北一带和亚得里亚海沿岸的奥地利领土,并打垮衰落的土耳其,夺回中东的殖民地。

德国则想方设法拉拢意大利,向意大利作出大量的领土许诺,并且向最亲密的盟友——奥匈帝国施加压力,以满足意大利的领土要求。但意大利梦寐以求的是奥地利的属地特兰提诺和的里雅斯特,但攫取这两个地方无异于割去奥匈帝国的心头之肉,因而遭到奥匈帝国的断然拒绝。

此时协约国集团向意大利开出了更高的外交价码。1915年4月26日,意大利与英、法、俄等国在伦敦签订密约,协约国集团承诺在战后支持意大利兼并亚得里亚海沿岸和阿尔卑斯山水文线意大利一侧的所有领土,包括阜姆地区。于是意大利议会在1915年5月20日投票支持退出三国同盟和参加协约国方面作战,意大利正式加入协约国集团。对此,列宁说:"我们亲眼看到革命的民主主义的即革命的资产阶级的意大利,推翻奥地利压迫的意大利,加里波第时代的意大利,已经演变成压迫其民族,掠夺土耳其和奥地利的意大利了,变成暴虐的、反动透顶的、卑鄙的资产阶级的意大利了。"①

在正式宣战前的一个月,意大利各主要城市的大街上人声鼎沸,到处是民族主义者、未来主义者和工团主义者组织的游行,在他们的授意下,各小队自称为"法西斯革命军"。"法西斯"这个词原指为某种政治目的而集结的

---

① [俄]列宁:《意大利的帝国主义和社会主义》,中共中央编译局:《列宁全集》,第21卷,北京:人民出版社,1984年,第36页。

一群人,但此时具有了一种左翼革命者的含义。法西斯革命军是20世纪20年代出现的法西斯主义"黑衫队"的原型。

加入协约国一方参加第一次世界大战,对意大利的社会和政治产生了深远的影响。大约590万名意大利男子应召入伍,其中400多万被送上意奥边境的交战区。共有50多万将士阵亡,60万人被俘,100万人负伤,其中45万人终身残疾。漫长而又残酷的战争,让这些农民出身的士兵对统治阶级充满了怨恨。同时战争期间新任命了约14万名军官,大多数是年轻又受过教育的中产阶级。他们中的许多人在前线培养出了一种强烈的战友之情,他们一致支持战争和扩张,同时对国内的政客开始不信任,这种情绪在后来的和平时期产生了很大的影响。

一战以后的意大利政府面临两大问题,第一是因为战胜国分赃不均而在国内激发的高涨的民族主义情绪,第二则是因为阶级矛盾而引发的社会动荡。但一战后的意大利历届政府都未能有效地解决这两个问题。

虽然巴黎和会上分赃不均,但意大利在战争中的收获也非常丰盛。随着奥匈帝国的解体,意大利吞并了特伦蒂诺和上阿迪杰等地,东北边界扩大到布伦纳山口;在亚得里亚海沿岸,意大利吞并了的里雅斯特城和伊斯特拉半岛的大部分地区。但是,意大利的目的是想把在亚得里亚海沿岸的国境线向东推进50至100公里,向南沿达尔马提亚海岸一直到斯巴拉多,以占领整个"伊斯的利亚半岛";另外还希望占领连接中欧的铁路、亚得里亚海东北端的几个重要岛屿,以及扎拉和塞贝尼克附近的达尔马提亚的大部分地区;意大利还想要阿尔巴尼亚南部的法罗拉港口,这些地区一共生活着大约40万意大利人。得到这些,意大利就可以主宰亚得里亚海地区,新成立的南斯拉夫王国将只剩下一小段海岸线,没有像样的港口,只有一条连接海洋和内陆的铁路。但是意大利的企图遭到了英法的强烈反对。

在1919年2月召开的协约国伦敦会议上,由于英、法、美三国不愿加强意大利在地中海和巴尔干的势力,故拒不完全履行伦敦密约,而是将重要的港口城市阜姆划给了塞尔维亚—克罗地亚—斯洛文尼亚王国(即后来的南

第三章 民族国家的建设与整合

斯拉夫王国）。

1919年4月24日，由于向列强索要阜姆未能如愿，意大利首相奥兰多愤而退出巴黎和会。《凡尔赛和约》签订后，意大利得到阜姆的希望彻底落空。同时意大利希望扩大在非洲和中东的海外殖民地的要求也没有得到满足，相较于战后英国获得近250万平方英里的殖民地、法国扩张100万平方英里殖民地的丰硕"赃物"，意大利总共只获得10万平方英里的土地，对此不能不倍感沮丧。

巴黎和会的结果传回意大利国内，社会各阶层都感到悲愤难平，全国出现了一股"爱国热"，对古罗马帝国的怀念使这种情绪更加强烈。他们觉得意大利赢得了战争，但却失去了和平。对战后分赃不均的不满与殖民扩张受压制所产生的愤慨心理，激发了意大利的民族主义情绪的高涨。①

如意大利国家主义派首领、著名诗人加布里埃尔·邓南遮宣称："不论是根据神圣权利还是根据人类法律，达尔马提亚都是属于意大利的，蒙上帝恩典，上帝是这样来指定给人们土地的，他使每个民族都能认识到它命中注定应在那里开拓……达尔马提亚过去是我们的，今后也将属于我们。"②

意大利社会各阶层民众纷纷指责政府无能，希望有一个强有力的政府来实现其领土要求。在这种大背景下发生了"阜姆事件"。在战前，阜姆处于奥匈帝国统治下，是匈牙利通往亚得里亚海的港口，经济比较富庶，约有5万居民。但人口构成混杂，有少量匈牙利统治者、富足的意大利中产阶级、主要由克罗地亚人组成的工人阶级，意大利人略过半数，但如果算上附近的苏莎科沙岛，克罗地亚人就占多数了。

1919年9月12日，邓南遮在法西斯党魁贝尼托·墨索里尼的煽动和赞助下，率领一支由2 500名退伍军人和民族主义者组成的"阿迪蒂"义勇军向

---

① [英]弗·卡斯顿：《法西斯主义的兴起》，周颖如、周熙安译，北京：商务印书馆，1989年，第49页。

② Dennis Mack Smith, *Italy: A Modern History* (London: Longman, 1959), p. 318. 达尔马提亚在历史上曾经是威尼斯共和国的领土。

阜姆发起进攻,并于9月13日从四国临时占领军手中接管了阜姆,随即宣布并入意大利。这就是当时轰动欧洲的"阜姆事件"。

1920年3月6日,协约国为解决意大利和塞尔维亚两国的争端,将阜姆暂列为自由邦。1920年11月意大利和塞尔维亚两国代表在意大利利古里亚的拉帕洛镇就领土问题进行了协商,最后共同签署了《拉帕洛条约》。意方宣称除扎拉(今克罗地亚扎达尔)和一些岛屿外,愿意放弃对达尔马提亚的要求,并承认协约国在阜姆及其周边地区成立的自由邦临时政府。但此时控制着阜姆政权的邓南遮却拒绝接受《拉帕洛条约》,拒不撤兵。在国际压力下,1920年12月意大利政府被迫下令炮轰阜姆,驱散了驻扎该市的"阿迪蒂"义勇军。但此时的邓南遮已经成了意大利人心中的英雄和未来的领袖。

邓南遮的临时政府控制了阜姆一年多,其公然挑衅战后国际秩序的行为,在意大利民族主义狂热派和非社会党的革命者中被广为传颂。邓南遮政府的"风格",即它的游行、口号和在阳台上的演讲变成了一种流行模式,为后来的法西斯主义者所推崇;它的"生产者的国家"的宣传也同样受到欢迎。

一战后意大利社会所面临的第二个挑战是阶级对抗的升级。战争结束后,意大利经济陷入危机,通货膨胀、产品滞销、失业率上升。备受经济危机打击的城市无产阶级和农民不断掀起抗争。从1918年开始,城市罢工和农村的"占地"运动开始逐步升级,并在1918年至1920的两年里达到高潮。这一时期,工会会员数量猛增,社会党劳工总联合(CGL)会员从25万激增到200多万,人民党联盟成员从16万增加到116万。[①]

在社会党和农村的左翼人民党的带动下,整个意大利北部和中部的工厂工人、农村劳动力和穷苦农民个个斗志昂扬,发动了尖锐的斗争,1920年8月,"红色两年"的高潮到来,工人占据了意大利北部几个城市的工厂和造

---

① [英]马丁·布林克霍恩:《墨索里尼与法西斯主义意大利》,吴杨译,上海:上海译文出版社,2003年,第9页。

第三章 民族国家的建设与整合

船厂。这种"山雨欲来风满楼"的形势,导致许多意大利人以为"十月革命式"的布尔什维克革命有可能在意大利上演。

在无产阶级革命的威胁面前,意大利的地主阶级和工商业资本家们不愿意坐以待毙,他们不愿意再忍受自由派政府在劳资纠纷中对他们的不公,也不能忍受政府在镇压罢工和占地运动中的软弱无力,他们开始寻找一种新的控制资本、劳动力和国家三方关系的办法。

此时墨索里尼领导下的"法西斯战斗队"便成为他们倚赖的对象。这些新崛起的用黑衫和短剑武装起来的法西斯行动队,经常对社会党和工会主义的团体、设施和纠察队采取武力行动,左翼党派、社会党联盟和人民党农民团体的办公楼、左翼报社和印刷社遭到他们的洗劫,并且频繁地被纵火烧毁;左翼和工会活动家遭受到他们大棒和刀枪的暴力和羞辱,有些人还被强迫吞食蓖麻油。在警察的协助下,法西斯黑衫党战绩显著。仅在1921年的前6个月,法西斯分子就摧毁了85个农业合作社、59个劳工协会、43个农业工人工会、25个人民中心,以及许多左翼的出版社和报纸。①

从1920年秋天到1922年夏天,意大利中部和北部的社会党和人民党农村工会组织几乎全被打垮,城市中的罢工活动和工会组织成员数量也急剧减少。与此同时,法西斯党势力迅速膨胀,党员数量激增,到1922年时,除南部以外,几乎每一个省都有一个势力庞大的法西斯党组织。

法西斯党不但有效地打击了各地的工会组织,还有效地控制了地方政府,各地的法西斯组织都以施加严厉惩罚来进行威胁,迫使左翼市长或议员辞职。如克雷莫纳当地的法西斯组织领导人罗贝托·法里纳奇曾吹嘘说,在几天之内,他就使64个地方议会自行解散。更多的时候是由于法西斯党人制造混乱并阻挠会议进行,各省的省长不得不进行干预并解散了这样的议会。

当1921年11月在罗马召开法西斯党代表大会的时候,法西斯运动已

---

① [英]弗·卡斯顿:《法西斯主义的兴起》,周颖如、周熙安译,北京:商务印书馆,1989年,第59页。

转变成一个成熟的政党,拥有32万名党员和2 300个地方小组。墨索里尼也成为议会中法西斯议员党团的领袖。①

1922年8月初,因自身分裂而削弱了力量的意大利社会党人作出了最后一次软弱无力的尝试,号召为了保卫政治自由而举行全国总罢工来抵抗"反动派"。法西斯党发表了一项宣言作为答复,宣言说,除非停止罢工,否则他们将破坏罢工。他们接管了举行罢工的公用事业,他们动手分发邮件、开电车和火车,从而证明社会党人长期使用的罢工武器不再是危险的了。此次总罢工失败后,意大利社会党一蹶不振,沦为法西斯屠刀下的待宰羔羊。大获全胜的法西斯党人更俨然以国家法律和秩序的捍卫者自居,要在政治舞台上扮演主角,仅仅两个月以后,在"向罗马进军"的恐怖威胁下,墨索里尼便登上了意大利王国首相的宝座。

法西斯党在意大利夺取政权,从根本上看是意大利民族主义发展到极端状态的结果。而"极端民族主义是法西斯理论的核心",因此法西斯运动首先在意大利崛起也就有了基础。②第一个把法西斯主义看成一种复杂历史过程产物的学者G.威尔普认为:"法西斯主义植根于19世纪意大利民族解放运动,受到那些从统一到大战爆发期间拥护意大利民族主义的人们的支持。"③

1919年巴黎和会以后,意大利国内纷纷指责政府无能,希望有一个强有力的政府来实现其领土要求。墨索里尼等人立刻迎合并利用国民的这一情绪,把和会上的失败归罪于战争时期主张中立的社会党,指责"社会党是民族的叛逆",而把自己打扮成民族利益的保护者,趁机打出民族主义的大旗,鼓吹意大利有权对外殖民扩张,颂扬古罗马帝国的辽阔版图和尚武精神,向民众承诺上台后一定会清洗凡尔赛的耻辱等。

---

① [英]弗·卡斯顿:《法西斯主义的兴起》,周颖如、周熙安译,北京:商务印书馆,1989年,第61页。
② 郭保强:《法西斯:20世纪的人类毒瘤》,载《探索与争鸣》,2000年第4期。
③ 谢小九:《法西斯主义如何起源于意大利》,载《世界史研究动态》,1993年第8期。

第三章 民族国家的建设与整合

1921年秋,墨索里尼在法西斯党会议上宣布党纲的要点是:"进行社会改革,提高国家在国外的威望"等,其核心思想是"民族主义"。法西斯党的党纲迎合了当时意大利国内的需要,其反动而"迷人"的宣传初获成效。同年法西斯党与自由党和国家主义党开展联合竞选。墨索里尼在竞选运动中宣称,意大利人是雅利安人的光荣后代,只有意大利人才有权统治公海(指地中海),重申法西斯的外交政策可以用"帝国主义"和"民族扩张主义"来概括。结果法西斯党赢得35个议席,占7%。在1922年的议会大选中,墨索里尼又大放厥词,以此增加吸引力。法西斯主义利用了不健康的民族情绪、民族沙文主义、民族扩张主义,并逐步与之重叠。它适应了一战后意大利特定的政治、经济、社会形势,不仅大地主、大资产阶级、教会、王室对它表示满意,连城市小资产阶级、工人、农民、商人、艺术家甚至无业流浪者也都对它充满了"爱戴之情"。

掌握政权以后的墨索里尼和法西斯党在对外政策中充满了冒险主义与殖民扩张主义。1923年7月墨索里尼下令出兵占领希腊的科孚岛。虽然有人对他的"雄心大志"产生怀疑,但绝大多数人仍然坚决支持他,其冒险政策甚至受到许多非法西斯党员和反法西斯主义者的热烈欢迎。1924年春天的议会大选结果再次说明法西斯主义在意大利受到普遍的支持,这更加鼓励了法西斯党的外交冒险。此后法西斯党便不断强化对国家政权的控制,扩大对外侵略扩张。1924年1月17日,意大利政府伪造人口调查数据,以阜姆自由邦中意大利人占大多数为由,强迫塞尔维亚—克罗地亚—斯洛文尼亚王国再次举行谈判,并于1924年1月24日签订了不平等的《罗马条约》,顺利地兼并阜姆。这一外交"成就"极大地提高了意大利国内对墨索里尼本人和法西斯党的支持度。1935年1月,意大利又不宣而战武装入侵埃塞俄比亚,并于次年完全占领了该国。此时意大利国内出现了对伟大"领袖"狂热崇拜的新高潮,墨索里尼被吹得神乎其神,俨如意大利民族的"救世主"。在墨索里尼外出视察的时候,农民在田野里向他下跪,妇女举起孩子请他祝福,内阁大臣在他面前要立正,一站就是好几小时。"当时在意大利到处有

意大利民族发展史

这样的标语:'领袖啊,你就是我们的一切'"。①

法西斯统治时期的意大利,正是在这条以扩张性和侵略性为特点的极端民族主义政治化的道路上不断下滑,最终落入了第二次世界大战的万劫深渊。

关于意大利法西斯主义兴起与夺取政权的原因,学术界曾提出了各种各样的解释。但归根于一点,法西斯主义的兴起,需要一个独特的社会经济环境,同样,它的夺权需要一个适合其进入的政治真空状态。1918年至1922年间意大利政治真空状态的形成,也就标志着1870年后意大利民族国家政治整合努力的失败。

第三节 二战后意大利政治体制的改革

从1861年始,意大利的行政体制经历了中央集权制到半联邦制再到联邦制的三个阶段的变化。从1861年到二次世界大战结束,新生的意大利王国秉承撒丁王国的传统,同时也为了维护和巩固统一的民族国家,实行了中央高度集权的行政体制。第一次世界大战后,要求实行地方自治的呼声一度高涨,但被夺取了政权的法西斯党镇压,法西斯对国家体制的改造,使中央对地方的控制达到了前所未有的强度。二战以后,伴随着人们对君主制信心的丧失和对法西斯专政的厌弃,实行地方自治和分权的呼声再度高涨,并得到了人们的广泛认同。1947年制定的意大利共和国宪法顺应民意,规定并确认了地方自治原则,其宪法第5条规定:意大利是"整体不可分的共和国,承认并促进地方自治;在属于国家的各种事务中实行最充分的行政上的分权;并且使自己的立法原则和方法适合自治和地方分权的要求"。②这就打破了自意大利统一以来所形成并在法西斯政权时期得到强化的中央集权的传统。

---

① [意]路易吉·巴尔齐尼:《意大利人》,刘万钧等译,北京:三联书店,1986,第151页。
② 参考潘汉典译注:《意大利共和国宪法》,载《法学译丛》,1982年第6期。本书中所引用的意大利共和国宪法条文,除特别注明外,都出自此处。

第三章 民族国家的建设与整合

为了切实践行地方分权和自治的宪法原则,意大利1947年宪法还对地方行政建制进行了改革,宪法第114条规定:"共和国分为区、省、市(镇)。"即在原有的省、市(镇)地方政权机构之上,增加大区一级的建制。最初,根据宪法第131条规定,全国按地理传统划分为19个大区,包括皮埃蒙特、瓦莱达奥斯塔、伦巴德、特伦蒂诺—阿尔托—阿迪杰(即特伦蒂诺—上阿迪杰)、威尼托、弗留利—威尼斯朱利亚、利古里亚、艾米利亚—罗马涅、托斯卡纳、翁布里亚、拉齐奥、阿布鲁齐和莫利塞、坎帕尼亚、普利亚、马尔凯、巴西利卡塔、卡拉布里亚、西西里、撒丁。根据1963年12月27日颁布的第3号宪法修正案,莫利塞脱离阿布鲁齐大区,成为一个独立的大区。自此之后,意大利共拥有20个大区。①

意大利共和国宪法第115条明确指出:"设立各大区,作为自治团体,按照宪法规定的原则享有自己的权利和职能。"②同时宪法也对作为地方自治机关的大区的权限进行了限定,在20世纪90年代中期以前,大区在本地的立法、行政、税收和财政等方面享有部分权力。

在立法权方面,意大利1947年宪法第117条规定:在国家法律所规定的各项基本原则的范围内,大区就下列事项发布立法性的规则,但此项规则不得违反国家利益和其他各区的利益:

　　大区的各种公职和行政机关的组织;
　　市(乡镇)的区域;
　　城乡的地方警察;
　　定期集市和市场;
　　公共慈善事业和卫生与医疗援助;
　　工艺与职业教育和学校帮助;

---

① 金太军:《当代各国政治体制——南欧各国》,兰州:兰州大学出版社,1998年,第160—161页。
② "自治团体"一词在意大利文版中为"enti autonomi",意大利版英译本作"自治区域单位"。

地方团体的博物馆和图书馆；

城市计划；

旅游和旅馆事业；

有关区的利益的电车和汽车服务事业；

有关区的利益的道路、水路和公共工程；

湖内航行和港口；

矿泉和温泉；

矿山和泥煤地；

狩猎；

河湖渔业；

农业与林业；

手工业；

宪法法所规定的其他事项。

但宪法同时规定，大区颁布的各项立法规则不得与国家利益和其他大区的利益相抵触。

在税收和财政权方面，大区在共和国宪法和法律规定的形式和范围内享有财政自主权；各大区的税收和部分国库税收，根据各大区行使其日常职能的需要，拨给各大区支配；各大区根据共和国法律规定的方式，拥有自己的公产和财富。

在行政权方面，大区级机关拥有较大的自主权。大区级机关分为大区议会、大区政府及其主席三部分。大区议会是区的立法机关，各大区的条例规则由大区议会讨论通过，由参众两院批准，最后以法律形式正式确认。大区议会是集体决策机构，由本大区选民直接选举产生，任期为5年，选举的办法与国家议会相同，大区议员人数根据各大区人口多少而定。大区议员不得兼任共和国议会议员或其他大区议会议员。

大区议会除享有本区范围的立法权外，还拥有国家法律提案的创制权和宪法及法律赋予的其他权限。此外，它还拥有组织自身活动的权力，例如

第三章 民族国家的建设与整合

选举大区议会议长及其办公机构。大区议会还可以指派代表参加国家议会两院联席会议的总统选举。5个大区议会联名即可要求进行公民投票。

大区政府是执行机关，由主席和若干名委员组成。他们由大区议会在本区议员中选出。大区政府主席是全区首脑，主持大区政府的工作，对外代表全区，负责颁布大区的法律和规章，完成中央政府委托给本区的各项工作。

但是，在20世纪末意大利对宪法和行政体制进行大幅度改革之前，各大区所享有的这些自主和自治权限受到了中央政府的很大限制。

这些限制首先来自于中央政府对大区的各种宪法监督权。意大利1947年宪法规定中央政府应该对大区实行立法监督、行政监督和政治监督。

在立法监督方面，中央政府如果认为大区的法律或法规超越了它的权能范围或损害了国家和其他大区的利益，可以要求大区议会重新审议这些法律和法规。如果大区议会坚持原来决议，中央政府在得知后的15天内应向宪法法院或参众两院提出，如果属于违宪问题，则提交宪法法院裁决；如属于损害国家或其他大区的利益问题，则提交参众两院解决。

在行政监督方面，主要是监督大区政府的行政法规和政务活动是否符合法律并考察其政绩的优劣。

政治监督，就是在紧急情况下可以解散大区议会。解散大区议会的权力属于共和国总统。所谓紧急情况是指：大区议会丧失了任职能力；大区议会严重违反了宪法或国家法律；当中央政府要求大区议会更换大区政府但大区议会却拒不执行；"安全方面"出现了紧急情况。

其次，中央政府还可以通过两种监督机制干预和控制各大区的活动。其一是中央政府派驻各大区的专员，其二是各大区的监督委员会。中央政府派驻的专员一方面要经常协调大区和中央政府的行政工作，另一方面要审查大区的各种法规和文件，监督大区政府委员会的行政工作，大区的任何法规在颁布之前都要报他审阅签署。各大区专员同中央政府保持密切联系，及时报告大区的情况，并为宪法法院和参众两院对大区进行监督提供方便。大区的监督委员会在中央政府专员的直接领导下进行工作,其成员包括若干国家官员和若干大区议会的指派人员。[1]

从上面的分析来看,1947年的意大利共和国宪法所确定的行政体制是一种"半联邦制"式的体制,宪法虽然规定大区为具有自主权力和职能的自治单位,并赋予了相关的自治权力,但中央政府对各级地方政府特别是大区的控制并未明显削弱,只是放弃了中央集权体制下命令式直接干预的做法,转而采取相对隐蔽和温和的宪法监督和组织监督的做法。

从二战以后意大利的发展历程来看,这种"半联邦制"的行政体制在一定程度上适应了各地区发展不均衡的状况,适应了战后意大利国家政治、经济和社会发展的需要。

战后意大利资本主义经济的发展,在各个地区之间,特别是在南方和北方之间,存在着严重的不平衡状态,这就造成了各个地区经济、社会、文化等方面的不同状况和不同要求。赋予地方机构一定的自治权,就能更快、更直接地从本地情况出发,解决问题,满足本地居民的要求。此外,各地区不同的社会问题难以由中央政府一手包揽,拥有一定自治权的地方机构可以根据自己特点解决这些问题,使社会的紧张局面以分散的形式得以缓和。实行地方自治还可以使当地居民在宪法规定的范围内管理自己的社会生活,制订适合本地区特点的法律,选举本地区政权机构,并拥有自己的财政手段。

同时中央政府保留了相对较大的权力,既符合战后国家干预资本主义快速发展的趋势,也使其有能力调配全国资源,有针对性地加大对落后地区的干预和扶持,从而实现全国的均衡发展。战后50多年来,意大利中央政府利用国家税收成立南方开发基金,向意大利半岛南部地区和撒丁岛、西西里岛投入了巨额资金,改善了这些地区的经济、社会和环境状况,取得了较为明显的效果。

---

[1] 金太军:《当代各国政治体制——南欧各国》,兰州:兰州大学出版社,1998年,第163—164页。

第三章　民族国家的建设与整合

但是,战后意大利发展的另外一个现实却是,尽管有中央政府的巨额拨款和扶持,意大利的南北差异却并没有消失。南方问题仅仅是得到了缓解,并没有彻底解决,与此同时,北方经济的迅速发展,又让这种南北差距有扩大的危险。更为关键的是,由于北方是中央财政的主要来源,但大部分的国家税收却投向了南方,这就让北方人产生了深刻的不公平感。在20世纪90年代中期,南方人口占全国总人口的36%,而生产总值只占国内生产总值的24.9%,人均收入只相当于北方的57%。1994年,南方地区的人均纳税额不到北方的一半,但从中央政府所获财政拨款的人均数额却比北部地区多出40万里拉。① 对此,以中小工商企业主和自由职业者为主体的北方中产阶级产生了强烈的不满情绪。再加上从20世纪90年代初开始的意大利政坛大变革中,揭露出无数南方政客与黑手党相互勾结,侵吞南方开发基金的丑闻,更让北方人义愤填膺。正是在这种情况下,意大利北方地区要求扩大地方权力的呼声再次高涨,建设真正的"联邦制"也成为一些政党的竞选纲领,更有甚者,有些政党如"北方联盟"还打出了意大利南北分离、北部独立的旗号。② 意大利行政体制的第三次大变革就是在这种背景下展开的。

总体而言,这次联邦制改革的主要目标是调整中央和地方关系,进行适当分权,减少中央和地方的重叠职能,强化地方预算和财政自主,加强国家机构与民众的直接联系。从形式上看,这次改革主要是通过宪法改革的方式进行。

意大利1947年宪法中规范中央和地方关系的第2编第5章(第114条至132条)是此次宪法改革的重点。1999年11月22日颁布的第1号宪法性法律和2001年10月18日颁布的第3号宪法性法律对宪法的这部分内容

---

①　金太军:《当代各国政治体制——南欧各国》,兰州:兰州大学出版社,1998年,第164页。
②　关于意大利北方联盟兴起的原因、政治主张和对其现象的理论分析,请参考 Benito Giordano, "Institutional Thickness", Political Sub-Culture and the Resurgence of (The "New") Regionalism in Italy: A Case Study of the Northern League in the Province ofVarese", *Transactions of the Institute of British Geographers* (2001), New Series, Vol. 26, No. 1., pp. 25—41.

进行了非常彻底的修改,其主要涉及和修改的内容分为以下几个方面,从中我们也能够发现改革后意大利行政体制的部分特点。①

第一,地方政府地位提高,权力增大。

在立法权方面,1947年宪法只给予大区少量的立法权,其余未列明的则归国家所有。修改后的宪法第117条第2款列举了国家所独有的立法权,第3款列举了国家与各大区共有的立法权,第4款规定各大区对没有明确保留给国家的任何事项有唯一的立法权。这与联邦制国家(如美国)的立法权划分非常相似。

在行政职能方面,1947年宪法只承认大区级以上政府的行政职能,认为大区以下的各级政府除由共和国法律授予的纯属地方利益的事项之外,没有行政职能,而只是在执行大区委托的行政职能。修改后的宪法第118条款承认各级地方政府都拥有各自的行政职能,并且为保证它们统一履行,中央政府在处理与地方政府关系时应遵守辅助性、区别性及适当性的原则。

在财政权方面,1947年宪法只授予大区财政自治权,修改后的宪法第119条款规定从市镇到大区的各级地方政府都拥有独立的财政自治权,国家通过平等基金和额外的资源分配等方式进行平衡。

此外,修改后的宪法第114条第1、2款还规定设置新一级的行政区划——特大城市(Metropolitan Cities),并授予其自治主体的地位。

第二,改组大区政府的结构,形成权力制衡机制,增强其自治能力。

意大利1947年宪法规定大区执行委员会的委员和主席都由大区议会选举产生。修改后的宪法第122条规定大区执行委员会主席通过直接普选产生,执行委员会成员由主席任免。第126条规定大区议会对执行委员会有监督权,如通过对执行委员会主席的不信任案,则可免除主席的职务,由此连带产生的后果是大区执行委员会辞职和大区议会解散。第123条对大区条例的订定、通过和修改程序作了严格的规定,使其更具权威性。

---

① 何勤华、李秀清主编:《意大利法律发达史》,北京:法律出版社,2006年,第97—98页。

第三,中央和地方的关系发生变化,中央对地方的控制方式,由行政性的、命令性的变为司法性的和协商性的。如中央政府和大区政府间发生法律冲突,可以通过宪法法院的判决予以解决。

这一系列的宪法改革,调整了意大利的行政管理体制,意大利已经走上了联邦制的道路。但是,为应对地方权力的增强可能出现的离心倾向,改革后的宪法也增加了"替代条款",以确保中央对地方的控制权力。宪法第120条第2款规定,当地方违反国际规则、条约或欧盟法律时,当公共安全出现严重危险时,以及当需要此类替代机构以保卫国家的法律或经济单位,尤其是为了保卫与公民权和社会权相关的社会福利基本标准时,中央政府可以不顾地方政府的权限划分,代替大区、主要城市、省及市政当局行使职权。①

总体看来,从1861年统一到现在,意大利的行政体制一直处在变动和调整中,如何在社会发展不均衡和地区差异大的不利环境中寻找到适合国情的一条道路,协调中央集权和地方分权的不同倾向和要求,从而促进国家和社会的整体发展,意大利走过了一条荆棘之路,现在的这种体制是否真正适合意大利的国情,能否平息南北之间的不平和敌对,还需要时间的检验。

---

① 何勤华、李秀清主编:《意大利法律发达史》,北京:法律出版社,2006年,第99页。也参见胡建淼:《比较行政法——20国行政法评述》,北京:法律出版社,1998年,第554—556页。

第四章
意大利民族国家形成中的罗马问题

第一节 天主教与罗马城的历史渊源

在意大利民族的历史与记忆中,两个"罗马"占据了很大比重,其一是延续一千多年的古罗马文明,其二是罗马教廷。它们都对人类文明产生了巨大影响,马志尼就认为,意大利"曾经有一次以罗马帝国的武力统治着世界,后来又曾经以教皇的权力统治着世界"。① 古罗马在政治、军事和文化方面所取得的伟大成就奠定了今天西方文明的基础;西罗马帝国衰亡后,罗马从皇帝之都变成了教皇之都,最高神权取代了最高皇权,罗马教廷作为天主教中枢,在此后的一千多年里掌握着统治人们心灵的神权,因此,罗马城和意大利半岛仍然在西方世界扮演着中心角色。

但是,在"帝国梦想"和"天国梦想"的光环之后,是意大利国家的四分五裂和民族意识发展的迟滞,在现代化和民族国家发展的道路上远远落在英国和法国的后面,成为"迟到的民族"(Verspaetete Nation)。② 阻碍意大利统

---

① [美]海斯:《现代民族主义演进史》,帕米尔等译,上海:华东师范大学出版社,2005年,第122页。
② [德]哈贝马斯:《欧洲的民族国家——关于主权和公民资格的过去与未来》,曹卫东译,参见 http://www.tecn.cn/data/detail.php?id=9722。关于英法等国的民族主义与德意等"迟到的民族"之间的差别,可参见 Brian Jenkins and Spyros A. Sofos, eds, *Nation & Indentity in Contemporary Europe* (London: Routledge, 1996), pp. 285—286.

第四章　意大利民族国家形成中的罗马问题

一和构建民族国家的因素有很多,如意大利共产党的杰出领袖葛兰西指出:意大利"为创建民族—大众的集体意志而作的各种尝试之所以不断遭到失败,其原因要从由于地方自治行政区资产阶级解体而产生的某些特定社会集团的存在中去寻找,要从另外一些反映意大利国际职能(即作为教廷所在地和神圣罗马帝国嫡传苗裔)的社会集团的特殊性质中去寻找"。① 可见,罗马教廷和教皇俗权的存在——具体体现为教皇国——是阻碍意大利统一的重要因素,即使意大利在1860年完成统一之后,如何处理罗马教廷与意大利国家的关系,如何处理罗马教皇的世俗权力,都成为考验意大利政治家的棘手问题,而这些问题迟迟得不到解决,对意大利的国际处境和国内民族整合都造成极大损害。

古罗马的政治建制是以各城市为基础的,周围农村依附城市,基督教教会的早期组织也是按同一方式建立的,乡村地区依赖于城市主教及其委派的人,归他们管理,形成主教区,每一个帝国行省内的主教区围绕本地区的中心城市形成"都主教区",几个"都主教区"又结合在一起形成更大范围的"超级都主教区"(并不一定与世俗的行政区重合),一般称为"牧首区"。公元313年古罗马帝国皇帝颁布的"米兰敕令"宣告基督教合法以后,基督教会得到了迅速发展。公元381年,在第二次君士坦丁堡宗教会议上,帝国的四个主要城市:亚历山大里亚、安提克、君士坦丁堡、罗马的主教被授予"大主教"头衔。② 这四个城市加上耶稣殉难和升天的耶路撒冷,成为自4世纪以来的五个牧首区。其中四个位于帝国的东部,在帝国西部只有罗马主教一枝独秀,罗马主教正是在这种没有对手的情况下逐渐取得了西部教会的最高领导权。③

在古罗马帝国时代,罗马城最早成为意大利境内的基督教会中心,圣彼

---

① [意]葛兰西:《现代君主》,参见中共中央编译局:《葛兰西文选》,北京:人民出版社,1992年,第325页。总结国内外学者对造成意大利长期分裂和阻碍民族国家形成的原因的分析,我们认为主要应当概括为下列三大因素:民族王权的缺失、市民城邦的割据、教廷与教皇国的存在。
② 希腊语为"patriarkhes",意思为"父长",英语为"patriarch"。
③ 朱龙华:《意大利文化》,上海:上海社会科学出版社,2004年,第161—162页。

得和圣保罗先后在此传教和殉难,增加了罗马教会的神圣色彩。以后历代罗马主教都以圣彼得的继承人自居,认为自己拥有高出其他主教的属灵权威;罗马作为帝国首都的有利地位,加上2世纪以来大量教徒的皈依,①罗马主教所能够支配的政治和经济资源很多,其宗教和世俗权威不断增长。但是在3世纪,罗马主教的意见并不被帝国其他主教们无条件接受,当与自己的观点一致时就承认罗马主教的权力,反之则指控罗马主教成为异端或犯了错误。罗马主教的权力是逐渐增长的,特别是在帝国重心转移到东方以后,君士坦丁堡成为东部新都,西罗马帝国的皇帝们为了躲避蛮族的袭扰,先后迁都到米兰和拉文纳,②罗马主教成为罗马城的主宰,在对付蛮族入侵的过程中渐渐扩展了自己的权威。在公元381年召开的第二次君士坦丁堡宗教会议上,罗马主教便拒绝接受"大主教"的头衔,而自称为"教父",③认为自己是普世教会的首领,高于其他主教。教皇利奥一世(公元440—461年)在位时强调,不管是在信仰方面还是在行政管理上,圣彼得的地位都在其他使徒之上,而且圣彼得所拥有的一切权利都传给了他的继承者——罗马主教,因此,作为基督教会中的第一主教,罗马主教的地位在其他主教之上。利奥一世还挫败了建立高卢主教区的企图,并在西班牙和北非行使权力。公元445年,他设法使西罗马帝国皇帝瓦伦丁尼三世颁布敕令,规定所有教徒都得服从罗马主教,因为他具有"圣彼得的首席地位"。另一方面,公元451年的"卡尔西顿公会"会议上通过的第二十八条教规使君士坦丁堡主教同罗马主教处于平等地位。对此,利奥一世立即提出抗议。这预示着东西教会的最终分别:这一分裂,政治原因远超过宗教原因。④

在同一性论派展开的斗争中,罗马教皇还充分表达了宗教权力高于世

---

① 到3世纪中叶,罗马教会的会众多达30 000人,包括150位神职人员。参见[美]布鲁斯·雪莱:《基督教会史》,刘平译,北京:北京大学出版社,2004年,第148页。
② 朱龙华:《意大利文化》,上海:上海社会科学院出版社,2004年,第164页。
③ 英语中的"Pope"和"Pape"源自拉丁语"papas"和希腊语"pappas",现在一般译为"教皇"。
④ [美]威利斯顿·沃尔克:《基督教会史》,孙善玲、段琦、朱代强译,北京:中国社会科学出版社,1991年,第155页。

第四章 意大利民族国家形成中的罗马问题

俗王权的观点,教皇吉莱西厄斯(公元492—496年在位)写信给东罗马皇帝阿纳泰西厄斯,信中宣称:"统治这个世界的主要有两大权威:教皇神圣的权威和君主的权威。其中,祭司的权威远较王权伟大,因为在末日审判时,即令人间贵为君王者,他们的行为也得由祭司向上帝交代。"① 公元502年帕维亚主教恩诺迪乌则提出只有上帝才能审判教皇,世俗权力无权干涉教皇的选举和统治的主张。

在同一时期,教皇的世俗权力也不断增长。在帝国政府迁离罗马城以后,教皇和教会便承担起管理和保卫罗马的重任,他们利用教会地产收入救济穷人,维修罗马的公共建筑,修建城墙,为军队发放粮饷,还得同蛮族入侵者谈判,正如伏尔泰所说:"教皇利奥四世拾起了罗退尔皇帝的将军们似乎已经放弃的令旗,发号施令保卫罗马,俨似一位君王。"② 但是在这一时期,教皇和教会只是以帝国行政代理人的身份履行了世俗权力,并不领有特定地域,所以,无论这一时期教皇的影响和作为多么大,他也不是一个独立的世俗君主,教皇国是建立在丕平赠土的基础上的。

在公元754年和756年,法兰克国王"矮子"丕平(Pépin le Bref)在教皇斯蒂芬二世的请求下,两次发动对伦巴德王国(Kingdom of Lombard,位于今天意大利北部)的远征,彻底打败了伦巴德人,消除了其对罗马的威胁,并将从伦巴德人手中夺回的土地——罗马城和原来属于东罗马帝国的拉文那总督的"五城辖区"③ 划归教皇管辖,这便是教会史上称谓的"丕平献土"。

"丕平献土"后,东罗马帝国曾要求收回在意大利的这些失地,但是却遭到"矮子"丕平的严词拒绝。他的理由是:他来意大利是"出于爱圣彼得,而不是出于爱东罗马皇帝之情"。

丕平献土扩大了教皇的统治领土,然而也带来一个法理上的问题:既然

---

① [美]威利斯顿·沃尔克:《基督教会史》,孙善玲、段琦、朱代强译,北京:中国社会科学出版社,1991年,第156页。
② [法]波帕尔:《教皇》,肖梅译,北京:商务印书馆,2000年,第19页。
③ 意大利中部五城(Pentapolis)地区包括里米尼(Rimini)、佩萨罗(Pesaro)、法诺(Fano)、西尼加利亚(Senigallia)和安科纳(Ancona)。

教皇所统治的领土是由法兰克国王所赠,那么教皇在世俗政治中是否相应地成为法兰克国王的封建附庸呢?为了提高教皇国的威望,以及打消丕平的继承人日后利用这一献土行为来控制教廷的可能,罗马教廷在750年至850年之间大胆伪造了一份被称为"君士坦丁赠礼"①的文献(拉丁语:Constitutum Donatio Constantini;Constitutum domini Constantini imperatoris),而对外

---

① 严格地说,"君士坦丁赠礼"(Donatio Constantini)不是一份独立的文件,它是《君士坦丁诏令》(Constitutum Constantini)的一部分。《诏令》文本为古拉丁语言,共3 000多字。君士坦丁大帝通篇以第一人称复数自称,这是帝王口吻,有类于汉语里的"朕"。《诏令》的第一部分,称为"Confessio"(誓愿),君士坦丁先讲述了西尔维斯特为他宣讲教义,施洗治病的经过,之后就表示从此皈依基督。第二部分是"Donatio",也就是"赠礼",是对教会恩泽的报答。主要内容如下:罗马主教是基督在人间的代理,因此西尔维斯特和他的继任者理应享有比皇帝更高的权威和更大的势力。安提阿、亚历山大、君士坦丁堡、耶路撒冷四个牧首区的大主教都要听命于罗马大主教。为纪念圣彼得和圣保罗,君士坦丁要在罗马兴建以他们命名的教堂,并在希腊、北非、西亚、意大利等地辟出庄园产业专门供奉这两所教堂。君士坦丁赠予西尔维斯特"罗马帝国教皇"的称号和宫殿一所,同时赠予他皇冠、皇袍等等服饰以及皇帝的节杖和印信。君士坦丁还规定,罗马各教堂的神职人员应享有和罗马元老院成员以及贵族相同的特权和仪从:神职人员的任命权为教皇独有。君士坦丁又说,教皇因已有为纪念圣彼得而戴的头饰,不愿以皇冠加于其上,他因此特为教皇牵马以示崇敬。最后,因为罗马已是教皇驻地,君士坦丁宣布迁都君士坦丁堡,并将帝国西部的统治权让渡给教皇。

"君士坦丁赠礼"的文件一经面世,就饱受争议。在同时代的所有作家,包括以品行著称于世的圣徒们如安布罗斯(Ambrose)、奥古斯丁、哲罗姆(Jerome)所留下的大量著作里,也没有关于这份"赠予"的只言片语。相反,关于君士坦丁大帝受洗之事,据教会史学创始人优西比乌(Eusebius)的记载,是在公元337年君士坦丁病笃临终的时候,地点是在巴尔干的尼科来底亚(Nicomedia)。此事也为教廷册封的圣徒"教父"们如哲罗姆和安布罗斯所认可。文艺复兴时期的意大利学者瓦拉,通过仔细辨读和考证,发现在赠予文件里所使用的一些称谓口吻、制度礼仪和语言习惯等方面的用语,为公元8世纪的语言,而在君士坦丁大帝时代是不可能说出这样的话来,从而确认了敕令和赠礼的虚假性,并于1440年公布自己的研究结果。

关于传说和敕令的全文,参见 Christopher Bush Coleman, *Constantine*:*The Great and Christianity* (New York:Columbia University, 1914), pp. 152-168, pp. 228-237. 新版《天主教百科全书》(The Catholic Encyclopedia, New York, 1999)对《诏令》和《伪教令集》有全面、客观、不存门户之见的论述。详见词条"False Decretals"(作者 Louis Saltet)、"Donation of Constanine"(作者 J. P. Kirsch)。也可参见 F. Zinkeisen, The Donation of Constantine as Applied by the Roman Church, *The English Historical Review*, XXXVI, Oct,1894, pp. 625-634. 中文研究成果参见吕大年:《瓦拉和"君士坦丁赠礼"》,载《国外文学》,2002年第4期。

第四章　意大利民族国家形成中的罗马问题

则宣称是重新发现了这些档案文件。据这个伪造的文件说,早在4世纪,罗马帝国的君士坦丁大帝就因受到圣保罗和圣彼得的感召,放弃用婴儿血液洗澡的想法,转而依靠罗马主教西尔维斯特(Sylvestrus)为他举行的洗礼而治愈了麻风病,从而皈依基督教。为了感谢教会,君士坦大帝发布敕令,将罗马的拉特兰宫、罗马城以及帝国的西部领土交给罗马主教统治,而他自己在古希腊旧城拜占庭的基础上建立新都,定名为君士坦丁堡。这份横空出世的文件似乎给罗马教会直接插手世俗统治找到了一个合情合理的说法,但也充分暴露了罗马教皇渴望扩张领土和世俗权力的野心。

罗马城和周围区域作为罗马教廷的教会领地,后来获得了查理曼大帝(Charlemagne,公元800—814年在位)的确认。建立在加洛林王朝赠地基础上的教皇领地不断扩大,中世纪后具有了相当规模,并延续1 100多年(自756年至1870年)。教皇国(教廷称之为圣彼得的事业)诞生后,罗马教皇不仅是天主教会的领袖,而且成为教皇国的世俗君主。

教皇为查理曼加冕所形成的传统,为后世所继承,无论是在法兰克帝国时期,还是在后来的神圣罗马帝国时期,成为皇帝必须到罗马加冕,而皇帝与意大利国王角色的重合,普遍存在的帝国观念和天主教的普世观念,模糊了意大利人的民族意识和国家观念,同样也阻碍了德意志民族意识的成长。

在整个中世纪,随着皇权的衰落和教权的兴起,教皇国的存在阻碍了任何统一意大利的努力,不过,教皇国本身虚弱的政治和军事力量并不足以有效地阻止这一历史进程的出现,于是教皇为了维持自己的世俗权力,便不惜引入外部势力以对抗意大利本土成长起来的绝对主义王权,从而使意大利成为欧洲列强的逐鹿场。①

---

①　最明显的例子是在13世纪中期,教皇为对抗霍亨斯陶芬家族统一半岛的努力,把法国的安茹家族引入到意大利的邦国纷争中来。参见[英]佩里·安德森:《绝对主义国家的系谱》,刘北城、龚晓庄译,上海:上海人民出版社,2001年,第146—170页。

第二节 意大利的统一与罗马问题

近代以来,随着民族主义的传播和民族国家的兴起,意大利的统一成为迫切的需要。在探索统一方式的争论中,如何处理教皇和教皇国,教皇应当在统一民族国家中扮演什么样的角色,成为人们必须考虑的问题。

以天主教神甫维琴佐·焦贝蒂(Vincenzo Gioberti)为首的联邦主义者(又称为"新圭尔夫派")希望以教皇为首,联合意大利各邦国,建立统一的国家。这种思想主要体现在焦贝蒂于1843年出版的《论意大利民族在道德及文明方面的优越》(On the Moral and Civil Primacy of the Italians)一书中。焦贝蒂认为世界仍然给意大利保留着优越的地位和领导的使命,这是因为她的人民天资杰出,曾经创造了辉煌的历史,特别是必将在欧洲再次发挥领导作用的罗马教皇的存在。为了履行自己的世界使命,意大利必须在政治上复兴,获得独立和统一,建立以教皇为首的邦联,这一过程"必须由信仰与力量这两项主力所在之处开始,亦即圣城(罗马)与武乡(撒丁王国)"联合起来,实现意大利的独立和统一,教皇的世俗权力也得以保留。[①]《论意大利民族在道德及文明方面的优越》一书出版后获得了巨大的成功,而书中所倡导的新圭尔夫派(New Guelf)[②]的建国设想也获得了社会各阶层的热烈欢迎。[③] 1846年具有自由和改革色彩的庇护九世(Pius IX,1846年至1878年在位)当选为新教皇,更增加了意大利沿着新圭尔夫派设计的路线实现统一的可能性。

教皇庇护九世当选后在教皇国实行了一系列具有自由主义色彩的改

---

① [英]约翰·高奇:《意大利的统一》,郑明萱译,台北:麦田出版股份有限公司,2000年,第38页。

② 区别于13世纪初形成的支持教皇同神圣罗马帝国皇帝对抗,争夺世俗权力的旧"圭尔夫派"。

③ [意]焦瓦尼·斯帕多利尼:《缔造意大利的精英——以人物为线索的意大利近代史》,戎殿新、罗红波译,北京:世界知识出版社,1993年,第108—114页。

第四章　意大利民族国家形成中的罗马问题

革,如宣布大赦、开放新闻自由、建立国家咨议会和部长会议、建立公民自卫队等,都赢得了民心,人们把新教皇视为意大利的解放者,希望在教皇的领导下实现意大利的统一。而教皇在1848年2月10日发表的宣言中为意大利祈祷"伟大的上帝,赐福意大利吧!"①更唤起了人们为国家独立和统一奋斗的狂热。1848年革命就在这种情况下发生了。

1848年3月23日,撒丁国王查理·阿尔贝特向奥地利宣战,28日,庇护九世应撒丁王国之请,派遣教廷军队开赴教皇国与威尼西亚相邻的边境地区,以吸引分散奥地利军队。4月21日,教皇受到教廷政府内部非神职人员的压力,命令军队渡过波河,在维琴察与威尼斯军队会师,奥地利立刻对教皇国宣战。

这一系列事件把教皇抛入到困境之中:一方面,作为天主教会的首脑,他不能支持意大利的教徒攻打奥地利的教徒,而且由于教皇国参战,德意志和奥地利的天主教徒中反罗马的分裂主义性质的抗议运动迅速发展,这些地方的红衣主教们也对教皇施加压力,并以分裂相威胁;另一方面,作为意大利邦国之一的教皇国的君主,在民族大义面前又不能置身事外。教皇庇护九世所面临的这种困境充分地体现在了他的两篇宣言中。庇护九世在4月29日召开的枢机会议上明确宣称,他无意参战,也没有世俗野心,他必须"以同样的父爱"拥抱"所有的人民和各民族"。这被人们视为教皇对意大利民族事业的背叛,也标志着长期以来庇护九世所塑造的自由、开明形象的破灭。但是5月1日教皇又发布宣言,声称他无法阻止一部分属民的民族热情,从而默认了教皇国军队参战的事实。②由焦万尼·杜兰多指挥的教廷军队固守维琴察,在1848年6月初受到奥地利军队的攻击,战败投降。教皇对1848年革命的军事参与到此结束。

---

① [意]路易吉·萨尔瓦托雷利:《意大利简史:从史前到当代》,沈珩、祝本雄译,北京:商务印书馆,1998年,第492页。
② [意]路易吉·萨尔瓦托雷利:《意大利简史:从史前到当代》,沈珩、祝本雄译,北京:商务印书馆,1998年,第495—496页。

在国内,面对爆发革命的威胁,教皇在1848年11月24日化妆逃到加埃塔,并发布命令,取消世俗内阁和延期召开议会。此举激起人们的反对,爆发革命。1849年2月罗马共和国成立后,宣布废除教皇的一切俗权。为了反击,庇护九世便请求奥地利、西班牙、那不勒斯和法国出兵占领教皇国,以帮助恢复自己的世俗权力,这就再一次上演了教皇邀请外国力量干涉意大利事务的一幕,这一幕从"矮子"丕平的时代开始,在此后的1 000多年里不断上演。

从教皇在1848年革命中的所作所为可以看出,教会的普世性和民族国家的排他性之间很难协调共存,所以,教皇的双重角色——天主教教主和意大利邦国君主,使其难以承担新圭尔夫派赋予的责任。作为天主教教主,上帝在人间的代理人,教皇是没有民族性的,也没有国籍,只具有普世性,他要平等地看待和仁爱所有国家的教徒,所追求的目标是基督教世界的扩大和统一。①而作为意大利邦国的君主,则具有明显的民族性,统一的进程要求他必须领导和反对侵略者——同样信仰天主教的奥地利,为意大利人民的利益而不是全部天主教徒的利益战斗,这就与宗教的普世性相冲突了。这也决定了教皇和教廷不可能在意大利民族统一进程中扮演积极的角色,无论作为个人的教皇如何的开明,除非他愿冒天主教大分裂的危险,否则就不可能像焦贝蒂所设想的那样,成为意大利国家统一的领导者和元首。

此外,在1848年革命中,人们还发现为了维护世俗权力,教皇是不惜牺牲意大利的利益的,这也体现出在教皇和教廷的意识中,几乎没有意大利民族利益的概念,即使教皇庇护九世本人出身于意大利的名门望族,但作为天主教会的最高领袖,他也不能有意大利民族的认同感和归属感,否则,意大利以外的教徒就不会认同教皇的权威。

所以,教皇庇护九世和罗马教廷在1848年革命中的表现一方面宣告了

---

① 公元4世纪东、西方教派的分裂和16世纪新教的分离,是天主教徒和罗马教廷的心中之痛。罗马教廷一直存在着统一各派、建立统一教会的企图,并为之努力。二战后,以美国天主教徒为主力,曾发起召开多次会议讨论各教派的联合与统一问题。

第四章　意大利民族国家形成中的罗马问题

新圭尔夫派统一路线的破产;从另一方面看,也预示了教廷和意大利民族国家分离的命运。罗马教皇不能够认同意大利民族,也不能参与到意大利民族国家的构建中,但是在19世纪中期的严峻形势下,意大利民族的统一已成必然,如何建立一个没有教皇和教廷的民族国家就成为考验意大利教俗两界政治家的最大问题。问题的关键还是教皇世俗权力的存废。就如同加富尔宣称的,罗马是意大利统一后的首都,谁也不能想象一个没有了罗马城的意大利国家如何存在,因为这是一切光荣和历史记忆的承载体。但是当时的教皇庇护九世也曾经在1848年革命时期宣传说教皇必须有世俗的君权,以便为宗教利益而自由行使其神权。这样便陷入了公说公有理、婆说婆有理的窘境。

但从另一个角度看,天主教教主与意大利邦国国君的双重角色不但使教皇难以承担领导意大利统一的重任,也使掌握独立的世俗权力成为维系教皇宗教权威的必然要求。

教皇的世俗权力已经延续了1 000多年,由此产生的传统的惰性和惯性自然存在,更重要的是,罗马教廷作为世界天主教的中枢,必须保证自己对任何世俗力量的独立性,不能依赖或受制于某一民族国家,也不能具有某种民族色彩,这样才能保证宗教权威的中立性和超脱性。法国大革命以来民族国家的兴起和民族主义的泛滥不是削弱而是强化了对教廷独立和超脱的要求,因此,保留教皇独立的俗权就成为必要。作为意大利统一的设计者和推动者,加富尔所设想的"自由国家自由教会"的理念自然不错,但却没有考虑到教皇的这种双重身份和其他天主教国家的态度。与他同时代的法国政治家基佐(其人是新教徒)却对维系教皇独立俗权的重要性有着清晰的认识,基佐曾规劝加富尔说:"教皇集教权俗权于一身是必要的,这种必要性具有深刻而持久的意义……它越过一切障碍,真正导致并维持了这一事实……领地与统治权赋予教皇,乃教皇伟大宗教地位的自然延伸和必要依托……在绝对权力之上，教皇完全保持其自主性和权威性。"①

除了宗教领袖与世俗君主的双重角色外，只就宗教职能而言，罗马教皇也具有双重性，这从其官方头衔中可以看出来。1978年梵蒂冈出版的《教皇年鉴》如此介绍新任教皇：约翰—保罗二世，罗马城主教，基督在世代表，使徒长彼得的继位人，普世教会至高祭司，西部宗主教，意大利总主教，罗马教省大主教暨都主教，梵蒂冈城国君主，天主的仆人之仆。②罗马教皇不但是世界天主教会的最高领袖，是"普世教会至高祭司"，同时还担任具体的宗教职务"意大利总主教"和"罗马教省大主教暨都主教"，整个意大利都是教皇的教区。而作为意大利总主教，行使宗教职责要受到意大利国家的干涉。因此，虽然"自由国家自由教会"的理念以及政教分离的政策，是构建现代民族国家的基本原则，但就意大利而言，政教分离的对象不是整个罗马教廷和教皇，而只是教皇在意大利国内行使的那部分职权。如果把整个教廷置于意大利国家的庇护之下，就如同再次创造了"阿维农之囚"③，罗马教廷作为世界天主教会中枢的作用就会削弱。

意大利的统一是同教皇国领土的逐步缩小相伴随的。根据1815年维也纳和约重建的教皇国面积达4万平方公里，拥有居民1 124 688人。④但从1859年开始，随着意大利的逐步统一，罗马涅(Romagna)、马尔凯(Marche)、翁布里亚(Umbria)、拉蒂姆(Latium)等地区相继并入撒丁王国，1861年意大利王国成立时，已经占领了教皇国2/3的领土及3/4的臣民。

最后连罗马城也不能幸免，从1849年镇压革命起义后，法国军队长期

---

① [法]波帕尔：《教皇》，肖梅译，北京：商务印书馆，2000年，第25页。
② [法]波帕尔：《教皇》，肖梅译，北京：商务印书馆，2000年，前言。
③ 14世纪以后，欧洲各国王权加强，开展了反对罗马教皇权力的斗争，法国国王腓力四世因捐税问题同罗马教廷发生严重冲突。教皇卜尼法斯八世死后，在法国国王的压力下，选举法国波尔多大主教为罗马教皇，称克力门五世。1308年，克力门五世把教廷从罗马迁往法国阿维农，以后七任教皇均为法国人，并受法王控制。史称"阿维农之囚"。1377年教廷才迁回罗马。
④ [法]波帕尔：《教皇》，肖梅译，北京：商务印书馆，2000年，第24页。

第四章　意大利民族国家形成中的罗马问题

驻扎在罗马城，提供军事保护，但到1870年，法军在普法战争中失败，被迫撤离罗马。1870年9月20日，意大利王国的军队和加里波第率领的志愿军同时进入罗马城。1870年10月2日，经全民投票表决，将罗马并入意大利，并定为意大利王国的国都。教皇庇护九世退居于梵蒂冈城堡。

为确定罗马教皇和教廷在意大利王国中的地位，1871年5月13日，意大利王国政府单方面颁布了《教皇与至圣宗座特权法》（又称《保障法》）。该法规定：

1."教皇人身神圣不可侵犯"，赋予教皇皇家名号和特权，保证教廷神职内阁的充分自由；

2. 保证教皇在国外享有处理世界教会事务的自主权和自由通讯权，意大利政府不干预国内教会活动，只对教会财产的使用和大小教区的俸禄（主教区、堂区等）保留认可和批准权，教士受意大利国家法律的约束；

3. 教皇与国外自由来往不受意大利当局干涉，可保有自己的通讯设施，保障外国驻教廷外交代表的特殊邮政、电报和外交的豁免权和特权；

4. 教皇绝对享有梵蒂冈城皇宫、罗马城内的拉特兰宫和安多尔福堡，并享有治外法权；

5. 教皇可直接管理在罗马的天主教神学院及其机构，免受意大利教育当局的监控，但保留国家的视察权；

6. 确定教皇年金为322.5万里拉（当时约合12.9万英镑），由意大利国家预算支出。[①]

需要着重指出，《保障法》不是在罗马教廷和意大利政府协商一致的基

---

① 参见《教皇的新国与罗马问题的解决》，《东方杂志》，1929年。[意]克罗齐：《1871—1915年意大利史》，王天清译，北京：中国社会科学出版社，2005年，第29—30页。[苏]M.M.舍英曼：《梵蒂冈史——十九世纪末和二十世纪初时期》，哈尔滨：黑龙江人民出版社，1982年，第11页。[意]路易吉·萨尔瓦托雷利：《意大利简史：从史前到当代》，沈珩、祝本雄译，北京：商务印书馆，1998年，第524页。

础上制定和签署的一部国际条约,而仅仅是意大利议会通过的一部国内法律。①虽然《保障法》规定了教皇享有的种种君主特权,但法令的性质和由意大利国家预算支出教皇年金的种种规定,都制造了教皇和教廷处于意大利国家的监护之下,教皇是意大利政府的一介属民的印象,这令教廷和其他天主教国家难以接受。同时这种立法,根据意大利的宪法,国会有权修改或废止它。因此,在教皇看来,接受《保障法》就意味着罗马教廷彻底丧失最珍贵的独立性,也就是自愿承认教皇国的灭亡,自动放弃对罗马和教皇国所拥有的主权,意味着他从此只能寄人篱下地居住在梵蒂冈,一旦意大利政府变卦,就随时有被赶出梵蒂冈的风险。在教皇看来,其在罗马的独立主权是神圣不可侵犯的,因为该主权是建立在"圣彼得世袭领地"(指罗马教会的教产)的基础上,任何世俗国家无权剥夺。

为了表示对意大利政府的强烈抗议,教皇庇护九世断然拒绝接受《保障法》,从此在梵蒂冈闭门不出,认为自己"生存于敌对统治下",只能作为"梵蒂冈的囚徒",过着被监禁的生活,以此表达愤慨和抗议,并试图唤起全世界天主教徒的同情,发动对意大利王国的十字军圣战。

作为教廷的反击,教皇庇护九世还发表了著名的圣谕《不允许》(Non Possumus),禁止意大利天主教信徒参加政府选举及议会活动,禁止他们作为候选人参加竞选,违者将被开除教籍;罗马教廷把包括意大利国王在内的"所有犯有侵害教廷罪的肇事者、怂恿者、策划者、同谋者"革除教籍,意大利王室成员一概不许领受洗礼、涂油礼、婚礼等教会圣事;外国元首到罗马访问时,凡谒见意大利君主者,教皇即拒绝接见。②

在1929年之前,庇护九世的不妥协政策为后继者所延续,每位新当选的教皇都声明不放弃"圣彼得的领地",并在适当的情况下都要提醒人们注

---

① Gordon Ireland, "The State of the City of the Vatican", *The American Journal of International Law*, Vol. 27, No. 2. (Apr., 1933), pp. 271—289.

② [意]焦瓦尼·斯帕多利尼:《缔造意大利的精英——以人物为线索的意大利近代史》,戎殿新、罗红波译,北京:世界知识出版社,1993年,第131页。

意意大利"篡权政府"给"基督全权代理人"造成的"不堪忍受的处境"。罗马教廷认为在法律上教皇国是存在的,教皇仍然视自己为握有主权的国君,只是暂时受梵蒂冈领土的限制。①

对于罗马教廷的敌对行为,意大利政府进行了坚决还击,取缔了原教皇国的一大批修会组织,没收了他们的财产,强令修士还俗甚至服兵役,并颁布了针对教会和宗教修会的西加尔第(Siccardi)法律。于是,拒不执行意大利政府命令的都灵大主教被捕入狱,整个皮埃蒙特主教区不能与教皇保持通讯联络。同时罗马教廷国外传教部的基金被没收,教会善会(Catholic Social Societies)也被解散。1887年意大利首相克里斯皮在一次著名的讲演中公开提出"让教皇向我们下跪",默许人们侮辱教皇。在他的鼓动下,一些激进的反天主教人士开始对教皇进行人身攻击。最过分的一次发生在教皇庇护九世出殡时。当时庇护九世的遗体正被人们从圣彼得大教堂移往圣罗伦佐大教堂,突然一群人围了上来,他们唱着猥亵的歌,并动手想把遗体扔进台伯河,双方为此发生冲突。意大利政府还有效地阻止了梵蒂冈出席1899年和1907年的海牙国际会议。1915年,意大利政府与协约国集团签订伦敦秘密协定时提出的条件之一就是:协约国一旦获胜,不得邀请梵蒂冈参加和平会议。②

第三节 罗马问题对意大利内政外交的影响

有关罗马城对天主教会的重要性,以及它与教皇的关系,我们可以在教皇利奥十三世(Leo XIII,1878—1903年在位)于1886年6月15日致教廷秘书厅枢机大臣朗博拉(Rampolla)的公函中看出。他说:"教皇之无上权威,为基利斯督(基督)所亲自建设,授之于伯多禄(彼得),更由伯多禄授予继其

---

① [苏]M. M. 舍英曼:《梵蒂冈史——十九世纪末和二十世纪初时期》,哈尔滨:黑龙江人民出版社,1982年,第304—305页。

② 段琦:《梵蒂冈的乱世抉择:1922—1945》,北京:金城出版社,2009年,第5页。

位者之罗马教皇。故教皇者,专为在世界上,组织一赔补圣子之功业的法定社会。兹功业也,为直至世界末日,不应中断之事业,富有一切特殊恩宠之事业,具备一切完善及公正权力之事业,更应由一个真正社会之正式政府,所督促施行之伟大事业,故教皇之威权,以其本来之性质言,不特不能受制于世界上之任何统制权,抑且应绝对享受一纯全之自由,极有关系于圣教会之全部组织,故在由天主上智安排。而任此职守之教皇,应得其独立与自由之承认,之保障,直至世界之末日。今罗马既为历代教皇之天然驻在地,为圣教会之中心,为圣而公会之首都,理应尊为绝对独立,完全自由之教皇行使职权地。盖罗马固有宗座管理指导普世信众,发号施令之处;罗马固为普世信众,朝谒,聆听,尊重,信仰之地,所以教皇之对于罗马,应绝对享受其独立之主权,不特任何人不能侵袭教皇之自由,抑且任何人应尊重此普世需要之权利也。"①

此信充分表明了罗马教皇坚持要求保持其世俗统治权力的态度,罗马教廷绝不放弃重返罗马、恢复教皇世俗权力的要求。于是这便导致了意大利政治外交史上的"罗马问题",成为双方关系中最难克服的障碍。

教皇利奥十三世在位时曾派人与意大利政府进行接触,表示并不想恢复教皇国的全部领土,只希望能和平解决罗马问题,但也没有取得任何进展。当时的意大利首相克利斯皮说:"谁解决了罗马问题,谁就是意大利的伟人。"②

历史已经证明,只要没有外国的干涉,占领罗马是很容易的,教皇国虚弱的军事力量根本无法同意大利王国对抗。但是如何安置罗马教皇却成为非常棘手的问题。在 1870 年 9 月 20 日以后,由于教皇国被消灭而产生的"罗马问题",即教廷争取恢复教皇世俗权力和要求归还罗马的斗争,使罗马教廷成为新生的意大利王国最大的敌人。"罗马问题"迟迟得不到解决,对

---

① 玉予:《罗马教皇是圣教元首是华缔冈君王》,载《圣教杂志》,1929 年 12 月号,第 17 页。也参见段琦:《梵蒂冈的乱世抉择:1922—1945》,北京:金城出版社,2009 年,第 7 页。
② 段琦:《梵蒂冈的乱世抉择:1922—1945》,北京:金城出版社,2009 年,第 5 页。

第四章 意大利民族国家形成中的罗马问题

意大利的内政外交都产生了严重的负面影响。①

由于天主教的缘故,几乎所有的欧洲列强在意大利都有较大或较小的利益,所以无论是在给教皇少量自由还是给教皇大量自由的问题上,都不能够否认他们的发言权。②按照国际惯例,一国领土的割让要取得对方的同意,以条约或协议的方式约定,才能得到国际上的正式承认。但意大利王国对罗马的占领和统治,却从未被罗马教皇承认过,而且未得到国际社会的认同,因此意大利占领罗马的合法性长期以来受到国际社会的质疑。

教皇庇护九世和他的继承者们看准了这一点,力图把"罗马问题"变为国际问题,让欧洲各国政府和世界各国的天主教组织参加他们同意大利政府的争论,对意大利施加压力,迫使其同意恢复教皇的世俗权力。

在法国、德国和奥匈帝国内部都存在着强大的天主教政党(如德国的中央党)和组织,他们向本国政府施加压力,要求干涉意大利,迫使其放弃夺自教皇之手的不义之财(罗马)。虽然各国政府出于维护本国利益和国际形势的考虑,并没有屈从这种压力成为罗马教廷的"十字军",俾斯麦在德国还采取了严厉的压制措施,但这并不妨碍他们利用这张外交王牌。这样一来,"罗马问题"在将近半个世纪的时间里成了欧洲列强牵制意大利的外交工具。无论是法国还是德国,都把是否支持恢复罗马教皇的世俗权力当作砝码,以便在外交中谋求利益。如在1881年,法国占领了意大利拥有特殊利益的突尼斯,意大利对此"无能为力,只能恼怒、激动和喊叫,孤立者的、有着教皇这个不可调和的敌人的意大利,在当时连反对法国都不敢想,更有甚

---

① 如最令意大利王国政府担心的是法国和奥匈帝国这两个最大的天主教国家很可能借此进行干涉。长期以来,法国自称是"教会的长女",以罗马教廷的保护者自居,而奥匈帝国更是意大利人的世仇,双方还存在尖锐的领土纠纷。

② [意]克罗齐:《1871—1915年意大利史》,王天清译,北京:中国社会科学出版社,2005年,第29页。虽然教皇国已经实际上消亡,但许多国家尤其天主教国家仍与教皇建立外交关系,到20世纪20年代末,与教皇国保持有正式外交关系的国家还有奥地利、比利时、捷克、波兰、匈牙利、卢森堡、德国、法国、葡萄牙、西班牙、罗马尼亚、南斯拉夫、荷兰、瑞士、巴威略、阿根廷、巴西、玻利维亚、智利、哥伦比亚、莱多尼亚、巴拉圭、秘鲁、委内瑞拉及中美洲诸国。在一些难以解决的国际纠纷中,教皇仍常常被邀请充当仲裁人。

者,还得忍受法国从马赛驱赶意大利工人的侮辱"。①德国也充分利用"罗马问题"以及意大利对法国教权主义者的恐慌,拉拢和控制意大利的外交,强迫它忠于三国同盟。

对这种情况,俄国驻意大利大使 A. 涅利多夫在 1903 年 7 月 15 日向国内提交的报告中作了比较清晰的分析:"由于各种情况奇怪的聚合,无论是德国、奥地利,还是法国,都不能够真心诚意地希望罗马教廷同意大利和解。前两个帝国在缔结三国同盟时利用了梵蒂冈对意大利政府的仇恨,答应向意大利国王提供援助以抵御为恢复教皇世俗权力而可能采取的行动。倘若罗马教皇承认王国首都和已建的世俗政权,那么这个政权将不再需要现在这些盟国的庇护。"涅利多夫又写道,法国对罗马教廷的影响使它有可能对意大利政府施加强大的压力,"而这种影响,在梵蒂冈同奎里纳尔宫(指意大利王宫)和解之后必将大大地削弱"。②

意大利政府主张"罗马问题"是内政问题,无须外界干涉,但是由于罗马教皇并没有接受《保障法》,且在 1870 年 9 月 20 日之后,意大利国家也未能对由瑞士卫兵把守的梵蒂冈城行使主权,罗马教皇仍然与外国政府保持外交关系,签订政教协定,在一战期间,教廷还发放外交护照,并被包括意大利在内的世界各国广泛接受。因此,在国际法上看,教皇对梵蒂冈仍然拥有和行使主权,在梵蒂冈的罗马教廷是一个独立的主权实体。③

但意大利政府坚决不让梵蒂冈在国际关系中占据任何有可能使它成为主权国家的地位,也采取一切措施阻止教廷代表参加一切只能由主权国家参加的国际会议。如在 1915 年 5 月协约国与意大利政府缔结的参战协定中,其第 15 条款便写明:"法国、大英帝国和俄国将支持意大利反对吸收至

---

① [意]克罗齐:《1871—1915 年意大利史》,王天清译,北京:中国社会科学出版社,2005 年,第 94 页。
② [苏]M. M. 舍英曼:《梵蒂冈史——十九世纪末和二十世纪初时期》,哈尔滨:黑龙江人民出版社,1982 年,第 310 页。
③ Umberto Toschi, "The Vatican City State: From the Standpoint of Political Geography", *Geographical Review*, Vol. 21, No. 4. (Oct., 1931), pp. 529—530.

第四章 意大利民族国家形成中的罗马问题

圣宗座的代表参加一切和平谈判和一切调解此次战争所提出的种种问题的谈判的任何建议。"①意大利坚持把这一条款写进协议,意在防止罗马教廷在战后的和会上挑起"罗马问题",同时也避免其他国家利用这一问题向自己施加压力。

在意大利国内,罗马教廷和世俗国家的对立,在国民中造成了分裂,削弱了天主教徒对意大利民族国家的认同。罗马教廷在1868年颁布并在1874年重申的教皇通谕《不许可》②以革除教籍相威胁,禁止天主教徒参加全国议会选举,因为参加全国议会选举就意味着承认意大利国家,而这个国家是在侵夺教皇领地和世俗权力基础上建立的,所以也就意味着间接承认了教皇国的灭亡(禁令不涉及地方议会选举)。

《不许可》禁令所体现的教廷意图,是用天主教的宗教认同代替并凌驾于意大利民族认同之上,对意大利民族意识和国家观念的构建和发展都产生了非常消极的影响。如果考虑到从西罗马帝国灭亡以来的1400多年里意大利半岛一直处于分裂状态这一特殊国情的话,就更能体会在意大利国民中培育统一民族观念和国家认同感的迫切性以及《不许可》禁令所带来的不利影响了。

《不许可》禁令凭借天主教会在意大利的巨大影响而发挥作用。在1882年的意大利,仅修士和修女就有35 400名,1901年为47 000名,1909年为50 000名,③其他神职人员更多,同时几乎所有的公民都信仰天主教,几乎所有人的生老病死都与教会发生着密切联系。如果《不许可》禁令得到贯彻施行,则意大利全国性的政治活动将无法开展,1870年以后意大利的历次大选

---

① 《俄国与他国条约汇编,1856—1917年》,莫斯科,1952年,第441页,转引自[苏]M. M. 舍英曼:《梵蒂冈史——十九世纪末和二十世纪初时期》,哈尔滨:黑龙江人民出版社,1982年,第715页。

② 法令全称是《注意到一切情况,不许可》,拉丁语为"attentis omnibus oircunistants, mon expedit"。

③ [苏]M. M. 舍英曼:《梵蒂冈史——十九世纪末和二十世纪初时期》,哈尔滨:黑龙江人民出版社,1982年,第331页。

意大利民族发展史

投票率仅能维持在50%左右,便是受此影响的结果。①

第四节　罗马问题的解决及影响

"罗马问题"久拖不决,让教廷和意大利两败俱伤,但是如何解决双方的分歧,却一直找不到妥善的办法。罗马教皇坚持恢复自己的世俗权力,认为这是行使宗教权威的必要保证;在领土问题上,虽然已不可能重建1815年的教皇国,但即使缩小范围,也应当包括罗马城。所以在1871年4月26日,教皇庇护九世对法国大使德·阿尔库尔伯爵表示反对意大利议会宣布罗马为首都,并希望法国政府出面干涉。庇护九世还表示:"在现在这种时候,主权问题已无考虑的余地。这一点我比任何人都清楚。我的全部希望就是有一隅之地由我主宰。即使向我提出归还我的国家,我也拒绝接受。但是,如果我没有这一隅之地,就不能够完满地履行我的宗教义务。"②

随着意大利国家的巩固,教廷也开始探索解决罗马问题的途径。如在1888年3月克雷莫纳大主教鲍诺麦利发表文章《罗马与意大利》,认为罗马教皇具有足够的道德威信,它比世俗统治更能保证教皇的独立,可以给他保留一小片领土——例如建立从特韦雷河至海边的小小的国家。虽然40年后的《拉特兰条约》验证了鲍诺麦利的远见,但当时的梵蒂冈对这个方案持否定态度。因为在此之前的1887年5月,教廷与当时担任首相的克里斯皮进行秘密谈判,教廷希望把罗马市或至少该市的一部分和至海边的地区让给教皇,从而解决冲突。但谈判没有成功,意大利政府不可能把一部分领土连同罗马市划给梵蒂冈。同时教廷内部反对妥协的力量也很强大,他们仍然希望借助外国的干涉或者欧洲大战的机会重建教皇国。

对立给罗马教廷造成的损害远比给意大利造成的损害大,而国外国内

---

① 何勤华、李秀清主编:《意大利法律发达史》,北京:法律出版社,2006年,第55页。
② [苏]M. M. 舍英曼:《梵蒂冈史——十九世纪末和二十世纪初时期》,哈尔滨:黑龙江人民出版社,1982年,第13页。

148

第四章 意大利民族国家形成中的罗马问题

形势的变化也为双方的和解提供了条件。在国际上,德奥是意大利的盟国,不会给罗马教廷任何实质性的支持。法国是天主教实力最为强大的国家,也是教廷寄予最大希望的国家,但是在1904年法国总理路贝访问罗马,在当时担任意大利首相的焦利蒂看来,这次访问"永远埋葬了教皇的世俗权力问题。可以被怀疑有恢复教皇世俗权力倾向的强国本来只有一个,这就是法国。如果法国政府首脑访问了罗马,对教皇毫不在意,这个问题也就从此结束,罗马真正成了意大利王国神圣不可侵犯的首都……"①

在国内,天主教会的利益与意大利资产阶级的利益日益紧密地交织在一起,而工人运动的迅速发展和社会党政治影响的壮大也促使双方接近,利用天主教的力量对抗社会主义运动。

与之相对应的就是《不许可》禁令的逐渐松弛和最终取消。罗马教廷逐渐认识到这道禁令的实际作用只能是削弱天主教徒在国家政治生活中的影响,促成社会主义者、无政府主义者、自由主义思想家们去控制选票。因此,在庇护十世(Pius X,1903—1914年在位)治下,他已允许各地主教可暂不执行《不许可》通谕,参加有利于教会的投票活动。如1905年6月11日颁布的教皇通谕说,现任教皇不能背弃前任教皇禁止意大利天主教徒参加全国议会选举的法令,"除非社会最高利益提出与此同等重要的理由……要求在个别情况下不执行法令……"在观察家看来,教皇通谕所指的"同等重要的理由",就是"教权愿与现行世俗政权和睦相处的愿望和建立与势力强大的意大利社会党人作斗争的坚强堡垒的迫切要求……"②从此开始,意大利天主教徒与教会便积极卷入意大利的政治生活中。③

第一次世界大战期间,意大利与梵蒂冈的关系有所改善。虽然并没有

---

① G. 焦利蒂:《回忆我的一生》,伦敦,1923年,第184页。转引自[苏]M. M. 舍英曼:《梵蒂冈史——十九世纪末和二十世纪初时期》,哈尔滨:黑龙江人民出版社,1982年,第465页。此次访问导致教廷与法国断交。
② [苏]M. M. 舍英曼:《梵蒂冈史——十九世纪末和二十世纪初时期》,哈尔滨:黑龙江人民出版社,1982年,第469页。
③ 《不许可》禁令在1919年由教皇本笃十五世正式取消。

消除彼此的偏见,但在感情上已有所接近。在战争中梵蒂冈宣布严守中立,这本身对意大利就十分有利。加之教皇本笃十五世(Benedict XV,1914—1922年在位)是意大利人,对意大利充满民族感情。他曾指示神职人员为意大利军队提供给养,祝福意大利取得胜利。在他担任教皇时期,实际上默认了意大利政府。1917年意大利王国政府赞扬"主教们在面对敌人侵略和为国家贷款方面所做的爱国工作"。① 罗马教廷与意大利政府的关系逐渐密切。

1918年以后,意大利政府与罗马教廷双方都表达了通过谈判解决罗马问题的愿望,只是由于意大利国内局势混乱,一时间无法实施。1920年6月1日教皇本笃十五世发布了圣谕《和平,天主的最大恩宠》,宣称:政府首脑和亲王间的会谈可能有助于国家间的和解,因此教皇考虑到时代条件的变化,为了达到重建国家间兄弟般合作的目的,不会不愿意修改由其前任们规定的有关天主教国家首脑访问罗马的条件。② 与此同时,梵蒂冈方面宣布了西班牙国王和比利时国王即将拜见教皇的消息。这一通谕暗示长期以来导致梵蒂冈与意大利不和的因素可以随着时代的变化而改变。该通谕被外界视为向着改善意大利与教廷关系方向迈出的第一步。

"罗马问题"的最终解决则要等到1922年2月6日庇护十一世(Pius XI,1922—1939年在位)当选为教皇以及同年10月以墨索里尼(Benito Mussolini)为首的法西斯政府上台后才得以实现。

庇护十一世的俗名叫拉底,在当选教皇前是意大利米兰教区的大主教,于1920年底获得教皇本笃十五世的任命。而米兰是墨索里尼和法西斯党的老巢,在担任米兰教区主教期间,他曾经和法西斯党打过很多交道,为法西斯党徒举行各种宗教仪式,与法西斯党建立了良好的关系。正因如此,墨索里尼曾回忆道:"我预计意大利和梵蒂冈的关系将会由于教皇庇护十一世而得到改善。米兰的法西斯主义者与目前这位教皇有直接关系。在为阵亡

---

① Thomas E. Hachey:《英国—梵蒂冈关系,1914—1939年英国驻圣座公使的机密年报》,载《世界宗教编译参考》,第1集,第47页。

② 段琦:《梵蒂冈的乱世抉择:1922—1945》,北京:金城出版社,2009年,第9页。

第四章 意大利民族国家形成中的罗马问题

的无名战士举行仪式的前夜,教堂内忙于各种安排。在这些神职人员中,枢机主教拉底表现得最谦恭。几十面法西斯旗帜擎举进入了教堂。作为一位攀登过阿尔卑斯山的年迈而英勇的人来说,这位枢机主教确实已达到了顶峰。"正因如此,墨索里尼对米兰大主教拉底成为教皇庇护十一世感到非常高兴。他说:"作为一个米兰公民,尽管它只是我的第二故乡,在拉底枢机主教当选为教会首领时,我也置身于米兰人普遍的欢乐中。这位新教皇除有那些我称之为宗教的品质之外,甚至对我们的世俗世界也抱有同情心。他是位具有很高文化、历史、政治和哲学修养的人。由于曾在许多国家居住过,他非常熟悉西欧的情况。就像所有那些在远离祖国的地方奋斗和生活的人们那样,他对意大利仍然怀有最美好的感情。"①

罗马教廷态度的转变,还有更加深层次的社会与政治原因。教皇庇护十一世虽然比较反感法西斯分子的夸张宣传,但是他更惧怕社会主义者。俄国十月革命的胜利和一战后工人运动在意大利的蓬勃发展,让庇护十一世忧心忡忡,他希望出现一位强有力的人物重建秩序并解决"罗马问题",于是便选择了墨索里尼,并通过解散人民党,为法西斯党掌握政权扫清了道路。②

墨索里尼早年是位反教权主义者,在他的小说《枢机主教的女儿》一书中将神父比喻为黑色的结核病菌。在出任法西斯党领袖后,他还说过:"我们党(指法西斯党)要求政教分离,取消天主教的一切特权,没收教会财产。国家必须把教会作为一个民法管辖下的纯粹私人结社,宗教活动必须限制在教堂内进行。"③这个讲话于1919年5月11日发表在法西斯党控制的《意大利人民报》上,因此招致了教皇本笃十五世的公开抗议。

但墨索里尼很快就认识到,要使法西斯党夺取政权并得到巩固,就要联

---

① Thomas E. Moore, *Peter's City* (London: Harding & More, 1930), pp. 35—37.
② Thomas Bokenkotter, *A Concise History of the Catholic Church* (New York: Doubleday & Company, Inc., 1979), p. 352.
③ 段琦:《梵蒂冈的乱世抉择:1922—1945》,北京:金城出版社,2009年,第9页。

合一切力量去反对自由主义和社会主义这两股在意大利影响最大的势力,而意大利天主教会正是这一反对势力的代表。更何况墨索里尼还有更大的野心,他要使意大利重振罗马帝国的国威,使罗马成为世界的中心,要做到这点,他知道如果没有天主教会的支持、不利用教会的影响力是绝不可能达到的。随着大权在握,墨索里尼对天主教会的态度也在迅速地改变。1921年6月21日,当时他还只是议会里代表法西斯党的议员,就进一步阐述了这种观点。墨索里尼说:"我宣布,罗马帝国的传统和拉丁传统是以天主教会为代表的。正如毛姆森[①]在25年(或30年)前所说,如果一个人没有普世思想就不能留在罗马。我坚持认为今天在罗马所具有的普世思想就只能存在于罗马。我还坚持认为,今天罗马所具有的普世思想就是来自于梵蒂冈。"[②]

在参加完教皇庇护十一世在圣彼得广场所举行的降福仪式后,墨索里尼发出感叹:"自由主义派政府不懂得教皇的普世性,真不可思议。只有它才是整个罗马帝国的继承人,代表着意大利历史和传统的最大的光荣。"墨索里尼在作为内阁总理发表第一次讲话时声称自己是"奉上帝的旨意"来治理国家的,"愿上帝帮助我圆满地完成这个沉重而艰巨的职责"。此后他多次发表这类看法,并宣称在意大利实行一切宗教自由政策的同时,"要特别关照天主教,使之居于主导地位"。他曾对一位西班牙新闻记者说:"意大利人不仅把教皇尊为宗教领袖,而且也把他尊为罗马教会的象征。缺少这种象征,我们自中世纪以来的历史就无法理解。今天,意大利的许多政治现象是一种精神复苏现象,虽然仍未完全被理解。因此,意大利政府的宗教政策不能不重新建立在一种全新的基础上。"[③]这些都表明墨索里尼已经充分地认识到要实现他的野心必须与天主教会这个历史悠久、负有盛名的组织结盟,这不仅有利于他在国内的统治,也有利于使他得到世界的公认。尤其是

---

① 毛姆森(Theodor Mommsen,1817—1903),德国历史学家。
② Thomas E. Moore, *Peter's City* (London:Harding & More,1930), p. 43.
③ Anthony Rhodes, *The Vatican in the Age of the Dictators* 1922—1945, (NewYork:Holt Rinehart and Winston,1973), p. 29.

第四章 意大利民族国家形成中的罗马问题

他已看到要将意大利的国威扩张到欧洲以外的地区去,例如巴勒斯坦、叙利亚、远东地区,更离不开与罗马教廷的合作。

法西斯党掌握意大利政权后,采取了许多措施来改善意大利政府与教廷的关系。执政后墨索里尼宣称,一个意大利人可以同时效忠国家和效忠教会,两者并行不悖,并将改善与教会的关系列为他的许多重建工作中不可缺少的组成部分。法西斯政府宣布法庭上必须悬挂十字架,"作为神圣公正的标志",还规定在学校里、国王画像旁边也要悬挂十字架,并强制恢复宗教教育,教会的节日也成为公众的节假日。

为表示对教会的友善,意大利法西斯政府恢复了一系列自1870年以来在公共场所早已停止的教会活动,例如在复活节时敲响罗马市政厅的大钟以示庆祝,恢复罗马大学内的教堂——"智慧堂"(The Sapienza)的教会活动。对罗马教廷非常推崇的各种圣徒百年纪念和圣年等活动,政府也十分重视。为庆祝1924年12月24日开始的圣年,法西斯政府当局修好了通往圣彼得大教堂的道路,并大力改善罗马四大教堂之间的交通,此举深受天主教界的欢迎。1925年,为筹备来年纪念圣方济(圣方济各,生卒年为1181年至1226年,意大利修士,方济各修会创建人)逝世700周年的活动,墨索里尼亲自写信给意大利各驻外使团,要求为前来参加纪念活动的各国来宾提供方便,并且为教皇特使梅尔维·德尔瓦尔(Merry Del Val)枢机主教派出专列。当德尔瓦尔途经奥尔托、特尔尼、斯帕莱托站时,车站月台上奏起了意大利国歌,到达西西里时,还鸣放了21响礼炮以示欢迎。在正式举行纪念活动这一天,罗马教皇旗与意大利国旗并排飘扬,担任仪仗队的士兵们穿上了节日盛装。这些举动感动了这位被称为对法西斯政权"绝不妥协"的枢机主教,他称赞墨索里尼对国家和宗教做出了贡献。教皇特使威尼斯宗主教拉·丰丹也对法西斯政府表示感谢,曾说:"由于政府坚忍不拔的意志以及所做出的坚持不懈的努力,意大利特别成功地恢复了宗教信仰。"[1]

---

[1] Thomas E. Hachey:《英国—梵蒂冈关系,1914—1939年英国驻圣座公使的机密年报》,载《世界宗教编译参考》第1集,第53页。

意大利民族发展史

1925年,法西斯政府重新竖起了罗马竞技场上的十字架,这里是历史上基督教第一批殉道者流血之地,为了表示纪念,公元675年教会在此竖立了十字架。意大利民族独立运动期间,这个十字架被共济会人士铲除,取而代之的是"罗马凯旋者"的雕像。如今十字架又立了起来,梵蒂冈将它视为意大利政府反教权政策结束的一个标志。

意大利法西斯政权与天主教廷的和解,还有更深刻的思想原因。天主教和法西斯主义都是独裁统治,都是绝对主义者,不允许对他们的信条有丝毫怀疑,都强调个人服从组织,都鼓励建设大家庭。正是这种共同点,拉近了两者的距离。正如一份耶稣会杂志所写的:"早先自由派政府口头上宣称不理睬宗教,但实际上走得更远,对宗教进行了迫害。而法西斯主义正好相反。它承认宗教的社会意义,承认天主教会对政府来说是一种可以利用的力量,因为它们之间有某些相同的理想。它对教会的政策是承认和恢复天主教意识的权利,承认和恢复在50年间自由民主派政府时期遭受凌辱的神职人员所应有的权利。"①

从1926年8月开始,在罗马教皇提出的两个必要条件——签订条约,重新组成一个不管多么小的教皇国家;订立契约,使宗教婚礼具有民间仪式的法律效力——的基础上,意大利法西斯政府开始同教廷开始秘密谈判。②

负责直接谈判的双方代表,在意大利政府方面是议员巴罗纳教授(Domenico Barone),梵蒂冈的代表是著名的法学家派契利教授(Francisco Pecelli)。对于双方进行谈判的详细过程,派契利教授有如下的描述:

> 协议的谈判是从1926年8月6日开始的。当时我刚从美国回来,我去美国是作为教皇委员会的成员去的,随同教皇使节,已故的本扎诺枢机主教去参加芝加哥国际圣体大会。我可以这么对你

---

① Anthony Rhodes, *The Vatican in the Age of the Dictators* 1922—1945, (NewYork: Holt Rinehart and Winston,1973), pp. 30—31.

② H. Hearder and D. P. Waley, eds., *A Short History of Italy: From Classical Times to the Present Day* (Cambridge: Cambridge University Press, 1963), p. 212.

第四章 意大利民族国家形成中的罗马问题

们说,我早就猜到或者更确切些说是预感到有件大事即将来临。我把这种预感告诉那些跟我一起在海上旅行的人。返回罗马后,我得知意大利政府议员巴罗纳要与我商谈。我的预感变成了现实。会晤前,我已收到了应有的指令。就在 8 月 6 日,正如上面所提到的,我第一次同巴罗纳教授举行会谈。他告诉我,他断定墨索里尼先生很愿意弄清解决罗马问题的症结所在。我立即回答说,圣座不能放弃两个基本点,一是必须在政治和约中载明恢复教皇国,哪怕领土再小,但有了这个有形的、明确的领土主权,才能确保教皇自由行使其神权;二是在宗教协定中要规定在某些确定的条件下,民法应承认宗教仪式婚姻的合法性。

巴罗纳教授表示可以就这些基本点进行接触,于是双方开始了一系列的会谈。我们分别在双方的寓所会见,但较经常的是在巴罗纳教授履行法典委员会秘书职责时的办公室所在地——正义官内会面。由于我是立法顾问团的成员,所以就连正义官内那些注意我行踪是否反常的人也永远猜不到我的来意。第一轮会谈拖至 1926 年 10 月 4 日。因为这一天,恰巧是全国圣方济纪念日,墨索里尼先生通过信件正式授权巴罗纳教授进行秘密谈判。

10 月 6 日加斯贝利枢机主教在给我的回信中下达类似的指令,但对会谈做了一点保留,后来在该月 24 日的第二封信中把它取消了。

我给你们提供一些统计数字来证明这些谈判是极其困难的。巴罗纳教授同我会谈了 110 次。后来,我很荣幸地接受了圣座 129 次私人召见,这些召见往往持续 3 到 4 个小时,加斯贝利枢机主教有时也在座。1926 年 11 月 24 日,巴罗纳教授和我终于草拟出了拉特兰和约的第一个文本。这个文本一式两份。为了严守机密,由我儿子查尔斯担任打字。和约只有 16 条,由此你们可以看到在达成正式条约之前是经过了多少煞费苦心的修改了。第一个文本由巴罗纳教授和我签署,应该说,它完全是我们两个人的私人作品,因为他和我都没有正式的官方身份。在这之后,我们着手草拟宗教协定大纲。就在这年(1926年)年底,教皇非常事务秘书博尔贡季尼·杜卡(Borgongini Duca)枢机主教参加了谈判。三人谈判是在马里奥山(Monte Mario)枢机主教格拉尼托·迪·贝尔蒙特(Granito di Belmonte)的宅邸举行。总共10天,每天从早上开始一直持续到晚上6—7点,宗教协定的文本可能是在1927年2月完成,预定在同年4月呈送双方首脑。在此期间我们为了进一步完善政治和约和宗教协定,尤其是准备一些促进协定缔结的建议,对于一些偶尔出现的悬而未决的问题,还继续进行会谈。

1928年8月20日,我们各自誊写一份附有财务契约的政治和约和宗教协定副本。这仅仅是为了自己备用。9月3日,我去维索附近的乌西塔旅行,见到了加斯贝利枢机主教,他已审了两个文本。当天,这位国务卿枢机主教给我写了一封信,对文本某些细节问题作了许多保留。但他同时宣布愿意开始正式谈判解决罗马问题。9月7日,我到了圣玛尔格达·里古莱(Santa Margherita Ligure)会晤巴罗纳教授,把加斯贝利枢机主教的决定转告他。巴罗纳教授因身体欠佳,直到9月21日才返回罗马。11月9日,墨索里尼先生传出指令,宣称他认为可以开始正式谈判。11月22日,意大利国王授权政府首脑阁下委派巴罗纳教授作为他的代表开始正式谈判签署政治和约和宗教协定。圣座也相应于11月25日授予加斯贝利枢机主教同样的权力,承认巴罗纳教授和我具有谈判代表的资格。

巴罗纳教授的健康每况愈下。我们与他的会谈次数越来越少,后来他病倒在床。这位虔诚的天主教徒全靠宗教的安慰支撑着。在谈判期间他对宗教的感情越来越炽热。12月7日,病情似乎有所好转,但纯属假象,终于于1929年1月4日去世了。我失去

第四章 意大利民族国家形成中的罗马问题

了一位朋友,意大利失去一位英明的谈判者。

1月7日晚上,我接到一个电话,是意大利政府首脑打来的,邀请我去会谈。当时我因法律事务正在波洛尼亚。我立即赶回。翌日晨8时,我与墨索里尼先生进行了第一次会谈。他告诉我不再委任代替巴罗纳教授位置的人,由他亲自进行谈判。当天晚上,他又与我约会。此后,我有时是中午去找他,而更经常的是在晚上到他的拉塞拉路私人宅邸内会见。会谈常在晚上9点开始,有时延至次日清晨1时。我以一种无限钦佩的心情注视着我面前的这个人,无论白天还是黑夜,他都得不到休息——为了国家发奋地工作着。墨索里尼逐条逐字地反复推敲政治和约和宗教协定的全部条款。谈判进展得很快。事实上,我可以不用经过中间人,每天早上直接向教皇汇报头天晚上的会谈内容。

这些文本大约经过了20次反复斟酌,不仅经过意大利政府首脑及其专家们的审议,而且还呈交教皇本人核准。在为圣而公教会缔结如此重要条约的日子里,教皇本人把很多时间用在祈求天主的帮助上。①

从参加谈判的当事人的回忆来看,谈判双方为了达成解决"罗马问题"的协议进行了长期而激烈的交锋,各自都为自己争取最大的利益而在激烈地讨价还价,这也可以从双方谈判达203次、教皇本人召见派谈判代表契利达129次,每次长达3~4小时看出。②

经过两年多的争执和妥协,其间墨索里尼和教皇曾亲自参加谈判,最终达成了协议。1929年2月7日,教廷国务卿、枢机主教加斯贝利传召了各国驻梵蒂冈外交使节,正式宣布:"罗马问题已获得解决。"

1929年2月11日,教廷国务卿加斯贝利代表教皇庇护十一世,墨索里

---

① 载《世界宗教编译参考》,1982年第1期,第15页。
② 《罗马问题之鸟瞰》,载《圣教杂志》,1929年第6期,第277页。

尼代表意大利国王，在罗马的拉特兰宫正式签订了《拉特兰政治和约和宗教协定》，其中包括政治条约（27条）和宗教协定（45条），另有四个附件，统称为《拉特兰条约》。①有关条约的内容在1929年3月19日向公众公布。

该条约共由三个文件组成，第一个文件是《拉特兰政治和约》，又称《意大利王国和圣座协定》，是条约的正文，共有27条，规定了意大利王国与梵蒂冈城国双方的主权和外交关系，罗马教廷承认意大利国家及其首都罗马的地位，意大利承认教皇的权威和教廷对梵蒂冈的主权，教皇拥有世俗统治权、外交权、与外国自由来往权，同时对拉特兰宫和十几座教会建筑设施拥有治外法权和免税权。梵蒂冈则放弃了对前教皇国的领土要求，对此，意大利方面用赔款作为补偿。

《宗教协定》共有45条，确定了意大利王国境内的天主教会与民政当局之间的关系。规定天主教为意大利国教，罗马为天主教的中心与朝觐地；意大利各教区的大主教、主教的任命需意大利政府批准，大主教、主教须为意大利人，忠于意大利国家；意大利免除教士、修士服兵役与陪审的义务；意大利民政当局承认天主教结婚仪式具有法律效力，但应允许公民选择政府登记结婚，承认教会婚姻与民事婚姻同样有效，以杜绝一些人利用政教矛盾犯重婚罪；意大利政府承诺在初级与中级学校开设宗教课程，由教廷审定教师与教材；国家任用教士需教会批准。

此外，根据《拉特兰条约》的第四附件"财政协定"的规定：为了"赔偿梵蒂冈因取消教皇国及因教皇国归并入意大利而所受的损失"，意大利政府需偿还罗马教皇18亿金里拉，其中10亿金里拉用意大利国家的有价债券偿还，债券的年利息为5%；8亿金里拉为现金，但部分现金必须投资于意大利公债。②

---

① "Treaty between the Vatican and Italy", *The American Journal of International Law*, Vol. 23, No. 3, Supplement: Official Documents. (Jul., 1929), pp. 187—195.

② Gordon Ireland, "The State of the City of the Vatican", *The American Journal of International Law*, Vol. 27, No. 2. (Apr., 1933), pp. 271—289. 也参见[苏]约·拉普列茨基:《梵蒂冈——宗教、财政与政治》，北京：世界知识出版社，1959年，第128页。

第四章　意大利民族国家形成中的罗马问题

《拉特兰条约》的签署,在意大利激起了一片欢腾。签字当天,罗马全城挂起了意大利的国旗和教皇国旗,全国各地都举行了声势浩大的各种庆祝活动,一些人为意大利完成统一而欢呼,一些人为教皇终于有自己的领地不再受意大利政府控制而高兴。第二天,即1929年2月12日,教皇庇护十一世到圣彼得大教堂主持教皇加冕纪念日大弥撒,参加者有20多万,盛况空前。许多信徒的虔诚之心难以言表,他们聚集在圣彼得广场等待着教皇庇护十一世在阳台上露面。为满足信众的要求,教皇改变原来的安排,出现在阳台上,向人们赐以宗座的祝福。他说:"意大利回到天主的怀抱,天主又回到了意大利。"①

罗马教廷对《拉特兰条约》表示满意,而意大利王国和法西斯政府从中获利更大。1825年5月10日,墨索里尼在法西斯大会上曾经作如下的演说:"教会与国家而今已得调和。教会与国家二者各有其责任,彼此能以一种自由主权的地位来合作,实属可嘉……天主教在意大利是有特殊地位的,但对别的宗教也不应该摧残或干涉之。罗马问题之解决,双方无所谓胜负,那可说是平等的调和。因为《拉特兰条约》,教皇终于承认了意大利王国和国都罗马。同时我们也承认教皇的主权实际上还存在。"②

这段话所表达的意思很多,但从中看出,《拉特兰条约》虽然恢复了天主教为国教,但这绝不意味着让教会享有像中世纪那样的特权,在意大利宗教信仰还是自由的。条约也并没有使意大利丧失任何主权。《拉特兰条约》的签订和"罗马问题"的顺利解决,大大抬高了墨索里尼和法西斯党在意大利国内的政治地位,同时也提高了意大利在世界上的影响力。

《拉特兰条约》签订后,欧洲各国政府纷纷向教皇庇护十一世祝贺。最早发来贺信的是法国,由法国驻罗马教廷大使面呈。接着西班牙、比利时等天主教王国政府致电教皇表示祝贺。随后捷克、波兰、葡萄牙也致电祝贺。一些以新教为主的国家,如英国、德国、瑞典、荷兰等国政府也均祝贺《拉特

---

① 段琦:《梵蒂冈的乱世抉择:1922—1945》,北京:金城出版社,2009年,第36页。
② 董霖、佩萱:《法西斯主义与新意大利》,上海:黎明书局,1932年,第265页。

兰条约》签字。

一些新闻媒体对此事也作了大量报导。德国的报纸最早发布"罗马问题"得到解决的新闻,并称赞"墨氏之能奉公守正,并视此和约为历史上伟大事迹","将使普世获得一种不可思议之进展","意大利将立足在天主教国之前列"。西班牙马德里的大部分报纸认为:和约签字,不特欣慰圣座,有益意国,亦有利于全世界之国际也。西班牙的《角斗士报》(Epoca)说:"圣教会此后之发达,可以预祝矣。"阿根廷《民族报》(La Nacion)等报纸均用大字排成标语称:"梵蒂冈已得权威与公义之胜利矣。"英国《泰晤士报》评道:"法西斯党首领之手腕,果足惊人。但一部分党人之急进者,或正密度攻击,以对付此已成之和约。故创造此和约之人,不得不继续其开始之毅力,以维持其希望之进展。所幸庇护十一世及墨索里尼,均为现代难得之天才。故其将来成果之佳果,可拭目以待。而彼等之令名,亦将因此和约而常垂青史也。"①

1929年6月7日,教皇庇护十一世和墨索里尼互换条约的批准文本,《拉特兰条约》正式生效,"梵蒂冈城国"正式成立。《拉特兰条约》不但保留了1871年意大利议会通过的《保障法》所赋予罗马教皇的一切主权和外交特权,也承认了天主教会在一切精神事务上享有的充分自由,并通过赋予罗马教廷在梵蒂冈的完全主权而建立了一个独立的国家——"梵蒂冈城国"。②此后罗马教廷又公布了宪法和国徽,宪法中规定罗马教皇享有统治梵蒂冈的立法、司法和行政全权;确定国徽为两把交叉着的天国钥匙,衬托着教皇的三重冕;并以签订《拉特兰条约》的2月11日作为梵蒂冈的国庆节。这些措施使梵蒂冈具备了主权国家的职能和特征。③

就在1929年6月7日教皇与墨索里尼换约的当天中午,梵蒂冈宫由紫铜铸造的正门由守卫城堡的瑞士卫队开启,这是自1870年罗马教皇庇护九

---

① 以上引文均摘自《圣教杂志》,1929年4月,第179页。
② 其英文名称为"the Vatican City State",拉丁文为"Stato della Citth del Vaticano"。
③ Gordon Ireland, "The State of the City of the Vatican", *The American Journal of International Law*, Vol. 27, No. 2. (Apr., 1933), pp. 271—289.

第四章　意大利民族国家形成中的罗马问题

世避居梵蒂冈以来的第一次。随后教皇庇护十一世任命梵蒂冈城国的国务卿、财政部长等职。梵蒂冈还宣布自1930年1月1日起凡入境者需持护照。同日教皇任命了教廷派驻意大利的外交使节——"圣使"，并于7月8日觐见意大利国王，呈递国书。意大利国王则于同年6月10日任命了意大利王国驻梵蒂冈城国的大使，并于6月25日觐见教皇，递呈国书。① 这标志着教廷与意大利王国正式确立了外交关系。

1929年7月25日，教皇庇护十一世走出梵蒂冈宫，乘坐汽车在圣彼得广场检阅信众并举行宗教仪式。这是自1870年以来教皇第一次离开梵蒂冈，这个举动向全世界天主教徒宣示了"梵蒂冈的囚徒"已经获得了彻底的解放。

《拉特兰条约》和梵蒂冈城国的建立，使"罗马问题"最终得到解决。二战后，1947年的意大利共和国宪法确认并附入了此项条约，确定了今天意大利和梵蒂冈的关系格局。

梵蒂冈城国的建立标志着罗马教廷与意大利民族国家的完全分离。此后，作为世界天主教中枢的罗马教廷以一个完全独立的主权国家身份——梵蒂冈城国——在国际舞台上发挥独特的作用。罗马教廷的克里斯蒂亚大主教曾评析道："梵蒂冈城国的形成，对创立教廷作为政治强国的条件具有头等重要意义。"② 也有人在评论《拉特兰条约》签订的作用时说："此种外交上的胜利，使教皇的威望大增，且为教皇与世界各国政府的重要关系开了道路。"③

《拉特兰条约》的另一层重要意义还在于，经过59年的冲突和对抗之后，意大利民族国家和罗马教廷重新确定了各自的角色和身份认同，重新认识了教皇的世俗权力和宗教权威之间的关系，并找到了妥善的解决办法，这既符合现代民族国家政教分离的要求，也满足了教皇对世俗权力的要求，同

---

① 载《圣教杂志》，1929年12月，第65页。
② 刘明翰：《罗马教皇列传》，北京：东方出版社，1995年，第223—224页。
③ 谷勒本：《教会历史》，香港：香港道声出版社，1983年，第472页。

时,还满足了世界天主教徒对保证罗马教廷独立性和超脱性的要求。

正如在上文中谈到的,拥有广泛的世俗权力会削弱教皇的宗教权威,但是,在民族主义泛滥的时代,如果作为一个世界性普世教会的领袖,却受制于某一民族国家的世俗权力,必然会损害其宗教权威和中立性。因此,解决罗马教皇世俗权力问题的关键,不是教皇是否应当保有世俗权力,而是应当在多大范围内保有世俗权力。《拉特兰条约》使完全由罗马教皇主宰的"一隅之地"缩小到梵蒂冈的城墙之内,而保有这块弹丸之地和几乎没有任何实质意义的世俗权力的目的,正如教皇庇护十一世在签订《拉特兰条约》的当天对教廷枢机会议所声明的那样:保留仅有的这块土地是为了支撑神权;如果没有这块土地,一切将无以为继,因为神权没有了存身之所。① 又如在1965年10月4日,教皇保罗六世在纽约联合国全体会议上谈到自己所掌握的这种"微不足道的几乎是象征性的俗权"时,认为这是保证罗马教皇得以自由行使神职的最低需要,正是有了它,人们才确信在这个世界上,罗马教皇不受制于任何君主和国家,天主教会和罗马教皇也才能够"一无所求,只想力所能及地、用无私、慈恩和仁爱为你们效劳"。② 可以说,虽然领土是构成国家的第一要素,但是,就梵蒂冈城国而言,其国家的组成却是为了执行远远超过其领土和公民组织之上的职能,也就是作为世界天主教中枢的职能。③

天主教的普世主义与民族主义的排他性之间的矛盾是难以调和的,而作为世界天主教徒的最高精神领袖,罗马教皇身上不能蒙上民族国家的色彩。如果罗马教皇受到意大利政府的庇护,便很难保证其超然性、中立性,对其充当世界天主教徒精神指导的地位会产生很大的冲击。建立梵蒂冈城国,使罗马教廷摆脱了意大利政府的干涉和庇护,淡化了意大利色彩,成为世界天主教徒的中心。正如一位观察家所评论的那样:"历史的进程似乎剥

---

① [法]波帕尔:《教皇》,肖梅译,北京:商务印书馆,2000年,第25页。
② [法]波帕尔:《教皇》,肖梅译,北京:商务印书馆,2000年,第26页。
③ Umberto Toschi, "The Vatican City State: From the Standpoint of Political Geography", *Geographical Review*, Vol. 21, No. 4. (Oct., 1931), p. 532.

第四章 意大利民族国家形成中的罗马问题

夺了罗马教皇的政治权力,将其权力范围限制到最低——梵蒂冈城以内,但实际上却保证了他的独立性,或者可以说使他超然世外,极大地壮大了他的精神影响,使他得以假道德准则之命,只维护有关教会道德责任的利益,而不受任何怀疑。"①

---

① [法]波帕尔:《教皇》,肖梅译,北京:商务印书馆,2000年,第27页。

第五章
意大利的区域发展不均衡与民族问题

第一节　地区发展不均衡和南北问题

19世纪六七十年代,意大利半岛结束了自西罗马帝国崩溃以来长达1400多年的分裂局面,实现了统一。但是,在统一过程中也产生了两大痼疾,并深刻影响了此后意大利的发展命运。其一是1870年占领罗马剥夺教皇世俗权力所导致的意大利世俗国家与罗马教廷间的敌对,由此产生了"罗马问题",直到1929年签署"拉特兰协定"才最终解决。其二就是1861年意大利南部与北部合并,这是加里波第和红衫军远征的结果,从此意大利最终完成了统一。但是,由于南北之间在经济、社会、文化心理等方面所存在的发展差异,导致了"南方问题"的产生和恶化,这个问题一直延续到今天。

意大利"南方问题"的本质是意大利的南方与北方区域经济发展不均衡的问题。由于它的存在,意大利现在是欧盟各成员国中内部人均国民生产总值空间分布最不平衡的国家,现在这个问题已经成为欧盟内部、甚至所有发达国家中最大的地区发展不均衡问题。意大利著名的经济史学家卡洛·齐波拉认为,南北方的差距已经成为今日意大利最严重的问题,这个问题将决定未来几十年意大利的命运。①

---

① 张雄:《意大利"南方问题"的缘起和发展》,载《世界历史》,2001年第6期。

第五章 意大利的区域发展不均衡与民族问题

1875年,帕斯夸莱·维拉里在《观点》杂志上发表了一系列有关南方地区的文章,并呼吁政府和学术界关注南方的状况。从此,"南方问题"开始引起意大利学术界的重视,成为同一时期研究最多的问题。学术界又把对南方问题的研究同意大利的政治发展现实联系起来,使其具有很强的时代感。

意大利南、北方分界线有不同的划分法,意大利中央统计局采取北部、中部和南部的三分法;而意大利宪法则将南部进一步划分为大陆南部和岛屿南部。对作为一个经济—社会概念的"南方问题"而言,一般认为其所包含的地域为首都罗马和亚得里亚海滨城市佩斯卡拉及其岛屿连线以南的地方(包括拉齐奥南部地区),面积占全国的42%,人口占37.43%(1991年人口统计),包括半岛南部的6个大区和西西里岛、撒丁岛两个海岛地区,共8个大区。①

从"南方问题"的内容和表现上来看,长期以来,意大利南部地区贫穷、经济发展落后,各种黑手党组织和土匪猖獗,缺乏一个理性的、有序的、与工业文明相匹配的社会结构。在经济上,南方地区也与北方形成典型的二元结构:北部工农业经济发达,经济发展水平与西欧发达国家持平;南部则经济落后,以农业为主。这种二元对立的经济结构及其发展程度,使南北之间的社会生活水平差别巨大,导致国家经济和社会资源的分配不公,并进而导致意大利北方居民与南方居民之间的利益冲突。

如果把意大利的"南方问题"看作南北方之间在经济、政治、社会、文化传统、自然环境、甚至种族方面的差距和差异,则其产生的时间可以追溯到意大利政治统一以前的久远时代。但是,1861年之后,在国家统一的大背景之下,原本是国家与国家之间的发展差距问题(南部那不勒斯王国与北方各邦国)转化成为意大利国家内部的地区发展不均衡问题,意大利中央政府所应当承担的消除或缩小这种区域发展不均衡的责任也被提上桌面,正是从这个意义上看,"南方问题"才真正出现。

---

① Giuseppe Mammarella, *L'Italia contemporanea* 1943—1998, Bologna, Il Mulino, 1998. p.159.

意大利民族发展史

在1861年意大利实现南北统一的时候,南北方之间的差距就已经非常大了,以至于有学者断言:"如果要对国家南北两部分经济和社会的发展作一个评价的话,应该说南北不平衡在19世纪前60年内最为严重。"[1]根据温琴佐·罗西在1861年编制的国民收入分配表,可以看出南北方之间的巨大差异:皮埃蒙特、利古里亚、伦巴德和威尼托等地区约占全国总人口的三分之一强,但几乎集中了全部国民收入的四分之三,工业和第三产业收入的六分之五。关于经济结构的具体数据更能说明南方的劣势。在农业上,南方农业从业者的毛产值比北方低30%以上;南北方畜力资源所占比重分别为19%和46%;南北蚕丝产值所占比重差距更大,分别为16%和78%;[2]呢绒业的产值方面,北部占62%,南部仅占25%;识字率方面,北方为45%,南部仅为25.9%。[3]

南方与北方的差距还体现在人们看不到南方"从传统生活制度向现代制度的过渡"的可能性。[4]国家统一后,意大利南方地区各行业的发展一直处于一种停滞状态,很难有大的转变。在制造业领域,南方的制造业在规模和竞争力上都远远落后于北方,发展潜力也非常有限。外部资金进入南方以及企业的再投资困难重重,金融体系的落后导致融资手段的匮乏。由于意大利缺乏煤炭资源,只能大规模利用水力,但南方可以开发利用的水力资源少得可怜;而北方从阿尔卑斯山麓到平原地区都有丰沛的水力可用,为工业发展提供了无尽的动力,电气化时代到来以后,北方地区发展成为水电工业最发达的地区。

---

[1] [意]瓦莱里奥·卡斯特罗诺沃:《意大利经济史:从统一到今天》,沈珩译,北京:商务印书馆,2000年,第61页。

[2] [意]瓦莱里奥·卡斯特罗诺沃:《意大利经济史:从统一到今天》,沈珩译,北京:商务印书馆,2000年,第49页。

[3] Luciano Cafagna, "Discussion of the Origins of Italian Economic Dualism" in Giovanni Federico (ed.), *The Economic Development of Italy since 1870*, (New York: Edward Elgar Publishing Limited, 1994), p.635.

[4] [意]瓦莱里奥·卡斯特罗诺沃:《意大利经济史:从统一到今天》,沈珩译,北京:商务印书馆,2000年,第60页。

第五章 意大利的区域发展不均衡与民族问题

从可以开发利用的矿藏资源来看,除了西西里岛上的硫磺矿,南方没有重要的矿藏,也没有冶金工业发展所需要的铁矿,而在意大利中北部,第勒尼安海北部沿岸、皮埃蒙特和伦巴德山区,以及瓦莱达奥斯塔地区,煤铁矿藏相对丰富,冶金业比较发达。

从市场和金融业的发展来看,南方的城市市场,包括那些联系乡村和大城市的小市镇,数量稀少,且组织极差。南方的金融业,除发行货币的银行外,一般的信贷机构和储蓄银行几乎不存在。

从交通状况来看,由于波旁王朝在1848年以后实行低税收的政策,使其没有能力进行大规模公共工程的建设,从而造成交通设施的落后。1860年统一前夕,那不勒斯王国的普通公路里程平均起来每平方千米不超过0.1千米,而同时期的北方地区每平方千米为0.3千米。南部地区几乎没有铁路。

从城市发展来看,南方的城市在地理分布上支离破碎,杂乱无章地聚集于沿海平原地带,内地交通落后,工商业不发达,使这些城市缺乏进一步发展所需要的辐射区和腹地。以当时最繁华的那不勒斯城为例,在1860年时有50万人口,是意大利第一,欧洲第三大城市,但由于港口设施落后,交通不便,其缺乏足够的经济实力承担起作为地中海最重要港口的贸易和金融领导作用。

导致意大利南方地区落后和缺乏发展潜力的更重要因素是其农业经营体制和社会结构的落后。封建体制的顽固性和保守性是南部农业发展的最大特点。南方的土地大多为贵族地主所占有,大多数人是居住于城市里的"在外地主",他们是最保守的力量,长期抑制一切革新思想,阻止推广改良土地和资本流通的现代化体制,反对改革农业合同,满足于通过"庄头"或"管家"等中间人对佃农进行管理和收取租赋。同时,他们和一些拥有较多土地的农业资产阶级热衷于兼并土地,收买或吞并农民因为缺乏资金或受高利贷剥削而出卖的小块市镇公地的永久使用权。在土地经营上,南方最流行的是三级租佃制,作为中间人或者"二地主"的农业资产阶级热衷于盘剥佃农获利,而不愿意投资改良土壤、革新耕作技术和作物种类、改进契约关系以提高佃农的积极性,从而增加收益。

可见,意大利国家统一时的南部自然环境恶劣,基础设施落后,工商业发展的潜力很小,教育和文化也不发达,社会结构僵化,民间力量缺乏自主创新和进步的能力,很难打破保守落后的社会环境。在这种情况之下,新成立的中央政府应当对南方地区进行强有力的干预和支持,"只有根据优惠和有约束力的准则,在公共干预的形式和程度上,明确给予南方优先权,才能纠正经济发展的地缘方针,至少可消除最明显的地区差异,不至于达到不可收拾的地步"。①然而,这一切实际上并没有做到。

领导意大利实现统一的政治家们,有些人也在一定程度上认识到维护统一和进行有效治理的重要性。马西莫·达泽利奥曾大声疾呼:"我们已经制造了意大利,现在我们必须制造意大利人。"②加富尔也在1861年初写道:"今日之任务较过去更为艰巨、更为棘手。创立意大利、把组成意大利的各种不同成分融为一体、协调南北两部分,这一切与反奥战争、反罗马斗争同样困难。"③

但是,有两大因素导致意大利在统一后并未能采取有效措施促进南方的发展。其一是当时意大利的政治家们大多服膺并奉行自由贸易和自由放任的经济政策,主动放弃了对南方社会改造和经济发展的干预;其二是统一后建立的中央集权的行政体制和统一的管理模式阻碍了中央政府对南方地区发展的支援。

意大利统一后,南方经济发展最需要的是什么呢?所谓"治痼疾必用猛药",很明显,要使南方摆脱长期的停滞状态,就需要中央政府大刀阔斧地采

---

① [意]瓦莱里奥·卡斯特罗诺沃:《意大利经济史:从统一到今天》,沈珩译,北京:商务印书馆,2000年,第64页。

② T.戴蒂、G.戈齐尼:《当代史I:19世纪》(Tommaso Dettie Giovanni Gozzini, Storia Contemporanea I: L'Ottocento),布鲁诺·蒙达多里出版社,2000年,第272页。转引自张雄:《意大利"南方问题"的缘起和发展》,载《世界历史》,2001年第6期。

③ [意]瓦莱里奥·卡斯特罗诺沃:《意大利经济史:从统一到今天》,沈珩译,北京:商务印书馆,2000年,第65页。

第五章 意大利的区域发展不均衡与民族问题

取一些调整、刺激措施,鼓励生产性投资,追赶当时在欧洲大陆正如火如荼开展的第二次工业革命的浪潮,选准工农业发展的突破口,迎头赶上。为达到这些目的,不仅要大幅度增加公共支出的数量,还必须依赖国家干预的性质和具体方式。也就是说,为了打破古老的寄生性的农业制度的惰性和保守性,由国家主导,推动一个广泛的农业改良和贸易现代化的计划是极其重要的,其最终目的,则是要扩大固定资本投资,提高生产力水平,促进意大利南方地区的工农业经济走向新的繁荣。

但是在意大利统一初期,政界和社会舆论对南方的真实情况并不了解,对南方还抱有各种不切实际的幻想和希望,认为在消除了波旁王朝腐败的统治和地方自治主义的阻碍之后,南方地区能够凭借古老的"柑果园"和"巨大的自然财富"实现复兴。历史发展证明,意大利南方地区为这些幻想和虚假的希望付出了沉重代价。仅以对农业发展非常重要的水利工程建设为例,在19世纪七八十年代,意大利中央政府投入了大量资金,对北部的费拉拉地区、科马基奥山谷、波河三角洲以及罗马诺的土壤改良工程提供补贴,但直到1897年才通过了第一个针对南方公共工程的法律《撒丁岛开垦法》,直到1906年,意大利中央政府才把卡拉布里亚大区改良土壤工程的补贴增加到80%以上。1862年至1924年间,意大利全部水利工程开支的分配如下:北方为49.40%,中部为42.50%,南方仅为8%强。①但根据意大利经济学家潘塔勒奥尼的估计,1910年不同地区的财富量和税收比例却是:北部地区占全国财富的48%,支付40%的税收;中部占财富的25%,支付28%的税收;南方占财富的27%,却支付32%的税收。这是非常不合理的,也是非常不公平的。从这些情况来看,意大利南方地区不但被国家忽略了,也受到了北方的"殖民掠夺"。②

---

① [意]瓦莱里奥·卡斯特罗诺沃:《意大利经济史:从统一到今天》,沈珩译,北京:商务印书馆,2000年,第67页。
② 丁建弘主编:《发达国家的现代化道路——一种历史社会学的研究》,北京:北京大学出版社,1999年,第598页。

意大利民族发展史

1861年以后，以撒丁王国为主体的北方官僚队伍，始终把维护政治统一放在首位，他们关注的是加强对南方地区的军事和政治控制，确保"民族复兴运动"的成果。在此背景下建立的中央集权的行政体制，使南方难以建立一个足以发挥作用的立法机构，也不能建立一个精简、高效的行政机构。省市财政权的削弱，又使地方政府无法拥有必要的、广泛的手段来公平合理地解决公产问题，也无法根据本地区的特殊需要进行公共工程建设，改善基础设施。同时，统一后全国实现了公共机构和国家干预手段在法律上的统一，但是这种行政干预和领导准则是以意大利北方地区的情况为参照系制定的，如1882年通过的《巴卡利尼法》规定所有的公共工程均由国家直接控制，同时这些工程财政投入的一半要由省、市和私人机构承担。这种做法适合北方较发达地区的情况，却不适合南方地区。在那里，地方政府的财政大多陷入赤字亏空状态，无力支付其余一半的投资款项，私人投资的积极性很小。此外，金融体系的落后也限制了社会融资能力（1873年，全国有279家地方储蓄银行，但南方还不到32家；从事土地信贷业务的机构，南方也只有那不勒斯银行一家）。[①] 所以，由于南方的落后，它所需要的是特殊的干预机制和投资。甚至像帕斯夸莱·曼奇尼这样强烈主张实现全国法律统一的人，在统一后不久也批评了在南方施行"与意大利北方现行行政和制度过分划一的倾向"，并提出了一个强化公共工程的计划和一个有利于南方的特殊立法。[②]

在意大利国家统一后的很长一段时间里，意大利中央政府有效干预的缺失，对南方的政治和社会结构也造成了较大的负面影响。南方统治阶级不愿也没有能力领导和实现这种现代化的干预。他们或者由于自私，为了拉选票，在一些大型公共工程的建设上屈服于一些宗派团体和院外集团的

---

① [意]瓦莱里奥·卡斯特罗诺沃：《意大利经济史：从统一到今天》，沈珩译，北京：商务印书馆，2000年，第67—68页。

② [意]瓦莱里奥·卡斯特罗诺沃：《意大利经济史：从统一到今天》，沈珩译，北京：商务印书馆，2000年，第70页。

第五章　意大利的区域发展不均衡与民族问题

压力;或者贪污腐化,与投机分子互相勾结,中饱私囊,进而影响南方的发展。同时,由于缺乏有效的鼓励和扶助措施,农村中最有活力和进取心的阶层——中小地主逐渐演变成一些非生产性的中产阶级,有些人进入官场、军界、学界或教会,有些则成为纯粹的剥削者,靠压榨佃农维持生活。

从以上的分析可以看出,要改变南方落后的状况,国家大规模的干预是必不可少的。正如卢恰诺·卡法尼亚指出,在南方需要"国家实施一种非中立的、亦非稍有体现南方各省巨大需要的政策,即要实施一种明确的、有力的支持政策"。①二战以后意大利对南方问题的处理,也正是走了一条国家干预的道路。

以落后的农业经济为主体的意大利南方地区,在国家统一之后并没有受到中央政府所大力推进的大规模工业化浪潮的影响,相反,北方工业化的发展进一步加剧了南北之间的差距。尽管在19世纪末的焦利蒂时代和一战后的尼蒂政府时期,以及更晚的法西斯统治时期,历届政府都曾为改变南方的落后状况作过一些努力,②但是由于南北方发展的不同步,南北不平衡的状态也进一步加剧。

20世纪50年代末,北方的伦巴德和皮埃蒙特两个大区共计有人口1 125万,占全国总人口的22.4%,但这一地区的工业从业者却占全国纺织业就业人口的66%,冶金业就业人口的57%,机器制造业就业人口的56%,化学工业就业人口的54%。与此相反,意大利南方地区共有人口1 850万,占全国总人口的38%,而这里的工业就业人口只占全国纺织就业人口的5%,冶金业就业人口的8%,机器制造业就业人口的8%,化学工业就业人口的7%。1961年,在佛罗伦萨以北地区,工业就业人口数量超过1.5万人的市镇有29个;类似的市镇,在佛罗伦萨以南地区只有4个。③

---

① [意]瓦莱里奥·卡斯特罗诺沃:《意大利经济史:从统一到今天》,沈珩译,北京:商务印书馆,2000年,第68页。
② 比较详细的论述请参见张雄:《意大利"南方问题"的缘起和发展》,载《世界历史》,2001年第6期。
③ 罗洪波:《意大利南北发展不平衡及其启示》,载《欧洲》,1997年第1期。

二战结束后,南方农民进行了声势浩大的"争取土地、反对失业"的占地运动。此起彼伏的农民斗争使意大利政府不得不把解决南方问题提到议事日程上来。与此同时,在经济界和政界出现了以工业部长罗多尔夫·莫兰迪和国家经济规划部际委员会副主席帕斯夸莱·萨拉切诺教授为首的新南方主义派,他们受战后意大利所盛行的三种经济思想的影响,即外部经济论(认为某个行业中一家企业从由于其他行业中一些企业的同时设立而获得利益)、资本—产品比率论(强调国民收入的增长有赖于保持在投资和收入之间的最高比例,通过提高资本化来增加产品供给)、倍数分析论(认为投资在增加收入方面具有倍数效果,能够造成对商品的更大需求,从而促进生产和就业),对通过国家干预改变南方落后状况抱有乐观的态度。① 他们的主要观点是:① 工业化是使南方摆脱落后面貌的必要途径;② 必须通过国家干预为私人资本南下创造便利条件,使之有利可图;③ 南方的开发对整个国民经济的发展至关重要,国家对南方的干预具有全国意义。在各方的大力推动下,1950年意大利政府决定对南方进行大规模的经济援助和社会改造。

1950年8月10日颁布的第646号法律决定成立"南方公共事业特别工程基金局",简称"南方开发基金局"。根据法律规定,南方开发基金局的活动为期15年,创办基金为1万亿里拉(当时约合16亿美元),相当于当年意大利全国国民收入的10%。它所覆盖的地域面积达13万平方公里,占全国领土的43.2%。除资助南方地区的8个大区外,还包括与南方8个大区接壤的拉齐奥大区、马尔凯大区的部分地区和属于托斯坎纳大区的岛屿。自1950年以来,意大利为开发南方地区颁布了20多项法律,在不同阶段为促进南方的工业化进程采取了不同措施。

第一阶段(1950—1957年)

第一阶段可称为工业化的准备阶段。这一阶段意大利对南方的特别干

---

① [美]罗伊·威利斯:《意大利选择欧洲》,上海:上海人民出版社,1976年,第190—191页。

第五章 意大利的区域发展不均衡与民族问题

预主要集中在两个方面:第一是进行土地改革,没收或收买大庄园主的土地,分给无地或少地的农民,以缓和当时南方尖锐的阶级和社会矛盾。从1950年起,政府先后颁布了三个土改法:《西拉法》(1950年5月12日)、《临时法》(1950年10月21日)和《西西里地区法》(1950年12月27日),没收或收买大土地所有者的土地,据此分配土地749 210公顷(其中波河三角洲地区47 942公顷、托斯坎纳和拉齐奥的马雷马和富齐诺210 097公顷、普利亚和卢卡尼亚196 937公顷、卡拉布里亚的西拉地区84 865公顷、西西里岛108 253公顷、撒丁岛101 561公顷),受惠于此的南方家庭为109 425个,其中自耕农占7.6%,对分农占40.4%,雇农占52%。①

第二是进行大规模的农业改良和修建基础设施,为今后工农业的发展创造一个有利的环境。1950年通过的第646号法律规定,南方开发基金局应当将基金的77%用于改善农业,其余的经费将用来修建沟渠、道路和旅游设施。根据这些规定,南方开发基金局在一开始就强调改良农业,同时也为工业进行基础设施建设。在1950年至1957年间,南方开发基金局所进行的主要活动包括:1952年,开始在全部南部山区的盆地进行造林和修建水利设施,并建设重要的铁路线;1953年,开始实施那不勒斯市内的一些专门计划;1955年,开始实施为拉布里亚制定的特别法案,为兴建水利灌溉工程和开垦荒地的12年计划提供财政援助。同时,南方开发基金局还被授权与国外缔结贷款合同,负责为工业发展提供财政援助。在1950年至1955年间,南方开发基金局用于基础设施建设的投资额高达4 677亿里拉,占整个基金局同期总投资的82.5%。②至1957年底,已被批准的工程项目价值达8 840亿里拉,这些项目中有半数已经完成,有30%正在进行中。基金投资总额的50%用于在山区盆地开垦荒地和兴建水利设施方面,18%用在铺设自来水管道和排水管方面,18%用在修建道路方面,其余则用在修建铁路和旅游设

---

① Giuseppe Mammarella, *L'Italia contemporanea* 1943—1998, Bologna, Il Mulino, 1998. pp. 155—156.
② 罗洪波:《意大利南北发展不平衡及其启示》,载《欧洲》,1997年第1期。

施方面。①

从另一个角度看,二战后在意大利南方地区进行的土地改革并没有完全解决南方的农业落后问题,反而导致了土改机构政治化、小土地所有制盛行、农民技术落后等问题,导致数百万农村劳动力放弃土地涌向城市,广大农民的政治参与和生产积极性没有调动起来。1959年意大利南方地区的人均国民收入只有全国平均水平的65%,而同时意大利的西北地区则为164%;到1987年,南方人均收入只上升了2个百分点,达到68%。②

同时,一些批评者也认为,虽然南方开发基金局有效地进行了1950年法令所规定的活动,也实现了部分目标,但是,单纯进行基础工程建设并不能促进大规模工业化,因此也就无法彻底改变南方的落后面貌。意大利政府吸取了批评者的意见,对南方的开发进入了第二阶段。

第二阶段(1958—1975年)

1957年7月29日意大利议会通过特别法令,将南方开发基金局的活动时间延长到1965年,并且规定未来的投资重点放在工业生产方面。因此,自1958年开始,意大利政府对南方特别干预政策的重点从大规模兴建基础设施转向大力促进该地区的工业化,这主要是通过三个途径实现的:

第一,由于承认了地区发展潜力不同的客观现实,所以法案规定南方开发基金局应该仔细选择那些具有发展潜力的"工业发展区"和"工业化核心地区",并进行重点投资。在具体执行中,工业发展区的基本建设任务由开发公司承包,南方基金局为之提供所需资金的85%。

第二,1957年7月29日的法案规定所有的国家控股公司,特别是"工业复兴公司"和"国家碳化氢公司",必须将其工业投资总额的40%和新建工业

---

① [美]罗伊·威利斯:《意大利选择欧洲》,上海:上海人民出版社,1976年,第193页。
② Brian A'Hearn, "Institutions, Externalities, and Economic Growth in Southern Italy: Evidence from the Cotton Textile Industry, 1861—1914", *The Economic History Review*, New Series, Vol. 51, No. 4 (Nov., 1998), pp. 734—762.

第五章　意大利的区域发展不均衡与民族问题

企业投资总额的60%投在南方地区,以此促进南方的工业发展。在1958年至1965年间,各种国家控股企业在南部地区投资的总额达16 550亿里拉,占南部工业投资总额一半以上,其中大部分投资集中在钢铁、石油化工和水泥等基础工业。巨额的工业投资流入塔兰托—巴里—布林迪西、那不勒斯—萨勒诺—卡塞塔、拉蒂纳—阿普里利亚、卡利阿里以及锡腊库扎—卡培尼亚—杰拉等地区,在这些地区建成了一大批规模巨大、技术先进的钢铁、机械、汽车、造船、水泥、石油化工等企业,如1965年在塔兰托建成投产的意大利联合钢铁厂、在那不勒斯—萨勒诺—卡塞塔三角地带建成的阿尔法—萨特汽车厂(能够年产30万辆阿尔法—罗密欧牌的汽车)等。①

第三,通过给予税收和金融方面的优惠条件,吸引并鼓励私人企业到南方地区投资,以增强南方经济发展的自主造血能力。为了吸引私人企业到工业发展区投资设厂,意大利政府制定了一系列措施,其中包括:①对南方新办工厂给予10年免征利润税的优待(当时利润税率为28%～36%),厂房建设经费由政府补贴25%,购置机器设备由政府补贴10%(如果从南方部门购置设备,补贴增加到20%),政府还为新建企业投资提供70%以上的优惠贷款;②中央政府将其采购总额的30%用于南方;③为了提高企业的管理水平和技术水平,1965年南方开发基金局创建了南方职业培训和研究中心。

在这一系列优惠政策的吸引下,从1959年到1963年,在意大利南方地区出现了工业投资的高潮。工业投资的72.9%为冶金和石油化工业所吸收,绝大多数新建工厂属于国家参与制企业。②

1965年第717号法律、1967年颁布的第1522号共和国总统令和1971年第853号法律,延长了南方开发基金局的活动年限,进一步放宽了政府对南方工业企业的优惠条件。第853号法律规定在1971年至1975年间,国家对固定资本投资在1亿至15亿里拉的企业的创建、改造或设备更新提供所

---

① [美]罗伊·威利斯:《意大利选择欧洲》,上海:上海人民出版社,1976年,第200—201页。
② 罗洪波:《意大利南北发展不平衡及其启示》,载《欧洲》,1997年第1期。

需资金35%的补贴(以提供设备、原料和半成品为主,对人烟稀少地区企业的补贴达45%);对固定资本投资在15亿亿50亿里拉的企业提供所需资金15%～20%的补贴,35%～50%的优惠贷款;规定国家参与制企业新建工厂投资的80%和工业投资总额的60%必须投向南方。

第853号法律使南方地区出现了第二次工业投资的高潮,如以1960年南方工业投资额为100的话,1968年为82.3,则1974年猛增到226.5。第二次工业投资高潮主要涉及钢铁部门、机械和电子部门、初级化学部门,仍然是国家参与制企业一马当先。

第三阶段(1976—1984)

1973年石油危机发生以后,受石油价格高涨的影响,意大利南方的许多大型工业企业陷入危机。西欧其他国家和意大利北方地区的经济衰退,致使许多意大利南方籍的劳工返回家乡,进一步加剧了南方的失业压力。为了降低失业率,保证意大利南方经济的进一步发展,意大利政府对南方进行特别干预的重点转变为发展中小企业,解决失业问题。

1976年5月2日颁布的第183号法律规定,改革以往单纯依靠大企业来促进南方工业化的做法,拨款18.2万亿里拉用于发展中小企业。法律规定,对于南方兴建新企业、扩建和改造老企业给予占固定资本投资40%的优惠贷款,利率为普通利率的30%,贷款期限为15年(新建企业)和10年(其他项目)。上述企业还可以从政府得到投资补贴。第675号法律规定,对于更新设备和进行结构改造的企业给予占投资总额70%的优惠贷款,期限为15年。1976年至1984年,意大利对南方特别干预共拨款34万亿里拉。

第四阶段(1985年以来)

南方开发基金局自1950年成立后,曾6次延长活动年限。1984年7月31日在南方开发基金局活动年限再次到期时,意大利政府要求继续延长南方开发基金局活动年限的法案被众议院驳回。1984年8月6日意大利政府

第五章 意大利的区域发展不均衡与民族问题

颁布共和国总统令,宣布清算南方开发基金局。南方开发基金局清算完成后,取而代之的是"南方发展促进公司"和其他机构。与南方开发基金局不同的是,南方发展促进公司具有法人地位,是公私合营企业,其资金来源包括3个方面:①南方经济开发银行、西西里工业投资银行和撒丁工业信贷银行的贷款;②南方农业投资公司、南方投资公司、南方新建企业投资公司、南方销售投资公司等私营公司的入股;③南方发展资助局、南方职业培训和研究中心、南方发展协会等公有机构的入股。

清算南方开发基金局以及由南方发展促进公司承担原南方开发基金局的职责,标志着意大利政府对南方的干预开始向综合性和常规性转变。1986年3月1日颁布的第64号令明确规定了新的国家干预目标,即促进落后地区经济社会的平衡发展,促进、保护和发展生产,推动技术革新,继续发展基础设施和服务设施,保证劳动力特别是青年人的就业。第64号法律还规定增加对南方科学技术研究的优惠和补贴。例如,法律规定,新建和扩建的研究所可享受所需资金50%的投资补贴,拥有15个雇员以上的研究所均有资格享受补贴;直接为生产服务的新建研究单位可享受相当于投资80%的补贴。第64号法律还规定,继续贯彻有关减少南方企业增值税的规定,用于再投资的利润一律免除地方所得税,新建工厂可在10年内免缴全部法人所得税。1992年颁布的第488号法律规定增加拨款23.8万亿里拉,其中13.8万亿用于完成第64号法律遗留项目,10万亿里拉用于开发具有战略意义的生产项目。①

自1950年以来,意大利政府投入巨资对南方地区进行特别开发、促进该地区发展,已经有50多年的历史。在这期间,国家投入了大量资金,完成了上千个项目。现在虽然意大利国内不同党派、不同阶层的人士对南方开发政策及其成效褒贬不一,但从总体来看,意大利的南方开发政策还是符合意大利国情的,并取得了较大的成效,今天的意大利南方地区已经初步摆脱

---

① 罗洪波:《意大利南北发展不平衡及其启示》,载《欧洲》,1997年第1期。

了贫穷落后的面貌,跟上了意大利国家整体发展的步伐。

首先,意大利南方地区的工业和第三产业得到快速发展,产业结构发生了变化。1951年至1988年间,在南方地区的就业人口构成中,农业人口的比重由57%下降到了16.3%,工业人口的比重上升到了23.2%,第三产业人口上升到60.5%。在南方以要素成本计算的增加值中,1984年工业(包括建筑业)的比重达29%,农业比重已下降到10.3%,第三产业达60.7%。产业结构的升级表明,南方基本具备了现代经济和社会的特征。[①]

其次,意大利南方地区已经建成了现代化的交通运输网。1951年南方公路总里程为4.3万公里,1987年增加到10.6万公里,其中高速公路和国家级公路总长2.3万公里,人均拥有公里数大大超过北方;南方的铁路干线全部实现电气化,高速火车已通达南方;南方的人均拥有汽车数目已与北方持平。

再次,南方地区居民的生活水平得到提高。南方地区的家庭用电量基本达到全国平均水平。1987年,南方地区的家庭在饮食、购置衣物、房产、家具方面的消费,基本与北方持平。在医疗卫生、教育等方面的消费,也比以前有了很大的提高。如果没有国家的特别干预和开发投资,南方很难达到今天这样的水平。由此可以说,意大利开发南方政策的成绩是显著的。

但是,二战结束后意大利倾全国之力对南方地区进行了长达50多年的大开发活动,仅仅是改变了南方绝对贫穷落后的状态,并没有使南方达到或超越北方的经济和社会发展水平,南方相对落后的状况仍然十分严重。从意大利全国来看,南北发展不均衡的问题仍然存在,并导致了比较严重的社会与政治问题。

如意大利南方地区的人均国民生产总值在1951年至1955年间为中北部地区的56%,1971年至1975年间上升到62%,1986—1988年又下降为58%。在欧洲范围内来看,如果将1987年欧共体12国的人均国内产值设定为100,则意大利全国平均水平为104,其中最发达的北方伦巴德地区达

---

① 罗红波:《意大利的计划与市场》,载《欧洲》,1993年第3期。

第五章　意大利的区域发展不均衡与民族问题

到137.3,而最落后的卡拉布里亚地区仅为58.7。根据那不勒斯银行提供的资料,1995年的南方人均国内产值为1 909.7万里拉,仅为北方(3 348.8万里拉)的57%;根据意大利中央银行估计,南部地区的人均国民生产总值在1947年至1983年间增长了3倍,但仅相当于中北部20年前的水平。①意大利中央统计局发布的统计数字显示,2000年意大利的全国贫困家庭数量(此类家庭月均消费在156.9万里拉以下)为270.7万,占家庭总数的12.35%(1999年为11.9%),在北部、中部和南部分别占当地家庭总数的5.7%、9.7%、23.6%。2000年依据主要财产和服务确定的绝对贫困家庭占全国家庭总数的4.3%,即95.4万户,共计293.7万人,其中70.7%的绝对贫困家庭集中在南方地区。意大利中央统计局发布的另一组数据显示,2000年意大利每个家庭平均每月花费4 216 844里拉,比1999年增长4.3%,其中北部家庭增加5.8%,南部家庭增加4.6%,差距是每月120万里拉。②

意大利南方和北方之间长期存在的区域发展不均衡问题,不仅会影响意大利整体国民经济的发展步伐,还会引发严重的社会和政治问题,削弱人们的国家认同感和民族意识,甚至导致国家的分裂。这一点,无论是在历史上还是在现当代,都曾出现过。在19世纪70年代南方问题浮出水面之后,许多研究者认为造成南方落后的原因是北方对南方的剥夺,把意大利的政治统一干脆说成北方对南方的殖民化,或者认为北部殖民者强行破坏了南方的已有工业体系,把南方转变为北部的商品和廉价劳动力市场,或者从政治上强调北方对南方的征服。③也正是出于这种心态,再加上南方地区一直存在的反国家主义和分离主义传统,统一的意大利国家就成了南方的敌人,

---

① Jane Schneider, ed., *Italy's "Southern Question": Orientalism in One Country*, New York: Berg, 1998. p. 206. 也可参见罗红波:《意大利的计划与市场》,载《欧洲》,1993年第3期。

② 米兰《晚邮报》(Corriere della Sera),2001年7月31日;2001年6月22日。转引自张雄:《意大利"南方问题"的缘起和发展》,载《世界历史》,2001年第6期。

③ Jane Schneider, ed., *Italy's "Southern Question": Orientalism in One Country*, New York: Berg, 1998, p. 28.

特别是在具有悠久反抗传统的西西里人眼里,无论是诺曼征服者,还是波旁国王,抑或是现代意大利,都成为自己的敌人。① 这种分离主义在二战期间达到了高潮,其中安德烈亚·费诺基诺·阿普利雷领导的西西里分裂运动坚持了4年之久(1943—1948)。

二战后,意大利为推动南方的开发,向南方投入巨额资金,其来源主要为北方的税收。但50多年的开发并没有取得显著效果,同时大量的款项被贪污和浪费,从而激起了北方人的不满。在此情况下,许多北方人抛弃了意大利民族复兴运动的领袖们关于统一国家的理想,重新唤醒了北方各地区在中世纪培养起来的地方自治和分离传统。20世纪90年代极右翼政党"北方联盟"在意大利政坛的迅速崛起集中体现了北方人的这种心态。② 作为一个政党,"北方联盟"的目标是实现区域自治、特别是实现各地区的财政和行政自治。1993年的全面抽样调查表明,虽然"非常赞同""在我们地区征收税款的大多数应当用于原地"的人数不到一半(43%),但是"北方联盟"的支持者中对此持"强烈赞同"的几乎达2/3(63.6%),同意"最好是北方与中部和南部分裂出来"观点的人有19%,而在"北方联盟"的支持者中,这个比例高达34%。③ 虽然随着20世纪90年代中期以来意大利政局的稳定和国家行政体制向联邦制的转变,"北方联盟"的影响逐渐衰弱,但由于地区发展不均衡而引起的这种分裂倾向,却值得人们深思。

---

① [德]马克思:《西西里和西西里人》,参见中共中央马克思恩格斯列宁斯大林著作编译局编译:《马克思恩格斯全集》,第15卷,北京:人民出版社,1965年,第49页。

② 关于意大利北方中产阶级的这种愤慨,笔者曾经亲历过一件小事,可以帮助读者理解。2007年春,笔者接待意大利锡耶纳大学的一位从事欧盟研究的著名教授来南京大学欧洲研究中心讲学,教授的夫人是一位从事档案研究的学者,曾多次来华交流。在一次晚餐后的闲聊中,谈及意大利黑手党势力向北部地区扩散,进而引出意大利南北间的文化差异、经济发展不平衡等问题,当时教授的夫人用了非常强烈的语气讲:"我宁愿意大利没有统一南方。"对意大利南方的不满溢于言表。笔者当时听到这句话非常震动,至今记忆犹新。

③ Salvatore Sechi, *Deconstructing Italy: Italy in the Nineties*, Berkeley: University of California Press, 1995, pp. 281-285, 287.

第五章　意大利的区域发展不均衡与民族问题

第二节　意大利的少数民族问题

在绝大多数读者看来,意大利是比较纯粹的单一民族国家,意大利政府、研究机构以至一般居民也大多有着类似的看法。在意大利,引起人们关注的是由于发展不均衡而引起的发达的北方与相对落后的南方之间的矛盾,民族矛盾则很少引起注意。其实在意大利,除占全国人口 97% 的意大利人以外,还有一些人数较少的民族或人种存在,如弗留利人、南蒂罗尔人、普罗旺斯人、拉定人、斯洛文尼亚人、希腊人、阿尔巴尼亚人、加泰隆人等,其总数不超过意大利总人口的 3%。①

在二战以前和战后很长一段时间里,意大利政府和许多学者只承认在意大利存在着不同的语言集团,而不承认意大利有少数民族;还有人认为这些语言实际上是意大利的不同方言或者是由意大利语演变而来的,在法西斯时期,政府甚至不承认意大利存在语言上的差别,鼓吹意大利是一个单一语言的国家。20 世纪 70 年代以来,一些学者在作了大量调查研究之后,才承认"意大利还存在许多地方方言,或者说存在一些讲外国古老语言的集团,在任何情况下都不应该忽视,他们是'语言上的少数民族'"。② 意大利政府也不得不承认这一点,并设立了 5 个语言上的少数民族自治区。它们是:特伦蒂诺—上阿迪杰(南蒂罗尔)区、瓦莱·达奥斯塔区、弗留利—威尼斯·朱丽亚区、撒丁区和西西里。特伦蒂诺—上阿迪杰区居住着南蒂罗尔人、拉定人;瓦莱·达奥斯塔是普罗旺斯人聚居的地区;弗留利—威尼斯·朱丽亚区有弗留利人、斯洛文尼亚人和少量的南蒂罗尔人和克罗地亚人;西西里及意大利半岛南端生活着阿尔巴尼亚人和希腊人;撒丁岛的阿盖洛地区

---

① 赵锦元编著:《欧洲民族主义发展新趋向》,北京:中央民族大学出版社,1996 年,第 179 页。

② 赵锦元编著:《欧洲民族主义发展新趋向》,北京:中央民族大学出版社,1996 年,第 179 页。

居住着加泰隆人。

从意大利现当代的发展历程来看,特伦蒂诺—上阿迪杰地区的民族问题相对突出,这些问题,特别是其中说德语的南蒂罗尔人的民族问题最具代表性,不但在意大利国内产生了较大影响,而且还导致了奥地利与意大利之间的外交纠纷,甚至发展到上诉联合国和国际法庭的程度,也正是由于这种情况,才促使人们关注意大利的民族问题。

特伦蒂诺—上阿迪杰大区(Trentino-Aldo Adige)位于意大利北部,与奥地利和瑞士接壤,包括以意大利语为主的特伦蒂诺省和以德语为主的博尔扎诺省两个自治省,面积1.3万平方公里,总人口约93万人。①在历史上,这一地区最早的居民是凯尔特人,后来被罗马人征服。公元5世纪末,居住在巴伐利亚地区的日耳曼人向南推进并占领了蒂罗尔,从此开始了这一地区的日耳曼化过程。在日耳曼语言的传播过程中,一些偏僻的峡谷未被这种语言同化,生活在这里使用拉丁语的居民便形成了今天的拉定人。同时,特伦蒂诺地区在语言上也一直没有被日耳曼化。12世纪最后20年,上阿迪杰地区成为蒂罗尔伯爵封地,最初只限于海拉纳周围地区,以后逐渐向四周扩大,因此这一地区又被称为"蒂罗尔"。1805年奥地利在奥斯特里茨战役中被拿破仑战败,被迫将蒂罗尔(包括特伦蒂诺地区)割让给法国的盟友巴伐利亚王国。1810年,拿破仑将蒂罗尔并入意大利王国,并在此设立上阿迪杰行政区。随着拿破仑帝国的崩溃,奥地利在1813年占领了蒂罗尔,并于1815年将其正式并入奥地利版图。此后的一百多年里,奥地利统治者在上阿迪杰地区大力推广德语,并得到了要求在全省实行日耳曼化的德意志国家主义运动的支持,但同时也遭到了意大利领土收复主义者的强烈反抗,在这种背景下产生了保持和传播古拉丁语的拉丁运动,与奥地利人的日耳曼化运动唱对台戏。

第一次世界大战以后,根据《圣日耳曼条约》的规定,上阿迪杰划归意大

---

① 范振军:《特伦蒂诺—上阿迪杰——欧洲民族自治地区的典范》,中国民族报,2006年9月22日、29日。

第五章　意大利的区域发展不均衡与民族问题

利。意大利政府在上阿迪杰地区推行严厉的"去日尔曼化"运动,如禁止在当地政府机关中使用德语,逐步关闭一些德语学校并采取措施禁止德语、拉定语文化集团的活动。标榜民族主义的墨索里尼在意大利夺取政权后,在上阿迪杰地区采取了更严厉的措施。1926 年 8 月 25 日当地政府宣布恢复使用各种法令的意大利语名称,与此同时,任何用德语书写的文件均被禁止,在各种企业、事业单位中以及在文化和法律领域中只允许使用意大利语。德语民族的政党也被解散。在这种情况下,讲德语的职员不是被解雇就是被调动工作。同时,意大利政府还采取各种措施鼓励意大利人移居到上阿迪杰地区,希望以此"冲淡"当地的日耳曼色彩。到 20 世纪 30 年代后半期,在上阿迪杰地区,特别是其中的博尔扎诺市、米拉诺市和布莱萨诺市等大部分地区的人口和语言结构已经明显改变,讲意大利语的人口已超过了德语民族集团,并遍及全省农村。1938 年纳粹德国吞并奥地利后,解决南蒂罗尔问题成为希特勒和墨索里尼的紧迫任务。一方面,希特勒希望创建一个牢固的德意志民族国家和在东方新征服领土上定居它的居民,并声称是为了更好地保护他们;另一方面,墨索里尼为了使上阿迪杰完全意大利化,巴不得讲德语的南蒂罗尔人离开当地。在这种形势下,经过协商,两国达成了南蒂罗尔居民国籍选择权协定。根据这个协定,愿意继续留在上阿迪杰的南蒂罗尔人要发表保持意大利国籍的声明,放弃任何分裂企图;愿意成为德国公民的必须离开自己的家园,由德国政府予以安置,意大利政府将为此提供搬迁和安置费用。这一时期的南蒂罗尔人面临着集团、家庭和个人的国籍选择,在举行公民投票后,2/3 的南蒂罗尔人(大约 7.5 万人)作出了迁徙的决定,由意大利提供 70 亿里拉的搬迁费。这个过程始于 1939 年下半年,一直持续到 1943 年。但在 1945 年以后,大约有 2.1 万南蒂罗尔人又从德国、奥地利,特别是从捷克斯洛伐克返回意大利。[1]

这些重返家园的人们希望能够合并到奥地利或享有特别自治权。虽然这一要求得到了美国和英国等战胜国的重视,但出于地区稳定的考虑,《圣

---

[1] 赵锦元编著:《欧洲民族主义发展新趋向》,北京:中央民族大学出版社,1996 年,第 183 页。

日耳曼条约》所确定的国界线依然有效,上阿迪杰仍属于意大利。1946年9月5日,意大利总理加斯贝利与奥地利外长格鲁伯在巴黎签署协议,规定给予上阿迪杰地区以广泛的自治权和保护当地居民使用德语的权利,确保上阿迪杰地区经济和传统文化的发展,并确保当地居民能够行使自治立法权和行政权。1948年2月26日,意大利颁布《自治法》,把特伦蒂诺省和博尔扎诺省合并为特伦蒂诺—上阿迪杰大区。这个法令也是特伦蒂诺—上阿迪杰地区的第一个自治法,大区所拥有的权限涉及职业结构、文化、经济、居民、建筑、贸易和市场的调整等方面。但是,为了制止当地的分离倾向,意大利政府在区域划分时作了比较巧妙的安排。在上阿迪杰,2/3的居民是南蒂罗尔人,他们要求自治区的划分应只包括上阿迪杰,但意大利政府将主要是意大利人的特伦蒂诺省也包括在自治区内,这就使意大利人政党在特伦蒂诺—上阿迪杰自治区的议会和政府中占据了优势;再加上中央政府向地方各级政府派驻的专员、总督全部是意大利人,他们也竭力维护中央的权威和加强集权,南蒂罗尔人所享有的自治权利被大大地削弱了。

南蒂罗尔人和奥地利政府对此深表不满,认为地方自治法和法律的执行均违反1946年《巴黎和约》的精神。1954年南蒂罗尔人民党向意大利政府递交一份备忘录,敦促按巴黎和约的精神来实现地方自治,不久奥地利政府也向意大利政府递交了一份有关的照会。此后几年上阿迪杰民族问题进一步恶化,南蒂罗尔人民党宣布退出地方政府。1959年10月奥地利外长克伦斯基将这个问题上诉到联合国,控告意大利违反巴黎和约。为了反击,意大利政府则向国际法庭起诉,要求对巴黎和约的实施方式作出裁决。联合国于1960年和1961年进行了辩论,两国外长于1961年1月27日至28日、5月24日至25日和6月24日分别在意大利米兰、奥地利克拉根福和瑞士苏黎世举行了三次会谈,但问题仍然没有解决。

20世纪60年代初南蒂罗尔人相继成立了一些政党,同时也出现了一些持激进观点的秘密组织,他们作为一种压力集团得到南蒂罗尔人的支持。在政治上,这些组织都得到奥地利外交上的支持。个别秘密组织采取了恐

第五章　意大利的区域发展不均衡与民族问题

怖主义行动,这样便加剧了本已复杂的民族矛盾,也不利于维护少数民族的利益。

经过多年的努力,上阿迪杰地方政府和中央政府终于在1964年达成协议,成立一个"研究委员会",由19名意大利人和南蒂罗尔人组成,故也称为"十九人委员会"。它的任务在于研究提出一个新的地方自治法。此后政府代表和南蒂罗尔人不断地磋商,同时意大利和奥地利政府之间也多次进行接触。在此基础上,意大利政府提出了一个特伦蒂诺—上阿迪杰地区的自治法草案。1966年9月该草案被南蒂罗尔人民党拒绝,但提出可以与中央政府就草案内容继续举行磋商和会谈。最终于1969年9月南蒂罗尔人民党的绝大多数代表通过了包括137个要点的一揽子计划。不久以后奥地利议会也做出了积极回应。

1971年11月10日,意大利议会通过了关于上阿迪杰地区的新地方自治法。重新制定的地方自治法以及一系列的具体措施有助于上阿迪杰民族问题的解决,或者说长期存在的民族问题起码得到了暂时的缓和。

根据特伦蒂诺—上阿迪杰大区新自治法的有关规定,大区的政府机构包括大区议会、大区执行委员会及其主席,其中大区议会由特伦蒂诺省和博尔扎诺省的议会议员组成。大区议会有70个议员名额,按比例在各个选区分配议员席位和投票选举,任期5年。议长、副议长和秘书处成员从大区议会议员中选举产生,其中议长和副议长分别从讲意大利语和讲德语的议员中轮流产生。大区执行委员会包括代表该大区行使国家授予的行政职权的执委会主席1人,另设副主席1人,以及一些官员,这些官员都从大区议会中通过秘密投票选举产生,其任期与大区议会的任期相同。中央政府向大区派驻专员,以有效协调国家、大区和省之间的关系。政府专员在大区范围内任命,专门负责特伦蒂诺省和博尔扎诺省的公共秩序,并向国家内政部负责,主要任务是监督有关省的办公室的工作、监督国家授权给省和其他地区机构的职权的实施等。①

《自治法》还对当地民族语言的使用和文化发展做出了特别规定，主要包括以下几个方面：保证当地讲德语居民的文化和语言权利，幼儿园、小学和中学都必须由与学生有着相同母语的教师用学生的母语进行教学，各个公共部门和公共机构的职位也必须依据当地语言群体间的比例进行按比例分配职位名额；在以德语为主的博尔扎诺省，幼儿园、小学和中学用意大利语或德语教学，学生可根据自己的母语选择教学语言，授课老师也用自己的母语教学；各省有权就省籍地方习俗和文化机构等问题颁布立法条款，而博尔扎诺省还有权就广播电视颁布立法，但无权建立广播电视台。这些规定给予了当地居民较大的自由选择语言的权利，对民族文化发展也具有重要的推动作用。此外，特伦蒂诺—上阿迪杰大区以及特伦蒂诺和博尔扎诺两个省都享有很高程度的自我管理权力，包括基础设施、社会福利、重点产业和地方传统等方面的自治立法权；特伦蒂诺—上阿迪杰大区的自治地位受到有关国际协议、国家宪法和自治省法律的保护等。

特伦蒂诺—上阿迪杰自治大区的成立，既是上阿迪杰民众多年来争取自治权利的成果，也为欧洲其他正在争取民族自治的地区和民族提供了极好的借鉴。意大利政府在特伦蒂诺—上阿迪杰大区实行的这种以尊重和保护不同文化为主要内容的自治模式，成功地化解了不同语言群体间的冲突。可以说，这种模式在造就一个地区的不同语言群体间的和平共处方面是成功的。

除了特伦蒂诺—上阿迪杰地区的南蒂罗尔人问题，意大利还存在着其他的一些民族，如弗留利—威尼斯·朱丽亚大区的弗留利人问题，西西里大区的阿尔巴尼亚人问题等。但总体来看，在经济发达、民主法制比较健全、社会文化强调宽容和谐的意大利，这些民族问题都得到了比较妥善的解决，特别是从20世纪90年代中后期开始的意大利宪政改革，给予地方政府更

---

① 范振军：《特伦蒂诺—上阿迪杰——欧洲民族自治地区的典范》，载《中国民族报》，2006年9月22日、29日。

多的自治权利,在这种情况下,即使由于语言、教育、地理位置等因素的影响,一些少数民族地区在经济发展水平上还存在一定的差距,但民族矛盾激化的可能性已经不大了。

第六章
意大利与欧洲统一进程

第一节 意大利是欧洲统一的坚定支持者

众所周知,在欧洲一体化进程中,法国和德国是战后欧洲统一进程的主要创议者、领导者,是推动欧洲一体化进程的主要力量,扮演着"发动机"的角色。但是其他四国也发挥了特殊的作用。如实力略逊于德、法,但却远强于比、荷、卢三国的意大利,就以举国上下对欧洲统一事业的特殊热情,在欧洲一体化进程中发挥了"润滑剂"般的特殊作用。二战结束后,推动欧洲一体化进程和加入北约成为意大利外交的两大基础,也是其制定对外政策的立足点和出发点。其中,维护和促进欧洲一体化的发展,更是意大利不可动摇的外交基石。[①]

本章力图考察二战后意大利政府和社会各界关于积极推动欧洲统一的坚定立场、从政治和军事事务入手实现一体化的特殊路径主张、在协调各国关系中所发挥的平衡和斡旋作用,以及欧洲一体化对意大利经济社会所产

---

① Marta Dassu, "The Future of Europe: The View from Rome", *International Affairs* (Royal Institute of International Affairs 1944—), Vol. 66, No. 2,1990. pp. 299—311.

第六章 意大利与欧洲统一进程

生的积极影响等四个方面。①

从对欧洲一体化的态度来看,意大利人是欧洲一体化进程最忠诚、最热心的支持者,可以用"积极支持、全力推动"来概括。意大利对欧洲一体化的这种支持和热情,不仅仅来自政治精英阶层,而且见诸于社会各阶层。

在战后欧洲一体化进程的初期,推动实现国家间和解与联合的主要动力在煤钢联营的其他5国中主要来自社会精英阶层,他们需要很大的勇气和冒很大的风险来面对民众和反对者的抨击。意大利的情况却完全相反。首先,意大利人对欧洲统一的热情超越了政党分歧,活跃在政坛上的党派大多支持欧洲统一进程。例如在1948年的意大利制宪议会选举中,"欧洲联邦主义运动"组织曾呼吁每一个候选人都要公开声明当选后是否赞成建立欧洲联邦,结果获得了几乎完全一致的回答。各派政党也都有自己的欧洲主义组织,如天主教民主党人加入了新国际队,社会党人加入了旨在成立欧洲合众国的社会主义运动,一些自由党人和企业家则加入了欧洲经济合作联盟。在20世纪50年代初的意大利议会两院中,约有100名参议员和235名众议员加入了"议会争取欧洲联盟小组",许多政府要员也经常出席这个小组的会议。这个组织谋求通过与政府成员保持密切的协商以影响意大利的外交政策,以推动建立欧洲联邦。其次,意大利普通民众支持欧洲统一的热情同样高涨,多次民意测验表明,多数意大利人能够接受欧洲合众国的观念,对一个能够方便意大利输出劳工和促进商品出口的组织深感兴趣。如在1948年的调查中,有71%的被调查者赞成成立一个保证提供这些利益的

---

① 对二战后欧洲一体化进程的研究是当前国内学术界的热点之一,出版了大量著作和译著,但据笔者所见,从欧盟成员国的角度出发,研究这些国家参与欧洲一体化的原因、国内各界对一体化进程的态度、本国发展与欧洲一体化的互动等方面的学术成果还相对较少,仅有的一些研究也大多集中于法国、德国、英国三个国家,而对其他在欧洲一体化进程中发挥了虽非关键但却非常特殊作用的国家,相关的研究凤毛麟角。具体到意大利而言,虽然意大利是欧洲联盟的6个创始国之一,但较之实力更为强大的法、德、英三国,以及牵动欧洲外交命脉的法、德关系而言,意大利的国际影响要小得多,也较少吸引研究者的关注。本章的研究视角,其一可部分弥补国内关于战后意大利研究的相对不足,其二也是力图就拓展欧洲研究的新视角做些尝试。

组织,甚至在被调查的共产党人中也有 1/3 是赞成它的,这都充分说明在意大利,欧洲联合的观念是如此广泛地深入人心。①

在二战以后 60 多年的岁月里,从煤钢联营开始的欧洲联合的每一步,都离不开意大利人的积极参与和支持。在 1950 年 5 月法国提出舒曼计划以后,当时的外交部长斯福扎认为意大利必须参加舒曼计划,认为舒曼计划"首次认真试图在近代欧洲建立一个超国家机构",将为最终建立欧洲联邦做出很大贡献。② 在意大利的支持下,法国提出的体制性建议很快获得通过,1951 年 4 月 18 日签署了《巴黎条约》,建立了"欧洲煤钢联营"。虽然由于经济实力的差距,特别是钢铁和煤炭产量远远落后于法德两国,意大利在联营执行机构和部长理事会中的权限小于法、德,但在分配联营议会——如果议会不同意执行机构提出的年度报告,则有权迫使该机构辞职——的席位方面,意大利获得了 78 个席位中的 18 个席位,同法、德一样多。

在欧洲共同体建立以后,意大利积极支持扩大进程,希望把更多的欧洲国家拉入到统一进程中来,并在支持英国和西班牙、希腊等欧洲国家加入欧共体的进程中发挥了巨大作用。同时,意大利人民也对欧共体和欧盟的发展给予了最大地支持,从投票表决通过马约,到加入欧元区再到批准欧盟宪法,意大利人矢志不渝地支持欧盟的发展。

总之,从 1950 年代以来的半个多世纪里,无论欧洲统一之路上出现何等艰难险阻,意大利人对欧洲统一进程的忠诚和热情都经受住了考验,正如英国《经济学家》周刊在 1978 年发表的一篇文章中指出:"在欧洲大国之中,意大利是唯一一个对真正联合起来的欧洲抱有理想主义态度、并对统一之路上前进的每一步都表示热烈欢迎的国家。"③ 又如,据欧洲评估机构 Eurobameter 和 Doxa 从 1970 年代以来的多次调查结果显示,意大利民众对

---

① [美]罗伊·威利斯:《意大利选择欧洲》,上海:上海人民出版社,1976 年,第 35 页。
② [美]罗伊·威利斯:《意大利选择欧洲》,上海:上海人民出版社,1976 年,第 38 页。
③ Marta Dassu, "The Future of Europe: The View from Rome", International Affairs (Royal Institute of International Affairs 1944—) Vol. 66, No. 2, 1990. pp. 299—311.

第六章　意大利与欧洲统一进程

欧洲一体化的支持度一直很高,意大利民众对欧盟的支持度都超过欧盟各国的平均水平。① 在最近几年围绕着"欧盟宪法"问题所引发的一体化危机中,意大利的热情丝毫未减。2005年4月6日意大利参众两院以绝对多数批准了欧盟宪法条约,意大利也因此成为欧盟创始国中第一个批准该条约的国家,做出了良好表率。虽然由于法国在同年5月29日举行的全民公决中否决了欧盟宪法条约,进而引发连锁反应,各国相继推迟对欧盟宪法条约的表决,致使欧洲的政治一体化进程陷入困境,但意大利的做法却表明了自己坚决地推进欧洲一体化进程的热情和立场。

第二节　意大利支持欧洲统一的思想渊源

欧洲统一的观念之所以能在意大利深入人心,与意大利文化中特殊的世界主义思想渊源和欧洲联邦主义者的广泛宣传是分不开的。从启蒙运动时期的但丁到19世纪为意大利统一而奋斗的马志尼、加里波第,再到反法西斯斗争中产生的欧洲联邦主义运动,他们的思想和宣传,以及天主教的普世观念,都对意大利民众的观念产生了深刻影响。

实现欧洲统一的想法在意大利很受欢迎,罗马帝国和中世纪天主教一统天下的辉煌记忆,使意大利人感觉到只有他们曾经在统一欧洲方面作出了成功的努力,马志尼就一直在宣扬三个罗马的理论:"帝国的罗马、教皇的罗马、人民的罗马",前两者都已经成为历史了,现在正为之奋斗的"人民的罗马"是"应该在共同的行动和共同的思想信仰基础上,统一欧洲、美洲和地球上的其他世界部分"。② 所以说,在19世纪中期为实现意大利民族复兴而奋斗的这些人,虽然首先是民族主义者,但同时也是支持欧洲统一的世界主义者。

---

① Martin J. Bull and James L. Newell, *Italian Politics*, Cambridge:Polity Press, 2005. p. 211.
② [意]玛丽娅·格拉齐娅·梅吉奥妮:《欧洲统一,贤哲之梦——欧洲统一思想史》,陈宝顺、沈亦缘译,北京:世界知识出版社,2004年,第42页。

在组建"青年意大利"之后,马志尼便立即投身欧洲各国人民的联合事业。在他的帮助和指导下,居住在瑞士的各国流亡者相继建立了"青年德意志"与"青年波兰"两个组织。在马志尼的思想中,欧洲是由三大"族系"组成的,这就是以意大利为代表的"古希腊—拉丁族系",以德意志为基础的"日耳曼族系",以及以波兰为代表的"斯拉夫族系"。在这三个"族系"中,意大利和德意志陷入长期的分裂状态,没有形成自己的民族国家;波兰虽然曾经存在统一的国家,后来却被瓜分殆尽,三大族系都面临着反抗压迫、实现民族统一和复兴的任务。但是,马志尼的高明之处在于,他的思想超越了民族主义的樊篱,始终具有关怀人类命运的世界主义情怀。所以在1834年4月15日,经过马志尼的努力,"青年德意志"和"青年波兰",便与"青年意大利"一起组成了"青年欧洲"。在实现组织合并的"博爱公约"上签字的,有7名意大利代表、5名日尔曼代表和5名波兰代表。"青年欧洲"是近代第一个欧洲主义组织,其所关注的目标,正如马志尼在该组织的第一份宣言,即题为《致瑞士爱国者》的呼吁书中所阐明的,是为未来欧洲的发展命运做出有益的尝试:"整个欧洲在19世纪将走向何处?我们的未来将会怎样?本组织经过不懈努力,对此作了回答,这就是建设一个'青年欧洲'。一个'青年欧洲'正在期待着我们。这是一个人民的'青年欧洲',它将在由各国王朝组成的'旧欧洲'的基础上产生。我们将高举崭新的'平等'旗帜,为反对腐朽的特权而斗争。在反对旧势力的斗争中,新思想必胜。"马志尼在呼吁书中接着指出,新欧洲将是一个属于欧洲各国人民的"共和制邦联"。①

需要特别指出的是,笔者认为,由马志尼和加里波第等意大利国父们所创造和阐发的意大利民族主义具有超越民族狭隘性的世界主义特点。在19世纪中期为实现意大利民族复兴而奋斗的这些人,虽然首先是民族主义者,但同时也是支持欧洲统一的世界主义者,如马志尼在投身欧洲各国人民联合事业的同时,也不乏对祖国的热爱。反过来,他的爱国热情,又促使他去

---

① [意]焦瓦尼·斯帕多利尼:《缔造意大利的精英:以人物为线索的意大利近代史》,戎殿新、罗红波译,北京:世界知识出版社,1993年,第186页。

第六章 意大利与欧洲统一进程

热爱所有人的祖国。在意大利特殊的文化与民族心理之下,民族主义与世界主义找到了恰当的结合点,可以说,这就是意大利民族主义的最大特点。

因此对意大利民族统一运动的领袖们来说,实现民族统一和独立只是实现欧洲大陆政治共同体的前奏曲,建立平等、统一而进步的欧洲联邦才是他们的崇高理想。[1] 这种政治理想也一直深深地影响着意大利的政治精英们。所以,虽然在20世纪上半叶意大利经历了两次世界大战和长达20多年的法西斯统治,极端民族主义一度得到大肆宣扬,但是在意大利的精英阶层中,促进欧洲联合的呼声一直存在。面对第一次世界大战的灾难,意大利著名经济学家伊诺蒂(Luigi Einaudi)分别在1918年1月5日和12月28日的米兰《晚邮报》上发表了两篇重要文章,对爆发第一次世界大战的原因进行了分析,认为是国际无政府状态导致了战争,要确保和平,欧洲各国应当限制自己的主权,效法美国,建立欧洲合众国。[2]

第二次世界大战期间及以后的一段时间,是意大利欧洲联邦主义者的活跃时期。一群被囚禁在文托泰内岛上的反法西斯知识分子,如阿尔蒂埃罗·斯皮内利(Altiero Spinelli)和埃尔内斯托·罗西(Emesto Rossi)等人,起草了一份《自由与联合的欧洲宣言》,该宣言具有明显的联邦主义色彩,鼓励人们将抵抗运动与创造自由统一的欧洲联邦结合起来,永远消除欧洲的分裂和战争。1943年7月墨索里尼垮台以后,这批政治犯获得释放,《文托泰内宣言》及欧洲联邦主义思想随即扩散到整个意大利,成为意大利抵抗运动中最有影响力的思潮。1943年8月,包括斯皮内利、罗西和科洛尔尼在内的欧洲联邦主义者在米兰召开会议,创立了欧洲联邦主义者运动,成为推动欧洲联邦运动的政治载体。

1944年5月,欧洲九国抵抗运动组织代表在日内瓦秘密举行了第一次

---

[1] Norman Kogan, *A political History of Italy: the Postwar Years*, (New York: Praeger), 1983. p. 43.

[2] [意]玛丽娅·格拉齐娅·梅吉奥妮:《欧洲统一,贤哲之梦——欧洲统一思想史》,陈宝顺、沈亦缘译,北京:世界知识出版社,2004年,第57页。

意大利民族发展史

联邦主义积极分子大会。男女代表共 15 人。斯皮内利和罗西也到会,会上发表了《欧洲抵抗运动组织声明》,又称《联邦主义声明》,并以此作为标题刊登在《欧洲团结报》(1944 年 7—8 月刊)。"声明"论述了需要建立一个欧洲联邦,制定成文宪法,成立一个直接向欧洲人民负责的超国家政府,而不是向各国政府负责的政府;同时,还应成立一支在这个超国家政府控制下的军队,在这支军队之外,不允许其他军事力量的存在;欧洲联邦政府应当设立一个司法法院,这个司法法院有权解释宪法,并在联邦与联邦内的各个成员之间进行仲裁。① 出席日内瓦会议的欧洲各国代表,除丹麦和挪威代表外,都支持大会的宣言。日内瓦宣言和其他表达类似观点的文件在各国的抵抗运动中广泛流传,从而使欧洲抵抗运动的领袖们达成了一种共识:即除欧洲一体化外,他们不接受其他的欧洲政治重建的方案。

二战结束以后,形势发生变化,为此,欧洲联邦运动很快成立了一个领导机构并于 1945 年 9 月 9～10 日在米兰公开举行了第一次大会,参加者除全体创始人外,还有积极分子和来自佛罗伦萨的欧洲联邦联合会领导成员,意大利临时政府的一些成员如建设部副部长罗西、意大利银行总裁伊诺蒂,以及米兰省长和市长等都派代表参加大会表示支持。在会上决定成立三个工作中心:罗马中心,任务是对政府施加政治影响,同各政党和政界人士保持经常的联系;佛罗伦萨中心,负责文化任务,开展与联邦主义有关问题的研究;米兰中心,主要负责组织宣传工作、吸收会员工作以及同另两个中心的联络和信息交流工作。

但是,在 1945 年以后的一段时期里,意大利的主要任务是进行国内重建,这包括清除 20 多年法西斯统治的影响,重建一种新的政治制度,恢复并发展被战争摧毁了的国民经济,恢复意大利平等的国际地位,实现国家的正常化。只有在这些任务完成以后,意大利才能重新考虑欧洲问题。在这种

---

① 李世安、刘丽云:《欧洲一体化史》,石家庄:河北人民出版社,2003 年,第 14 页。
[意]玛丽娅·格拉齐娅·梅吉奥妮:《欧洲统一,贤哲之梦——欧洲统一思想史》,陈宝顺、沈亦缘译,北京:世界知识出版社,2004 年,第 100 页。

第六章 意大利与欧洲统一进程

情况下,欧洲联邦主义者的活动就显得有些不合时宜了。1946年意大利行动党的解散标志着联邦主义者的失败,虽然行动党和欧洲联邦运动纲领健全、人才济济,费鲁乔·帕里还担任了战后首届政府的总理,但是,他们都没有适应战后意大利所处的环境,同时他们也没有弄明白,欧洲统一的理想必须从意大利国内环境中逐渐发展起来,而不能从外部强行施加。欧洲联合,不能只有理想,还必须有切实可行的办法。

联邦主义运动还是取得了一些具体的成就,这些成就为以后意大利积极参与欧洲联合提供了保障。欧洲联邦主义者们认识到,为了促进欧洲一体化,意大利最终必须放弃部分国家主权。所以在他们的努力下,意大利制宪议会在1948年宪法的"总则"中列入了第11条。根据该条规定,意大利"在同其他各国平等的条件下,对主权作必要的限制"。[①] 这就意味着,为了促进欧洲一体化进程,意大利不惜放弃其部分国家主权。当然,这个成就的影响只有到欧洲一体化进程真正启动以后才得以体现,正是有了宪法第11条的授权,意大利才能够积极顺利地参与并推动欧洲一体化进程,从中发挥特殊的作用。

第三节 意大利关于欧洲一体化的路径主张

正是因为欧洲联合的思想在意大利有如此深厚的基础,且战后掌握意大利命运的政治家们也大多受其影响,所以二战后的意大利不但一直是欧洲一体化的热心拥护者,而且对实现欧洲一体化的路径选择也有自己独特的主张。概括而言,意大利主张从政治、军事层面的一体化入手实现欧洲的

---

① 《意大利共和国宪法》第十一条的全文为:"意大利拒绝以战争作为侵犯他国人民自由的工具和作为解决国际争端的手段;意大利同意为了建立保证国际和平与正义的秩序,在同其他各国平等的条件下,对主权作必要的限制;意大利促进和赞助抱有此项目的的各种国际组织。" *Costituzione della Repubblica Italiana*, the Parliamentary Information, Archives and Publications Office of the Senate Service for Official Reports and Communication, 2006. 也参阅潘汉典译注:《意大利共和国宪法》,载《法学译丛》,1982年第6期。

统一;在这种努力受挫之后,又积极支持功能主义的计划,首先实现经济领域的一体化,但其希望一体化进程能够从经济领域"溢出"到政治和军事领域并不断深化的主张和愿望却一直存在。

除上文提到的欧洲联邦主义者的纲领主张和行动外,作为主宰战后意大利命运的主要政党,意大利天主教民主党(The Italian Christian Democratic Party, Democrazia Cristiana, DC)的外交纲领也充满欧洲联邦主义气息。在1942年到1943年期间,天民党草拟了两份纲领,一份是由阿尔奇德·德·加斯贝利(Alcide De Gasperi,从1945年12月到1953年7月担任意大利总理)及其同事起草的《天主教民主党重建的理想》;另一份是由该党任命的一个十六人委员会起草的,但主要是由马尔韦斯蒂蒂执笔的《米兰宣言》。加斯贝利本人是一名坚定的欧洲联邦主义者,但考虑到战后意大利将要面临和亟待完成的重建任务,《天主教民主党重建的理想》中表达的有关促进欧洲联合的外交纲领是比较含蓄温和的,仅要求"在自由人民之间进行更广泛的团结……建立具有大陆和洲际联系的同盟组织",在平等地位上获得原材料,自由地移民,以及"继续扩大自由贸易的成就"。但是,由马尔韦斯蒂蒂起草的《米兰宣言》则公开要求成立欧洲联邦。如宣言的第一点:"在一个重新建立的国际社会——它是所有各国人民团结的表现——体制内,将产生一个由自由制度管理的欧洲国家联邦。在这个联邦中,除政府有直接的代表外,各国人民也有直接的代表——各国人民在联邦中和在各自的国家中都有代表。全面和同时进行裁军,完全由国际共同体指挥武装部队和招募志愿新兵。制定自由意志法和规定除国家公民权外的欧洲公民权。各国公民在法律上一律平等。这些原则适用于国家和国际经济。"①

在这里,马尔韦斯蒂蒂提出了实现欧洲政治一体化的问题、成立一个直接选举出来的和具有真正权力的欧洲议会的问题、建立一体化的欧洲武装部队的问题以及实现经济一体化的问题。在加斯贝利执政时期,他接受了

---

① [美]罗伊·威利斯:《意大利选择欧洲》,上海:上海人民出版社,1976年,第294—295页。

第六章 意大利与欧洲统一进程

这些主张,坚决热情地支持欧洲一体化事业,并为了实现它们进行了不懈的奋斗,他曾说过:"意大利准备将广泛的权力移转给欧洲共同体,只要它的组织是民主的,并且是能保证其生存和发展的。"①

1949年"北大西洋公约组织"的成立,为西欧各国提供了一个合作的平台和基础,欧洲联邦主义者们便打算在此基础上继续前进,实现欧洲的政治、军事一体化。

意大利为建设欧洲委员会和欧洲防务共同体所付出的努力充分体现了其从政治和军事方面推动欧洲一体化的路径选择和积极态度。

在1948年5月举行的海牙代表大会上,一些欧洲联邦主义者已经提出了建立欧洲议会的要求。1949年7月,法国首先提议成立一个欧洲议会,并在布鲁塞尔条约组织②内部成立一个经济和关税同盟。这个提议得到了比利时的大力支持。但是英国反对成立类似的组织,在被迫妥协后又坚持要求限制其权限,出席议会的代表由各国政府任命。经过外交斡旋,五国达成了准备建立一个欧洲委员会的协议,规定欧洲委员会将包括部长委员会和欧洲咨询议会两部分,而咨询议会将由各国政府提名的代表组成。1949年3月,又邀请意大利、丹麦、挪威、瑞典和爱尔兰参加成立欧洲委员会的谈判。意大利表示赞同法国的观点,要求英国让步,同意赋予欧洲议会以某些实权并使其具有代表性。然而这一努力徒劳无功,根据5月5日批准的条约,成立的只是一个没有实权的咨询议会。

由于英国和斯堪的纳维亚各国拒绝赋予欧洲委员会以任何实际权力,这就使得以欧洲委员会为起点逐渐实现欧洲政治一体化的打算落空了。意大利各界对此感到非常失望,并由此在国内造成了分裂,正如本韦努蒂于1951年评论道:"实际上我们的议会已分裂成为联邦主义派和非联邦主义

---

① *Le Monde*, Dec. 14, 1951. See R. E. M. Irving, "Italy's Christian Democrats and European Integration", *International Affairs*, Vol. 52, No. 3, 1976. Royal Institute of International Affairs. pp. 400—416.

② 包括法国、英国、比利时、荷兰、卢森堡5个国家。

派。欧洲委员会决不会创建一个联合的欧洲。它会作出一些卓越的事情。它会作出任何事情,但就是不会创建一个联合的欧洲。"①

但是,对那些一直希望推进欧洲统一进程的意大利人来说,希望永远不会泯灭,正如当时的意大利外长斯福扎在批准条约的辩论会上对众议院所说的:"今天有了这欧洲委员会,明天就会有一个有效的欧洲联盟;今天有了一个部长委员会,明天就会有一个超国家的政府机构;今天有了一个咨询议会,明天必然会有一个真正的和正式的欧洲议会。"②

1950年6月,朝鲜战争爆发,为了避免在德国发生类似的情况,美国提出让德国在一体化的欧洲武装力量内部重整军备的要求,意大利立刻明确地表示赞成。意大利总理加斯贝利和外长斯福扎都认为,德国一旦重整军备,将能够大大减轻意大利的国防压力。迫于美国的压力,法国在10月宣布了建立"欧洲军"的"普利文计划",其实这是法国为了阻止联邦德国重建军队的应急策略,由让·莫内把建设煤钢共同体的原则应用于军事力量而设计出来的,其宗旨是要"建立一支统一的军队,统一指挥,统一组织,统一装备,统一财政,由超国家的高级机构统一领导"。③ 据此写成的"建立欧洲军"计划由当时的法国总理普利文在法国国民议会宣布。普利文计划建议,为了西欧共同防务,成立一支由欧洲各国人员以尽可能小的单位,混合编制组成的欧洲军队,并置于西欧统一的政治和军事权威的领导之下,尽可能实行人力、物力的完全合并;欧洲军成立后,各国不得拥有自己的国家军队、国防部和参谋本部等。

加斯贝利虽然对建立欧洲军并不抱太大热情,但认为它是一种权宜之计,可以用来加速政治一体化,因为欧洲军只能是受一个统一的欧洲政府指

---

① [美]罗伊·威利斯:《意大利选择欧洲》,上海:上海人民出版社,1976年,第36页。
② [美]罗伊·威利斯:《意大利选择欧洲》,上海:上海人民出版社,1976年,第31页。
③ [法]让·莫内:《欧洲之父:莫内回忆录》,孙惠双译,北京:国际文化出版公司,1989年,第155页。

挥。所以,意大利积极支持普利文计划。① 1951年2月,加斯贝利和斯福扎利用同普利文和舒曼会谈的机会,就两国在正式谈判欧洲防务集团时将采取的战略达成了更密切的协议。用加斯贝利的话来说,四位信心坚定的联邦主义者,毫无疑问地表示同意:"欧洲军的体制,能成为欧洲合众国的永久的基础",两国将利用一切机会,就趋向这一目标将采取的措施达成初步协议。②

1951年2月15日,在巴黎召开了关于建立欧洲防务集团的会议,参加的只有法国、联邦德国、意大利、荷兰、比利时和卢森堡,北约其他五国派出了观察员。舒曼亲自提出了建议草案,但是它们并未引起多大热情。据出席首次谈判会议的意大利代表团团长塔维亚尼说:"德国人冷落愤怒,荷兰人疑虑重重,比利时人漠不关心,而且几乎是在冷嘲热讽,以观察员身份出席的英国人和北美人则期待法国人会认识到,他们的计划实际上是行不通的。"③只是由于塔维亚尼努力不懈地调停,会议总算不曾陷入冷场。经过一年多的谈判,于1952年2月1日达成了建立"欧洲军"方案,并在当月召开的大西洋理事会各国部长会议上通过。其间,意大利加斯贝利政府向谈判各方提交了一份备忘录,建议与防务集团的建立相一致,推进欧洲的政治一体化进程,具体措施就是成立由直接选举产生的议员组成的欧洲议会,其性质和职能分别是"一个联合组织的、选举产生的、进行审议的机构,它甚至拥有决定权和控制权,其范围将限于共同管辖的领域中,可以通过一个行政性'社团'来运用其权力",同时有一个共同的预算。此外,加斯贝利还建议欧洲防务共同体条约中应该包含一项有关批准成立欧洲政治机构的条款,这个建议被接受了。加斯贝利坚决热情支持欧洲一体化事业,力图使其按照联邦主义的路径前进,他曾说过:"意大利准备将广泛的权力移转给欧洲共

---

① R. E. M. Irving, "Italy's Christian Democrats and European Integration", International Affairs, Vol. 52, No. 3, 1976. Royal Institute of International Affairs. pp. 400—416.
② [美]罗伊·威利斯:《意大利选择欧洲》,上海:上海人民出版社,1976年,第48页。
③ [美]罗伊·威利斯:《意大利选择欧洲》,上海:上海人民出版社,1976年,第49页。

同体,只要它的组织是民主的,并且是能保证其生存和发展的。"①

欧洲防务共同体条约于1952年5月27日在巴黎签订。此后直到1954年4月,联邦德国、荷兰、比利时和卢森堡相继批准了条约。在意大利,加斯贝利在1953年6月的大选中失利下台,但他还是为让议会通过条约而进行积极的活动,据尼克松回忆,1954年8月,卸任已有一年的加斯贝利在电话里恳求他的前内务部长,当时的总理马里奥·谢尔巴使意大利继续支持欧洲防务共同体,73岁的加斯贝利在电话里说着说着情不自禁地哭了起来。②

由于意大利政府和议会在批准条约上的拖延,特别是随着法国态度的转变,欧洲防务共同体取得成功的希望变得非常渺茫。1954年8月19日至22日,各签字国外长在布鲁塞尔开会讨论法国提出的修改欧洲防务共同体条约的要求,期间传来了加斯贝利的死讯。加斯贝利在他最后一封信中,向当时天主教民主党政治部长阿明托雷·范范尼叙述了他的痛苦:"如果今天从巴黎传来的消息属实,或者哪怕是一半属实,我相信欧洲防务集团的事业是失败了,任何走向欧洲联合的起步都要推迟多年了……我既无力量也无机会大声疾呼,至少未能减轻我国在这一不幸的事件中应分担的责任,而您势必很难想象到,这个事实是如何加剧了我的痛苦。"③ 1954年8月30日,法国国民议会决议无限期推迟表决欧洲防务共同体条约,宣告了欧洲联邦主义一体化路径的暂时失败。

由于政治、军事联合涉及各国最根本的民族情感和国家利益,很难在较短的时间里赢得各国民众的普遍支持,加之各方面反对力量的干涉,注定了此路不通,在经过了这一系列不成功的尝试之后,从政治和军事领域入手实现欧洲统一的路似乎暂时走不通了,但这并不意味着联邦主义者们的主张是不正确的,他们从另外一个角度找到了实现欧洲联合的途径,这就是功能主义。

---

① *Le Monde*, Dec. 14, 1951. See R. E. M. Irving, "Italy's Christian Democrats and European Integration", International Affairs, Vol. 52, No. 3, 1976. Royal Institute of International Affairs. pp. 400—416.

② [美]尼克松:《领导者》,尤勰等译,北京:世界知识出版社,1996年,第378页。

③ [美]罗伊·威利斯:《意大利选择欧洲》,上海:上海人民出版社,1976年,第56页。

第六章　意大利与欧洲统一进程

功能主义(Functionlism)是联邦主义者中的一个派别,他们主张通过实现各国职能部门如重工业、钢铁业、交通运输业、能源等部门的联合来实现欧洲国家经济上的一体化,在此基础上推动政治一体化。功能主义的实质,是在保留主权国家的基础上,把民族国家的部分主权逐渐转移到一个新型的由参加国共同享有、共同执掌的公共权力中去。这一权力是超国家的,但又代表和体现每个参加国的利益。与邦联主义相比,功能主义更深刻;与联邦主义相比,功能主义更实际。功能主义的代表让莫内认为:"功能主义道路比激进的联邦主义战士所捍卫的宪法草案更加实际更加具体。"①

舒曼计划和据此建立的欧洲煤钢联营开启了欧洲经济一体化的进程,此后欧洲原子能共同体和欧洲经济共同体的建立和成功则更加验证了功能主义路线的正确性,但这并不意味着没有必要启动政治和军事一体化进程,特别是当经济一体化发展到一定程度,欧洲联盟内部的市场、货币、关税都实现统一之后,联邦主义者们建立欧洲合众国的梦想就为"欧洲向何处去"指明了方向。1991年《马斯特里赫特条约》签订以来欧洲一体化进程的加速发展趋势,虽然期间充满了各种小波折,但在外交、防务和司法等方面的一体化程度不断提高,欧洲联盟各国迈向政治一体化的潮流不可阻挡,这就验证了意大利对欧洲一体化路径主张的正确性。

第四节　意大利在欧洲统一进程中所发挥的特殊协调作用

由于特殊的国情国力,意大利在欧洲的一体化进程中发挥了特殊的作用。这种作用,概括而言,就是由于意大利综合国力和发展程度在欧洲属于中等水平,从而使其既能充当大国(如法德)与小国(比荷卢)争执的仲裁者,又能充当大国矛盾(如法德之间的矛盾、法德与英国之间的矛盾等)协调者的角

---

① [法]让·莫内:《欧洲之父:莫内回忆录》,孙惠双译,北京:国际文化出版公司,1989年,第84—85页。

色,加之意大利是欧洲一体化进程的坚定拥护者,这就使其左右逢源,相对于号称欧洲统一发动机的法、德而言,成为推动欧洲一体化的润滑油。

如1955年5月在意大利举行的墨西拿会议上,以法、德为一方,以比、荷、卢三国为一方,双方就如何进一步推进六国之间的经济联合产生激烈争执,意大利站在荷兰、比利时一方,要求六国实施电力、原子能、运输等部门的一体化,并成立全面关税同盟。经过协商,墨西拿会议作出决议,接受了比、荷、卢三国的提议,着手实现欧洲一体化新阶段。会议的一个重要决定是成立"斯巴克委员会","由各国政府代表和专家组成的委员会在一名负责协调各项工作的政治人物主持下进行筹备工作",为欧洲的未来发展筹划蓝图,其结果就是提出了规划建立欧洲共同市场和欧洲原子能共同体的"斯巴克报告"。①

在就建立共同市场的条约和建立欧洲原子能联营的条约进行谈判的过程中,意大利除了要捍卫自己的利益,如争取在各机构中获得与法、德平等的权利,争取共同市场对意大利开发南部地区的支持以及成立相关的发展基金等,还要协调其他各国之间的矛盾,如调解法、德在建立原子能联营上的分歧。经过艰苦的谈判,1957年3月25日,六国首脑在罗马国会签署了《欧洲经济共同体条约》和《欧洲原子能共同体条约》,统称"罗马条约",意大利总理塞尼和外长马蒂诺代表意大利参加了仪式。在罗马城签署这些条约本身就让意大利人感到非常的振奋,正如塞尼所指出的:"这些条约……之所以必须在罗马签署,那是不无深意的,即连那些著名的外国人士也认为,这个城市是伟大的欧洲文明的摇篮与中心,而这些条约的目的就在于推进欧洲的经济发展,使它在世界上再度取得政治上的重要性。"②至少是在意大利人心目中,新欧洲将成为罗马的继续,是共和国和帝国的继续,是天主教会的继续,也是神圣罗马帝国的继续。

从1958年以来,意大利积极支持扩大欧共体,希望更多的欧洲国家能

---

① [德]康拉德·阿登纳:《阿登纳回忆录》,第3卷,上海人民出版社1976版,第19页。
② [美]罗伊·威利斯:《意大利选择欧洲》,上海:上海人民出版社,1976年,第74页。

够加入到欧洲一体化进程中来。在促成英国加入欧共体的过程中,意大利的协调作用得到了充分发挥。① 意大利对1963年1月戴高乐专断地拒绝英国加入表示强烈不满,所以当1967年英国第二次提出加入申请后,意大利立刻表示欢迎,并表示希望能够立刻开始谈判。1968年2月,荷兰、比利时和卢森堡三国在一份备忘录中提出五国(加上德、意)应当就加入问题同英国开展单边谈判,把法国抛在一边。为了防止此举对欧共体可能带来的危害,意大利表示反对,缓解了法国在欧共体中的孤立处境。当1969年12月欧共体同英国的谈判正式开始后,意大利坚定支持英国加入并积极帮助解决各种具体问题。如在1971年5月,法国总统蓬皮杜对意大利政府提出的解决英国缴纳共同体会费难题的方案表示满意和感谢,而这个方案也扫清了英国加入欧共体的最后障碍。② 同样,在促成西班牙和希腊两个南欧国家加入欧共体的谈判中,意大利的特殊作用也得到了体现。

第五节 欧洲一体化对战后意大利发展历程的影响

意大利从积极参与欧洲一体化的进程中获得了巨大的经济和政治利益,这也是意大利之所以积极支持一体化的原因,关于这一点,战后杰出的意大利政治家加斯贝利曾做过清晰明确的表述:"其一是天主教会的存在,一个国中之国,凌驾于国家之上——自统一以来,教会一直干涉意大利的内政,使建立起一个治理有方、严守法制的国家更为困难。而且罗马教廷只考

---

① 出于4个方面的考虑,意大利积极支持英国加入欧共体。其一,英国的加入可以打破法、德同盟的优势,在四大国中形成平衡;其二,意大利希望能同英国一起推动制定更加有效的区域发展政策;其三,对意大利商品而言,英国是一个巨大的市场;其四,意大利希望同英国一起推动共同体机制的民主化,建设更加有效的欧洲议会。参见R. E. M. Irving, "Italy's Christian Democrats and European Integration", *International Affairs*, Vol. 52, No. 3, 1976. Royal Institute of International Affairs. pp. 400—416.

② R. E. M. Irving, "Italy's Christian Democrats and European Integration", *International Affairs*, Vol. 52, No. 3, 1976. Royal Institute of International Affairs. pp. 400—416.

虑天主教会的眼前利益和未来的发展,两者很少取得一致的意见。其二是我们希望将二百万长期失业者的包袱卸给欧洲。天知道我们到底还有多少半失业者,在欧洲范围内,我们的失业率就会变得微不足道。其三,共产党选票的比例在意大利非常高,但在联合的欧洲无疑会下降,直到再也构不成一种令人胆战心惊的威胁。还有第四个原因,就是我们需要一个联合的欧洲作掩蔽体,使其他国家的人民忘记以往法西斯分子声名狼藉的外交行径和我们丢人的败绩。"①在积极推动欧洲一体化的进程中,意大利也确实达到了这些目标。

在经济上,从1952年参加欧洲煤钢联营开始,意大利国内各界就抱有很大的担忧,害怕意大利落后的工业难以应对法、德等国的竞争,最终导致经济的萧条,因此,意大利的政治家是冒着很大的风险,以崇高风格准备为欧洲政治统一这一神圣事业作出牺牲的,但没有想到,经济一体化给意大利带来了巨大的经济利益。

在整个意大利历史中,参与欧洲共同市场的头10年(1958—1968)是经济发展的黄金时期。国民生产总值从1958年的419亿美元上升到1968年的716亿美元(按1968年的不变美元价值计算),整个时期的生产总值增长了71%,即每年增长了5.5%,年人均收入从800.5美元提高到1358美元,这一增长额与欧洲经济共同体其他成员国相比虽然仍旧是低的,但却大大缩小了意大利和它们之间的差距。尤为惊人的是,意大利和欧洲共同体国家之间的贸易增长了5倍以上。同时意大利的经济与社会改造也加速进行,农业在促进就业和增加国民收入方面所起的作用迅速降低,城市化进程加剧,向外移民数量减少了一半。经济繁荣增强了国家的社会调控能力,政府终于可以协调力量,集中财力解决困扰国家的一些老问题,包括南方问题、农业现代化问题、基础教育问题、收入分配问题等。我们很难确切指明欧洲经济共同体在这10年里在何等程度上促使意大利发生了巨大的变化;

---

① [意]路易吉·巴尔齐尼:《难以对付的欧洲人》,唐雪葆等译,北京:三联书店,1987年,第152页。

第六章 意大利与欧洲统一进程

但是,在这段时期里,几乎在意大利的每一个变化中都可以感觉到欧洲经济共同体的压力,而这种压力又几乎始终是积极性的。①

欧洲一体化对意大利"南方问题"的解决也发挥了重要的推动作用。南方问题一直是意大利建国后所面临的重大的政治、经济和社会问题,二战以后,促进南部地区经济和社会发展,消弭南北发展差距成为历届政府和社会各界的共识。在推动欧洲一体化的进程中,意大利政府也希望能够借此机遇,顺利完成开发南部的任务。

在就建立欧洲共同市场条约进行谈判的过程中,意大利代表团根据本国的情况提出了三项重要的要求,并都得到了满足。

其一是制定一份特殊的"关于意大利的议定书",作为条约的附件。六国在这份议定书中承认,意大利开发经济萧条地区和消灭失业现象的十年计划符合"它们的共同利益";它们同意,应采取条约中所规定的一切措施,协助意大利政府完成这项计划。它们责成共同体的一些机构,应特别考虑到"意大利经济在此后几年中所须作出的努力,务必要避免造成危险的紧张局势(特别是有关国际收支和就业水平方面),因为这种紧张局势会影响条约在意大利的实施"。②

其二,六国同意设立欧洲社会基金(European Social Fund),作为共同体社会政策的一部分。意大利代表认为,共同体的经济萧条地区,尤其是意大利半岛南部、西西里和撒丁,将首先遇到剧烈的竞争,因此基金应具有双重目标,一方面应利用它减轻由于失业增加而出现的贫困;一方面应利用它重新训练和再度安置这些失业者,使其能在共同体缺乏劳动力的地区找到工

---

① [美]罗伊·威利斯:《意大利选择欧洲》,上海:上海人民出版社,1976年,第81页。1951年至1961年,意大利工业生产的年增长速度为9%;1961年至1970年,这一指标为7.2%,在主要资本主义国家中居于前列;1951年至1973年意大利国民生产总值增加212%,人均国民收入增加171%。经济实力的增加使意大利与英、法,西德的距离大大缩小,并跻身于西方七大工业国的行列。有关这一时期意大利经济发展状况的统计数字,请参阅:戎殿新 罗红波主编:《战后意大利"经济奇迹"》,北京:经济科学出版社,1992年,第81—86页。
② [美]罗伊·威利斯:《意大利选择欧洲》,上海:上海人民出版社,1976年,第71页。

作。重新训练工人,重新将他们安置在可以找到工作的地方,设立职业训练中心,津贴那些由于工厂改组而暂时无工可做的工人,这一切费用将从基金中支付其半数。各国政府应贯彻这些措施,并应支付这些费用的其余半数。意大利政府只需筹集全部基金的 20%,而法国和德国政府则各需筹集 32%。同时,意大利代表说服了其他国家的代表,使他们认识到:不可能区分由于共同市场直接引起的失业和其他原因造成的失业,因此"基金的权限内应包括由于任何原因和出于一切形式的失业现象"。①

第三,经过意大利代表团的努力,对斯巴克报告中建议成立投资基金的条款进行了修正,促成了欧洲投资银行(European Investment Bank)的建立。意大利代表团认为,共同体在实施一些庞大的计划,如在促进萧条地区的经济发展,工业企业的现代化和改造等方面进行大规模的投资时,应该通过一个银行,不是通过一笔基金来进行,这个银行应当是一个自治的法律实体,它应当对自己的理事会(由六国财政部长组成)和董事会(大部分由企业家和银行家组成)负责。最初银行的初始资金仅规定为五千万美元,但经过意大利代表的争取,终于被提高到十亿美元,其中由法国和德国各出资三亿美元,意大利出资两亿四千万美元。② 而且意大利推荐的人选成为欧洲投资银行的首任行长。

意大利的这三项要求得到满足后,意大利代表团相信,他们所谈判的条约,既可以满足欧洲主义的道义要求和现代生产条件的经济需要,又可以为解决国家长期存在的问题提供直接的国际援助。总而言之,意大利所取的远远超过了它所予的。

但实际上,与意大利政府和国营企业在南方投入的巨额资金相比,欧共体提供的直接援助为数很小。意大利南部地区获得欧洲农业指导与保证基金指导部的两亿六千九百万美元拨款中的一大部分;南部地区工人从欧洲

---

① [美]罗伊·威利斯:《意大利选择欧洲》,上海:上海人民出版社,1976 年,第 72 页。

② R. E. M. Irving, "Italy's Christian Democrats and European Integration", International Affairs, Vol. 52, No. 3, 1976. Royal Institute of International Affairs. pp. 400−416.

第六章　意大利与欧洲统一进程

社会基金捐献的两千七百万美元中受益最多。欧共体执行委员会为研究如何发展塔兰托—巴里—布林迪西工业区提供了经费。然而,欧共体对南部地区最有成效的干预却是实行欧洲投资银行的信贷方案。这家银行的行长和许多高级职员都是意大利人,事实上,根据罗马条约创建的这家银行,作为欧共体的一个主要工具,其目的是要将意大利南部地区经济提高到西欧其他地区的水平。至1966年,意大利从该行共获得四亿五千八百万美元贷款,占该行发放贷款总额的61%,其中大部分用在援助南部开发地区的工业化、南部地区铁路网的现代化、兴建公路以及资助南部开发基金局进行的农业改造工作上。①

从以上的分析可以看出,意大利既没有将南方问题推卸给欧共体伙伴,欧共体也没有大力和直接帮助解决意大利的困难。欧洲经济共同体和欧洲一体化进程对南方最大的影响是促进了意大利其他地区的经济发展,从而给南部地区带来了有利的后果,并在20世纪60年代末开始显露出成功的迹象。由于北部和中部地区的财富日益增长,意大利政府就可以实行其资助南部开发基金局的庞大的方案以及工业复兴公司和国家碳化氢公司的大量的工业项目,有计划地迫使北部地区积累的资金转到南部地区去,从而促进南方的工业化和城市化进程,提高居民的收入。如南方农业人口的比率从1950年的55%降低到1967年的36%,人均收入从占意大利西北部地区收入的40%增长到48%。②

意大利从参与欧洲一体化中所获得的政治好处也是显而易见的。许多意大利人认为,积极参与和推动欧洲一体化进程能够提高意大利的国际地位,并在共同体内部获得更大的发言权。在欧洲煤钢联营的6个创始会员国中,法国和德国的经济实力最为强大,比利时、荷兰和卢森堡3国相对弱小,意大利居中;法国是政治和军事上的大国,联合国安理会的常任理事国,

---

①　[美]罗伊·威利斯:《意大利选择欧洲》,上海:上海人民出版社,1976年,第202—203页。

②　[美]罗伊·威利斯:《意大利选择欧洲》,上海:上海人民出版社,1976年,第204页。

又是西欧大陆唯一拥有核武器的国家;德国作为战败国,战后受到瓜分,军事和政治影响力较小;比、荷、卢三国很难产生大的影响;作为二战的"协助参战国",意大利很早就恢复了正常国家的地位,具有一定的政治影响力,其军事力量也得以保留。但是,由于国力相对弱小,意大利无法单独抗衡法国的政治影响。如果法、德联合起来,则凭借法国的政治军事实力和德国的经济实力,就会在西欧建立一个法德霸权,这对一直希望发挥大国作用的意大利而言不啻是灾难。因此在1951年舒曼计划出台后,意大利立刻表示欢迎,并要求加入,借以瓦解法德联合的前景,并保证意大利不至于因为被排斥在外而受到损害。虽然意大利的钢产量和煤产量很低,但还是在联营议会中获得了18个席位,同法、德一样多。在1958年后成立的欧洲原子能共同体和欧洲经济共同体中,意大利则在决策、执行、咨询与监督、费用承担等方面获得了与法、德完全平等的发言权。根据这两个共同体的组成规定,欧洲共同市场将设立一个九人委员会(法、德、意各2人,比、荷、卢各1人)。① 欧洲原子能联营将设立一个五人委员会(除卢森堡外,每国1人)。属于欧洲煤钢联营的欧洲议会的人数从78人增加到142人,它和属于欧洲煤钢联营的法院一样,也代表所有三个共同体工作。意大利在欧洲议会中有36名代表,在经济社会委员会中有24名代表;在共同市场九人委员会中有同样的票数比重,即根据特定多数通过有4票投票权,在支付共同体行政费用方面缴纳同等比例的资金,即支付其28%。②

通过积极参与和推动欧洲一体化进程,意大利在欧共体内部获得了同法、德同样的发言权,对于致力于追求外交胜利和提高国际政治地位的意大利政府和民众而言,无疑在自尊心上能够获得极大的满足。欧盟成立后,作为欧盟内的重要成员和大国,意大利的地位和发言权得到进一步的保证和满足。根据欧盟的现行机制,在其三大决策机构中,意大利都拥有重要的发

---

① European Files. *Official Publications of the European Community* (Vol. 8),1991:6.
② [美]罗伊·威利斯:《意大利选择欧洲》,上海:上海人民出版社,1976年,第67页。

第六章　意大利与欧洲统一进程

言权。在由各国部长组成的"欧盟理事会"①中,意大利同法国、德国、英国拥有同样的投票权(29张票),高于西班牙和波兰(27),总票数为345张。在2004年选出的第6届欧洲议会的785个议席中,意大利同法国、英国一样选出78位欧洲议会议员,德国人口最多,拥有99席,波兰和西班牙只拥有54席。②

这都说明意大利已经成功地确立了欧洲大国的政治地位,这是法西斯时代的意大利企图通过宣扬武力和对外侵略而未能实现的梦想,今天,通过和平、积极地推动欧洲一体化进程,意大利在融入欧洲的过程中确立了自己的重要地位。

综上所述,作为欧洲大家庭中的一个特殊成员,意大利是欧洲一体化进程的忠心支持者,坚定不移地推动欧洲一体化进程的深化发展,推动一体化从经济领域向政治、军事领域不断扩展,同时,通过自己的外交斡旋和努力,协调各国之间的矛盾,发挥了特殊的作用。在积极参与欧洲一体化的进程中,意大利也获得了巨大的经济和政治利益,推动了本国经济的现代化改造,促进了落后地区的发展。而意大利在欧洲一体化的各种行政、立法和司法机构中所发挥的作用也大大提高了意大利的国际政治地位,也正是在对欧洲一体化的积极推动中,意大利实现了自民族复兴运动以来历代政治家所期盼的大国之梦、强国之梦。

---

① 英文为"The Council of the European Union",又称为"部长理事会"("the Council of Ministers"),有别于每年举行四次的、由各成员国政府首脑参加的"欧洲理事会"("the European Council")。

② Pascal Fontaine, Europe in 12 Lessons, see http://europa.eu/abc/12lessons/lesson_4/index_en.htm.

结　语

在对西方文明的研究中,"罗马"和"意大利"是无法逃避的字眼。在那犹如一只长长皮靴的亚平宁半岛上,曾经孕育了西方文明的两大源头——古罗马文明和天主教文明。这两大文明体在亚平宁半岛上先后兴起,古罗马帝国和天主教帝国的煊赫成就,延续千年,引发后人无限的遐思。

在古代、中世纪和近代早期,罗马和意大利半岛一直是西方文明中心的中心,吸引着无数人的注意。即使在工业化时代到来后,到意大利访幽探古,依然是英国上流社会年轻人进行欧洲"大陆游学"旅程必不可少的经历。而遍布半岛的帝国遗迹,又在这些海岛青年人心中激发了多少梦想？1764年10月15日黄昏中的罗马卡皮托山(Capitoline Hill)上,夕阳西下、断壁残垣,过往帝国荣光如天际淡去的晚霞,远处传来晚祷的钟声,这一幕让爱德华·吉本不禁萌发出探究罗马兴衰的念头。当我第一次在大英博物馆里看到吉本曾经使用过的精美佩剑时,我就一直思忖,当吉本在卡皮托山巅沉思之时,这把剑是否伴他身边？

吉本的宝剑没有为他带来功勋名位,但是他手中的鹅毛笔却写下了传世经典《罗马帝国衰亡史》。同样,无论是罗马帝国还是天主教帝国的繁华光辉,这些有形的东西都已经在历史的烟尘中消散,但他们所创造的文化,却一直深刻影响着今天的世界。看似无形、柔弱的文化,却拥有最为持久顽强的生命力。

结 语

但是令人诧异的是，近代以来，作为西方文明诞生地的意大利，却一直处于四分五裂的状态，在民族国家的构建和发展之路上，远远滞后于英国、法国、西班牙这些后起之秀，更有甚者，意大利本土变成了法兰西人、日耳曼人、西班牙人争夺欧洲霸权的主战场，文明的花园沦落为冒险家的乐土，罗马帝国的光辉、天主教廷的圣洁，都无法遮盖意大利分裂、落后、孱弱的窘况和无助。当一个民族四分五裂沦为"地理概念"的时候，无论她有何等光辉的历史，都只能在弱肉强食的国际舞台上沦为强者案上的待宰羔羊。

意大利在民族构建、国家统一之路上的坎坷历程，是本书的关注重点。由此，本书上溯到古代罗马帝国和中世纪天主教会的历史，在我们看来，这些"文明"与"宗教"的遗产，在欧洲民族国家的形成时期，恰恰成为阻碍意大利民族发展的最大障碍。作为罗马帝国的故地，任何一个渴望称雄欧洲的枭雄都希望能到罗马上皇冠；作为天主教廷的心脏，历代教皇都紧握手中的世俗权力，并试图阻止任何能挑战其权威的世俗君主力量出现。在"帝国"与"天国"的两块巨石的重压下，意大利只能四分五裂。

19世纪60～70年代，在历经波折之后形成的意大利王国，在很多方面仅仅是实现了形式上的统一，而新生王国的制度建设，并未能有效地完成凝结民族意识、锻造民族精神的重任。中央集权的行政体制，罔顾各地区长期分裂隔绝，缺乏有机联系的历史因素，更忽视了不同地区经济、文化发展水平存在巨大差距的现实，只能激化区域矛盾；仿效英国的议会内阁制政体，在选举权集中于少数精英手中，而大量天主教徒又自动游离于政治之外的情况下，也只能沦落为虚假的寡头政治；在19世纪英国、法国等老牌殖民帝国掀起瓜分世界狂潮的背景下，罗马帝国的阴魂笼罩在意大利上空，野心勃勃的政治家们不顾本国孱弱的国情国力，四面出击，企图重建罗马帝国的辉煌，但结果却四处碰壁，正如俾斯麦的讽刺：一口烂牙，如何能填饱贪婪的肠胃？

正是1861年后意大利民族国家整合过程的失败，让法西斯力量在意大利得到夺取政权的机会，进而将国家和民族拉入战争的深渊。

二战后的意大利,无论是在外交政策、国家体制改造,还是在地区经济发展计划方面,都更加理性和务实。意大利人在全力支持、努力推动的欧洲一体化进程中,也获得了意想不到的政治和经济收益。

本书以"文明、宗教和国家"为题,自然侧重对这三种力量对意大利历史发展影响的分析和探讨。但是,我们认为,影响一个大国发展兴衰的因素是非常复杂的,很难将其概括成一种技术、一个人物或者一种所谓"精神"的影响。因为历史就像人生,总是充满了缤纷多彩的偶然性,这些构成偶然性的人或事,是很有趣的历史故事题材,但我们也不希望将这本小书变成故事集。我们努力去做的,是透过历史偶然性的面纱,去思考和探索一些必然性的因果。希望我们的尝试能给读者带来些许思索。

附录一
意大利共和国宪法①
Costituzione della Repubblica Italiana

基本原则

第一条 意大利是以劳动为基础的民主共和国。主权属于人民,人民在宪法所规定的形式和范围内行使主权。

第二条 共和国无论对个人还是对表现其个性的社团成员,均承认并保障其人权之不可侵犯,并要求履行政治经济和社会团结方面的不可违背的义务。

第三条 全体公民,不问其性别、种族、语言、宗教、政治信仰;个人地位及社会地位如何,均有同等的社会身份,并在法律面前一律平等。

共和国的任务,在于消除经济及社会方面的障碍——实际上限制公民自由与平等、阻碍人格充分发展和全体劳动者真正参加国家政治、经济及社会组织的障碍。

第四条 共和国承认全体公民均享有劳动权,并帮助创造实现此项权利的条件。

---

① 本译本是据意大利参议院官方报告和交流服务处议会信息档案和出版办公室(the Parliamentary Information, Archives and Publications Office of the Senate Service for Official Reports and Communication)于2006年所发布的英文版本翻译,部分条款的翻译参考了潘汉典先生1982年的译文。

每个公民均有义务根据自己的能力和选择从事一种能促进社会物质或精神进步的活动或职务。

第五条 统一而不可分割的共和国,承认并鼓励地方自治;在国家各项公职方面实行最广泛的行政上的地方分权;并使其立法原则与立法方法适应地方自治与地方分权的要求。

第六条 共和国以特殊法规保护各少数民族。

第七条 国家与天主教会各行其政,独立自主。

它们的关系由拉特兰条约规定。此条约的修改,若被双方接受,无须经过宪法修改之程序。

第八条 一切宗教在法律面前均平等地享有自由。天主教以外的各种宗教,只要不违反意大利法律制度,均有按其教规建立组织的权利。

这些宗教与国家的关系,根据与有关代表机构达成的协议由法律规定。

第九条 共和国鼓励文化、科学与技术研究的发展。

共和国保护国家的风景名胜、历史遗产与艺术遗产。

第十条 意大利的法律制度符合公认的国际法规范。

外籍人的法律地位,根据国际法规和国际条约由法律规定。

凡在其本国事实上不能行使意大利宪法所保障的民主自由权的外籍人,根据法定条件,有权在意大利共和国境内避难。外国政治犯不许引渡。

第十一条 意大利拒绝参加作为侵犯他国人民自由之工具和作为解决国际争端之手段的战争。在与其他国家平等的条件下,意大利同意为了建立保证国际和平与正义的秩序而对主权作必要的限制;意大利鼓励并协助以此为宗旨的国际组织。

第十二条 共和国国旗为意大利的三色旗,由同样宽度的绿、白、红三色长条纵列组成。

第一篇　公民的权利与义务

第一章　公民关系

第十三条　人身自由不得侵犯。

除非根据司法当局的说明理由的命令,并仅在法定场合和按照法定程序,不得以任何形式进行拘禁、检查和搜身,也不得对人身自由加以任何限制。

在法律有明确规定的紧急需要的特殊情况下,警察机关可以采取临时措施,此项措施须在四十八小时内通知司法当局,若在随后四十八小时内司法当局不予批准,此项措施则被视为业已撤销而完全失效。

对人身自由受到任何形式限制的人施以任何肉体和精神上的暴行,均应受到惩处。

法律规定预先羁押的最长期限。

第十四条　住宅不得侵犯。

除非在法定场合按照法定程序并遵照旨在保护人身自由的各项保证,不得进行检查、搜查或查封。

出于公共保健和防止公共利益受到损害的理由,或出于经济和税收目的而进行的搜查和检查,由特别法规定。

第十五条　通信与其他各种通讯联络自由与秘密,不得侵犯。只有根据司法当局的说明理由的命令,并遵守各项法律保障,方可加以限制。

第十六条　除非根据保健和安全方面的理由法律可按一般程序规定某些限制外,每个公民均可在国内任何地区自由迁徙和居住。不得以政治理由规定任何限制。每个公民,除非负有法律义务,均可自由离开与返回共和国国土。

第十七条　所有公民均有不携带武器和平地举行集会的权利。集会即使在向公众开放的建筑物内举行,也无须预先通知当局。

在公共场所举行集会时,须预先通知当局,而当局只有根据公共安全和使公众免遭损害的充分理由方可禁止。

第十八条 所有公民均有不经许可自由结社的权利,但其目的不得为刑法所禁止。

秘密社团及借助军事性组织直接或间接追求政治目的的社团,一律予以禁止。

(社团必须向当局登记,未进行登记的社团原则上为秘密社团)

第十九条 所有人均有权以任何形式——个人的或团体的——自由信奉其宗教,自由进行宗教宣传以及私自或公开作礼拜,但其仪式不得违反良好的风俗。

第二十条 不得以某一团体或机关的教会性质、宗教目的或礼拜目的为借口,对其成立;行使法律上的能力和从事任何形式活动实行特别立法限制和征收特别捐税。

第二十一条 所有人均有权以口头、书面及其他传播手段自由地表达其思想。

出版无须得到批准或经过检查。

只有在出版法明确规定应予查封的违法情况下或该法对指定的负责人所规定的规则遭到破坏的情况下,方可根据司法当局的说明理由的命令进行查封。

在绝对紧急而司法当局又不可能及时干预的情况下,司法警官可以对定期出版物进行查封,但须立即——最迟不得超过二十四小时——报告司法当局。如果司法当局在随后的二十四小时内对查封未予批准,则查封即被视为业已撤销而完全失效。法律可用一般性规则规定,定期出版物必须公布其经费来源。

禁止伤风败俗的出版物、戏剧以及其他一切演出活动。法律在防止和消除违法行为方面,可规定适当的预防措施。

第二十二条 任何人均不得因政治理由被剥夺其法律上的能力、国籍和姓名。

第二十三条 不根据法律，不得征收任何个人税或财产税。

第二十四条 所有人都可起诉，以保护自己的权利和合法利益。在诉讼的任何阶段和任何情况下，辩护均为不得侵犯之权利。

应以特别法规保障贫穷者拥有在任何法院起诉和辩护的手段。

法律规定纠正错判的条件和方法。

第二十五条 任何人均不得被剥夺业经法律规定的当然法官的指导。

除非根据犯罪以前业已生效的法律，不得对任何人课以刑罚。

除在法定场合外，不得对任何人采取保安措施。

第二十六条 只有在国际公约明确规定的情况下，方可同意引渡公民。

在任何情况下，政治犯均不准引渡。

第二十七条 刑事责任由个人承担。

被告在最后定罪之前，不得被视为有罪。刑罚不得成为违反人道之行为，而应以改造犯人为宗旨。

除战时军法所规定的情况外，不准采用死刑。

第二十八条 根据刑事法律、民事法律和行政法律，国家和公共事业机关的官员和职员应对侵犯权利之行为直接负责。在此种情况下，国家和公共事业机关也应负民事责任。

第二章 社会伦理关系

第二十九条 共和国承认以婚姻为基础的自然结合——家庭——的各项权利。

婚姻应以夫妻双方在道德上和法律上平等为基础，并应遵守法定的各种限制，以保证家庭的团结。

第三十条 抚养、教导、教育子女，包括非婚生子女在内，是父母的义务与权利。

在父母无力履行其义务的情况下，法律规定解除其义务的办法。

法律保证非婚生子女享有合法家庭成员有权享有的全部法律和社会保护。

法律规定寻找生父的规则和范围。

第三十一条 共和国以经济措施和其他手段帮助公民建立家庭和履行家庭义务,对多子女家庭给予特殊照顾。

共和国保护母亲和少年儿童,支持为此目的而设立的各种必要机构。

第三十二条 共和国把健康作为个人的基本权利和社会利益予以保护,保证贫穷者能得到免费医疗。

除非依据法律规定,不得强迫任何人接受某种医疗措施。在任何情况下,法律均不得破坏人格尊严应有的界限。

第三十三条 艺术与科学自由,其讲授也自由。

共和国颁布有关教育的一般规则,并设立各类各级国立学校。

机关与私人均有权创办无需国家负担的学校与教育机构。

法律在规定要求(与国立学校)平等的非国立学校的权利与义务时,应当保证它们享有充分自由,并保证其学生能获得与国立学校学生相同的待遇。

各类各级学校的入学、毕业以及获得就业资格,均需经过国家考试。

高等文化机关、大学和科学院,在国家法律所规定的范围内,有权颁布自治规章。

第三十四条 学校向一切人开放。

至少为期八年的初级教育为义务免费教育。天资聪明和成绩优良者,即使无力就学,也有权受到高等教育。

共和国通过竞争考试发放奖学金、家庭补贴以及其他资助,以确保上述权利的实施。

第三章 经济关系

第三十五条 共和国保护一切形式和种类的劳动。共和国关心劳动者的职业培训和职业水平的提同。

共和国鼓励并赞助旨在确保和调整劳动权利的各种国际协定和国际组织。

在履行法律根据共同利益所规定的义务的情况下，共和国承认侨居的自由，并保护意大利侨民在国外的劳动。

第三十六条　劳动者均有获得与其劳动的数量和质量相应的报酬的权利，此种报酬，在任何情况下，均应足以保证其自身及其家庭自由而尊严地生活。

劳动日的最长时间由法律规定。

劳动者享有每周休息和每年带薪休假的权利，此项权利不得放弃。

第三十七条　劳动妇女享有与劳动男子同样的权利，并与劳动男子同工同酬。劳动条件应使劳动妇女能完成其基本的家庭职责，应保证母亲和婴儿得到应有的特别照顾。

受雇做工的最低年龄由法律规定。

共和国以特别法规保护未成年人的劳动，并保障他们（与成年人）有同工同酬的权利。

第三十八条　每个丧失劳动能力和失去必需的生活资料的公民，均有权获得社会的扶助和救济。

一切劳动者，凡遇不幸、疾病、残废、年老和不由其作主的失业等情况时，均有权及时获得与其生活需要相应的资财。

无工作能力的人和未成年人均有受教育和受职业训练的权利。本条所规定的各项任务由国家设立或资助的机关团体去完成。

私人慈善事业可自由举办。

第三十九条　工会组织自由。

各工会除按法律规定向地方机关或中央机关进行登记外，不承担其他义务。登记的条件是，工会章程必须根据民主原则确立其内部体制。

业已登记的工会均享有法人之权利。各工会代表本会全体会员签订集体劳动合同,此合同对其所涉及的行业的一切人均有约束力。

第四十条 罢工权应在规定此项权利的法律范围内行使。

第四十一条 私人经济的积极性不受限制。

私人经济积极性之发挥不得违背社会利益,也不得采取使公共安全、自由和人格尊严遭受损害的方式。

法律规定适当的规划和监督措施,以使公营和私营经济活动能相互配合并服务于社会目标。

第四十二条 财产为公有或私有。经济财富属于国家、团体或私人。

私有财产得到法律的承认和保护,但为了保证私有财产能履行其社会职能并使其为人人均可享有,法律规定获得和享有私有财产的办法及其范围。

为了公共利益,私有财产可以在法定场合被有偿征收。

依法继承和依遗嘱继承的规则和范围以及国家在遗产方面的权利,皆由法律规定。

第四十三条 为了公共利益,法律可预先为国家、公共机关、劳动者或用户团体保留一定的企业或企业部门,或通过有偿没收的方式进行转让,但这些企业或企业部门应属于基本的公共事业、能源或垄断部门,并对公共利益具有突出的重要性。

第四十四条 为了合理利用土地和建立公平的社会关系,法律对土地私有权加以必要的约束,规定各区农业地带的土地私有权的限度,鼓励并迫使改良土壤,改革大庄园,重组生产单位,扶助中小土地所有者。

法律规定各种有利于山区发展的措施。

(大庄园、大领地在意文中是同一词,主要指南方封建庄园)

第四十五条 共和国承认不以私人投机为目的的互助性合作的社会作用。法律以最恰当的措施鼓励和赞助互助性合作的发展,并通过适当的监督,确保其性质与目的。

法律规定保护并发展手工业。

第四十六条 为了提高劳动者的经济和社会地位,并适应生产的要求,共和国承认劳动者有权按照法定程序并在法定范围内参加企业管理。

第四十七条 共和国鼓励并保护各种形式的储蓄;指导、协调和监督信贷业务。

共和国赞助人民把储金转化为房产、自耕农地产以及对国内巨大生产联合企业直接和间接的股份投资。

第四章 政治关系

第四十八条 凡已经成年的男女公民均为选民。

投票方式是个人的、平等的、自由的和秘密的。参加投票是公民的义务。

除非没有民事能力或根据终审刑事判决,或在法律指出的丧失道德的情况下,不得对选举权实行限制。

第四十九条 为了以民主方法参与决定国家政策,一切公民均有自由组织政党的权利。

第五十条 为了要求采取某些立法措施或表明某些共同需要,一切公民均可向两院呈递请愿书。

第五十一条 所有公民,不分男女,均可在平等的条件下,根据法定的要求在公共机关任职以及担任选任职务。

在允许到公共机关任职和担任选任职务方面,法律可以将不属于共和国国籍的意大利血统人与意大利公民同等看待。担任公共选任职务者,有权安排足够时间以履行其职责,并有权保留自己的工作职位。

第五十二条 保卫祖国为每个公民的神圣义务。按照法定程序和在法定范围内,服兵役是必须履行的义务。服兵役不得损害公民的劳动地位及其政治权利的行使。武装部队的规章得贯彻共和国的民主精神。

第五十三条 所有人均须根据其纳税能力,负担公共开支。

税收制度应按累进税率原则制订。

第五十四条　全体公民均有义务忠于共和国并遵守宪法和各种法律。

凡委以公共职责的公民，均有义务严格地和忠诚地履行其公共职责，在法定情况下须宣誓。

第二篇　共和国的机构

第一章　议会

第一节　两院

第五十五条　议会由众议院和共和国参议院组成。议会只有在宪法规定的情况下方可举行两院议员联席会议。

第五十六条　众议院由直接普选产生。

众议员名额为六百三十人。

凡在选举之日年满二十五岁的选民均有资格当选为众议员。

各选区席位的分配办法是，用最近一次人口普查时所登记的共和国居民人数除以六百三十，再用所得商去除各选区人口，然后根据所得整数商和最大余数进行分配。

第五十七条　共和国参议院以区为单位选举产生。

由选举产生的参议员名额为三百一十五人。

任何一个区的参议员名额不得少于七名，但莫利塞区仅有两名，瓦莱·达奥斯塔区仅有一名。

各区席位的分配得贯彻上款的规定，按照各区在最近一次人口普查时所登记的人口比例，在整数商和最大余数的基础上进行。

第五十八条　参议员由二十五岁以上的选民直接普选产生。凡年满四十岁的选民，均有资格当选参议员。

第五十九条　凡担任过共和国总统的人，除非自己放弃其权利，均为法定终身参议员。共和国总统可以任命在社会、科学、艺术和文学方面以杰出成就为祖国增光的公民五人为终身参议员。

附录一 意大利共和国宪法

第六十条 众议院和共和国参议院任期均为五年。除非按法律规定和仅在战争情况下,两院任期均不得延长。

第六十一条 新届两院的选举,在前届两院任

凡在选举之日年满25岁的选民,均有资格当选为众议员。

"共和国参议院以区为单位选出。

选举产生的参议员名额为315人。

各区参议员名额不得少于7人,但瓦莱·达奥斯塔只有1名参议员。

各区议席的分配,根据上款的规定,按各区在最近一次人口普查时所登记的人口比例,在整数商和最大余数的基础上进行。

制宪会议通过的原条款为:

"共和国参议院以区为单位选出。

按每20万居民或超过10万人的村镇选举1名参议员的比例分配给各区参议员名额。

各区参议员名额不得少于6人,但瓦莱·达奥斯塔只有1名参议员。"

"众议院任期为5年;共和国参议院任期为6年。

除非按法律规定和仅在战争情况下,两院任期均不得延长。期届满后七十天内举行。第一次会议在选举后二十天内举行。

前届两院的权力一直延续到新届两院开会时为止。

第六十二条 两院在2月和10月的第一个非假日例行开会。各院可根据其议长或共和国总统或该院三分之一议员的提议,召开特别会议。一院召开特别会议时,另一院也应召开会议。

第六十三条 各院在其议员中选出议长一人和议长办公厅(由副议长、秘书和会计官组成)。议会召开联席会议时,众议院议长和议长办公厅亦为联席会议的议长和议长办公厅。

第六十四条 各院的议事规则必须经其议员的绝对多数通过。议会会议公开举行,但两院中的任何一院和议会联席会议可以决定召开秘密会议;

各院和议会的决议,若出席议员未过半数或未经出席议员之过半数通

过,则无效,除非宪法另有特定多数的规定。

政府成员,即使不是议员,均有权出席两院会议,若被质询时则必须出席会议。每当他们要求发言时,必须听取他们的发言。

第六十五条　法律规定众议员或参议员不得选任的职务和不得兼任的职务。

任何人不能同时为两院议员。

第六十六条　各院审定其议员的资格,并裁决有关不得当选和不得兼职的事项。

第六十七条　议会的每个议员均代表国家,并在行使其职权时不受委任令的约束。

第六十八条　议会议员不能因行使其职权时所发表的意见和所投的票而遭到追究。

对任何一个议会议员,未经其所属议院的批准,不得进行刑事审判,不得逮捕或以其他方法剥夺其人身自由,不得对其个人或住宅进行搜查,但在犯罪现场予以拘禁者(必须有拘票或逮捕令)不在此限。即使为了执行某一无法改变的判决而逮捕或监禁议会议员,也需经该议员所属议院的批准。

第六十九条　议会议员领取法律规定的报酬。

第二节　立法

第七十条　立法职能由两院集体行使。

第七十一条　法案提出权属于政府、议会每个议员,以及根据宪法法律享有此种权利的机关和机构。

人民通过提出拟成条文的提案的方式来行使法案提出权,但该提案至少得由五十万选民联名提出。

第七十二条　提交各院的任何法律草案,根据该院议事规则,先由委员会审查,然后由该院审查,逐条通过并整个加以表决。

对宣布为紧急的法案,议事规则规定简化手续。议事规则还规定,在何种情况下、以何种形式将法律草案提交按议会各党团人数比例所组成的各种委员会甚至常设委员会去审查和批准。即使在这种情况下,在法律草案被最后批准之前,如果政府或该议院中的十分之一议员或该委员会中的五分之一委员要求由议院本身来讨论和表决,或要求用点名投票法最后表决通过时,法律草案得交还该议院。议事规则规定关于公布委员会各项工作的程序。

由各院进行审查和直接批准的正规程序,通常用来审查和批准有关宪法问题和选举问题的法律草案,以及赋予立法权、授权批准国际条约、批准预算和决算的法律草案。

第七十三条 法律获得批准后一个月内由共和国总统颁布。

如果两院中每院均有绝对多数议员主张某项法律为紧急法律,则该项法律应在议院所规定的日期颁布。

法律颁布后立即刊登出来,刊登后第十五天生效,但法律本身规定有生效日期者除外。

第七十四条 法律未颁布以前,共和国总统可用咨文说明理由,请两院复议。

如两院重新通过该法律,则该法律应予颁布。

第七十五条 当有五十万选民或五个区议会要求全部或部分废除某项法律或某项具有法律效力之法令时,得举行公民投票公决。

有关税收和预算、大赦和免罪减刑以及授权批准国际条约的法律,不得举行公民投票公决。

凡许可参加众议院选举的所有公民,均有权参加公民投票。

提交公民投票公决的提案,如经享有选举权的人的大多数投票,而且又获得多数有效票赞成时,则被视为业已通过。

法律规定举行公民投票的程序。

第七十六条 除非有指导性原则和准则的规定,并仅在限定的时间和就特定的问题,立法权不得交给政府行使。

第七十七条 未经两院授权,政府不得颁布具有普通法律效力的法令。

在紧急需要的特殊情况下,政府可根据自己的职责采取具有法律效力的临时措施,但应于同日将此临时措施呈交两院,以变为法律,两院即使已被解散,也应在五天内专为此事召集会议。

如果某项法令在颁布后六十天内未变为法律,则该法令自颁布之时起失效。但议会两院仍可用法律去调节由这项未变为法律的法令所产生的各种法律关系。

第七十八条 两院决定战争状态,并赋予政府以必要的权力。

第七十九条 共和国总统根据两院的授权宣布大赦与减刑。大赦与减刑不适用于授权议案提出后所犯的罪行。

第八十条 两院按法律授权批准各种政治性国际条约,或规定仲裁或司法调整的国际条约,或引起领土改变、财政负担或修改法律的国际条约。

第八十一条 两院每年批准政府所提出的预算和决算。

只有依据法律,且时间总共不超过四个月时,方可实行临时预算。

批准预算的法律,不得规定新的税收和新的支出。一切引起新支出或增加原计划支出的其他法律,均应指出补偿这些支出的手段。

第八十二条 各院可对有关公共利益的问题进行调查。

为此目的,各院从本院议员中任命一个能反映各党团人数比例的调查委员会。该调查委员会以与司法机关相同的权力和限制进行调查和研究。

第二章 共和国总统

第八十三条 共和国总统由议会在两院议员联席会议上选出。各区议会在保证少数派代表权的条件下选出本区三名代表参加选举。瓦莱·达奥斯塔区只有一名代表。

共和国总统的选举,用秘密投票法进行,以大会三分之二多数票赞成选出。从第四次投票起,只要获得绝对多数票即可当选。

第八十四条 凡年满五十岁并享有公民权利和政治权利的任何公民,均有资格当选为共和国总统。

共和国总统不得兼任任何其他职务。

总统的薪金与开支由法律规定。

第八十五条 共和国总统任期为七年。

在总统任期届满前三十天内,众议院议长召开议会和各区代表联席会议,以便选举共和国新总统。

如遇两院已解散,或两院任期届满前不足三个月时,选举须在新届两院开会后十五天内进行。在此期间原任总统继续行使职权。

第八十六条 凡遇共和国总统不能履行其职权时,由参议院议长代行其职务。

在共和国总统长期不能工作或死亡或辞职的情况下,众议院议长宣布在十五天内选举新总统,如遇两院解散或距两院任期届满不足三个月时,则应维持规定的延长期限。

第八十七条 共和国总统为国家元首,并代表国家的统一。

总统可以向两院提出咨文。

总统宣布新议院的选举,并规定新议院首次会议的日期。

总统批准政府提交两院的法律草案。

总统颁布法律,发布具有法律效力的法令,发布规则。

在宪法规定的情况下,总统宣布举行公民投票。

在法律规定的情况下,总统任命国家官员。

总统任命和接受外交代表,必要时经两院事先授权,批准国际条约。

总统统率武装部队,担任依法成立的最高国防委员会的主席,根据两院决议宣布战争状态。

总统担任最高司法委员会的主席。

总统可以宣布免罪、减刑和修改刑事判决。

总统授予共和国奖赏。

第八十八条 共和国总统在听取两院议长的意见之后,可以解散两院或其中一院。总统在其任期之后六个月内,不得行使这种权力。

第八十九条 共和国总统签署的任何法令,如未经提出此项法令并对其负责的部长的附署,均无效。

具有法律效力的法令以及其他依法颁布的命令,也须经内阁总理附署。

第九十条 共和国总统对其履行职权时所作出的行为不负责任,但叛国或违反宪法的行为除外。

出现总统叛国或违反宪法的情况时,由议会在联席会议上根据议员绝对多数票对他提出控告。

第九十一条 共和国总统就职前,应在联席会议上向议会宣誓忠于共和国并遵守宪法。

第三章 政府

第一节 内阁

第九十二条 共和国政府由共同组成内阁的内阁总理及各部部长组成。

共和国总统任命内阁总理,并根据内阁总理的提议任命各部部长。

第九十三条 内阁总理和各部部长在就职前向共和国总统宣誓。

第九十四条 政府必须获得两院的信任。

各院以记名投票通过说明理由的决议案方式对政府表示信任或不信任。

政府得在其组成后十天之内与两院见面,以获得信任。

一院或两院投票反对政府的某项提案,不一定引起政府的辞职。

不信任案至少须有众议院十分之一议员签名,此案提出三天后方可提交讨论。

第九十五条 内阁总理指导政府的总政策,并对总政策负责。总理维持政治方针和行政方针的一致性,促进和协调各部部长的活动。各部部长对内阁的活动共同负责,并对各部的活动单独负责。

法律规定总理府的组成,部的数目、职责与组成。

第九十六条 内阁总理和各部部长在履行其职责时犯罪,由议会在联席会议上提出控告。

第二节 国家行政机关

第九十七条 根据法律规定,国家机关应以能保证行政机关顺利工作及其公正性方式组成。各机关的组织条例规定其官员的权限范围、职责和责任。

除法律有规定的情况外,国家行政机关的职员均由考试选拔录用。

第九十八条 国家职员只能为国家服务。

若为议会议员,非因年资不得提升。

法律可以规定对法官、现役职业军人、警官和警察、驻国外的外交使节和领事馆代表参加各政党的权利的各种限制。

第三节 辅助机关

第九十九条 国家经济与劳动委员会,根据法律所规定的方式,由各生产部门的专家和代表组成,其比例应考虑到各生产部门在数量与质量上的重要性。

国家经济与劳动委员会在法律为其规定的职权范围内,为两院和政府的咨询机关。

国家经济与劳动委员会享有立法动议权,可根据法定原则并在法定范围内参与制定有关经济和社会问题的法律。

第一百条 国务委员会为法律——行政咨询机关和行政司法机关。

审计院对政府的各项法令是否合法进行事先监督并对国家预算的执行情况是否合法进行事后监督。审计院在法定情况下并按法定形式,参与监督国家按普通程序所资助的机关的财务管理情况。审计院直接向两院报告审查的结果。

法律保护上述两个机关及其工作人员对政府的独立性。

第四章 司法机关

第一节 法院组织

第一百零一条 司法权以人民的名义行使。

法官只服从法律。

第一百零二条　司法职能由按法院组织法规则设置与调整的普通法官行使。

不得设置特别法官或专门法官。只可在普通司法机关中附设审理特定案件的专门法庭,并应有有资格的非法官公民参加。

法律规定人民直接参加行使司法权的场合与形式。

第一百零三条　国务委员会和其他行政司法机关,在审理对国家行政机关的法令的控告案时,在维护合法利益方面享有裁判权,在法定的特别案件中,在维护主观权利方面也享有裁判权。

审计院对公共财务案件和法律规定的其他案件有裁判权。

军事法庭在战时享有法定的裁判权。

在和平时期,军事法庭只对属于武装部队的人员所犯的军事罪行享有裁判权。

第一百零四条　司法机关为独立于任何其他权力机关的自主体制。

最高司法委员会由共和国总统担任主席。

最高法院的首席院长和检察长为最高司法委员会的当然成员。

其余成员的三分之二,由全体普通法官从各级法官中选出,而另外的三分之一,则由议会在联席会议上从大学常任法学教授和具有十五年工作经历的律师中选出。

最高司法委员会从议会所指定的成员中选出副主席一人。

该委员会的选任成员,任期为四年,任期届满后不得立即重新当选。

选任成员在其任职期间,不得从事其他职业,也不得兼任议会议员或区议会议员。

第一百零五条　最高司法委员会根据法院组织法规则决定法官的任用、委派和调动、晋级和处分等事宜。

第一百零六条　法官的任命得通过考试选拔。

法院组织法允许任命,包括通过选举任命具有全权法官一切职权的荣誉法官。

根据最高司法委员会的提议,大学常任法学教授与具有十五年工作经历的并经高等法院记入特别名单的律师,由于功绩卓著,可被任命为最高法院的顾问。

第一百零七条　法官是常任的。除非遵照最高司法委员会根据法院组织法规定的理由并严守法院组织法规定的辩护保障所作出的决定,或征得法官本人同意,法官不得被免职或停职,也不得被调往其他法院或委派其他职责。

司法部长有权提起处分诉讼。

法官之间仅因职责不同才有所区别。

检察官享有法院组织法规则为其所规定的各种保障。

第一百零八条　法院组织规则和各司法机关的规则由法律规定。法律保障特别法院的法官和在特别法院供职的检察官以及参加行使司法权的非司法机关人员的独立性。

第一百零九条　司法当局直接掌握法警。

第一百一十条　在严守最高司法委员会权限的情况下,由司法部长组织和办理有关司法事宜。

第二节　诉讼程序

第一百一十一条　一切司法措施均应合理。

对普通司法机关或特别司法机关所作出的关系到人身自由的判决和措施不服时,随时均可就违反法律行为向最高法院提出上诉。只有军事法庭在战时作出的判决可不受本规则的约束。

对国务委员会和审计院的决议不服时,只有出于司法权本身的原因才允许向最高法院提出上诉。

第一百一十二条　检察院必须实行刑事追诉。

第一百一十三条　对国家行政机关的法令不服时,随时均可请求普通司法机关或行政司法机关对其权利和合法利益进行司法保护。

此种司法保护不得以特殊否认办法或以特定法令为理由而加以取消或限制。

法律规定在出现法律本身预料的情况和后果时可由那些司法机关撤销公共行政机关的法令。

第五章 区、省、市(镇)

第一百一十四条 共和国划分为区、省和市(镇)。

第一百一十五条 根据宪法所规定的原则,区为具有自主权力和职能的自治单位。

第一百一十六条 根据宪法法律所规定的特别条例,给予西西里、撒丁、特兰提诺——阿尔托·阿迪杰、弗留利—威尼斯·朱利亚和瓦莱·达奥斯塔区以特殊的自治形式和自治条件。

第一百一十七条 在国家法律所规定的基本原则的范围内,区对下列事项颁布立法性规则,但这些规则不得与国家利益和其他区的利益相抵触:

区辖行政机关和行政单位的组成;

市(镇)的境域;

城镇和乡村的地方警察;

交易会和市场;

公共慈善事业和卫生医疗救护;

手艺和职业的教育及对(经济困难的)学生救济;

地方机关的博物馆和图书馆;

市政建设;

旅游业和旅馆业;

区辖电车和公路;

区辖道路、输水管道和公共工程;

湖水航运和港口;

矿泉和温泉;

矿山和泥煤矿；

狩猎；

内地水域的渔业；

农业和林业；

手工业；

宪法法律所指出的其他事项。

共和国法律可授权区颁布实施这些法律的规则。

第一百一十八条 有关前条所列各项问题的行政职能均由区行使，但纯系地方性的问题可由共和国法律列入省、市（镇）或其他地方机关的权限之内。

国家可以根据法律，委托区去行使其他各种行政职能。

区通常是通过将其行政职能委托给省、市（镇）及其他地方机关或利用它们的机关办事的方式，来行使其行政职能。

第一百一十九条 区在共和国法律所规定的形式和范围内享有财政自治权，共和国法律协调区的财政自治权与国家财政、省和市（镇）的财政之间的关系。

各区税收和部分国库税收，根据各区行使其日常职能的必要开支的需要拨给各区支配。

为了实现特定的目标，特别是为了开发南部地区和岛屿，国家根据法律拨给个别区以特别基金。各区根据共和国法律所规定的方式，拥有自己的公产和财富。

第一百二十条 各区不得在区与区之间征收输入税、输出税或过境税。

各区不得以任何方式采取妨碍区与区之间人员和物品自由流动的措施。

各区不得限制公民在国境内任何地方从事其职业、职务或工作的权利。

第一百二十一条 区级机关为：区议会，区政府及其主席。

区议会行使区所享有的立法权和各种规章的制定权，以及宪法和法律所赋予的其他职能。区议会可以向两院提出法案。

区政府是区的执行机关。

区政府主席代表区；他颁布区的法律和规章；根据中央政府的指示，领导执行国家委托给区的各种行政职能。

第一百二十二条 区议会议员的选举制度、名额、无当选资格和不得兼职的情况，均由共和国法律规定。

任何人不能同时兼为区议会议员和共和国议会某一院议员或其他区议会议员。区议会为进行其工作得在其成员中选出议长一人和议长办公厅。

区议会议员不得因履行其职责时所发表的意见与所投的票而受到追究。

区政府主席及其成员由区议会在其议员中选出。

第一百二十三条 各区均有自己章程，它遵照共和国宪法和法律规定有关本区内部的组织规则。区章程对本区各种法律和行政措施的动议权和公决权的行使以及对本区各种法律和规定的公布进行调整。

区章程须由区议会以其议员的绝对多数票通过并经共和国法律批准。

第一百二十四条 驻在各区首府的中央政府特派员，监督由国家行使的行政职能并使其与由各区行使的行政职能相协调。

第一百二十五条 对各区行政法令是否合法的监督，由国家机关按共和国法律所规定的程序和范围并以地方分权的方式来实行。

在特定情况下，法律可允许对各区行政法令是否适宜实行监督，但只是为了促使区议会根据说明理由的要求对决议重新进行审查。

各区根据共和国法律所规定的法规设立初级行政司法机关。在区首府以外的地方可设立分支机关。

第一百二十六条 当区议会有违反宪法的行为或严重违反法律的行为时、或不执行(中央)政府关于改组犯有类似违法行为的区政府或免除其主席职务的建议时，得被解散。

当区议会因辞职或因形不成多数而不能进行工作时，得被解散。

附录一 意大利共和国宪法

此外,区议会也可以出于国家安全的原因而被解散。

区议会之解散必须根据共和国总统说明理由的指令进行,并应根据共和国法律所规定的程序,先征求由众议员和参议员所组成的区务委员会的意见。

解散令任命三名享有当选为区议会议员权利的公民组成委员会,该委员会得宣布三个月内举行选举,并处理区政府权限内的日常行政事务和颁布紧急法令,但此种法令须提交区新议会批准。

第一百二十七条 区议会所通过的任何法律均须通告(中央)政府特派员,(中央)政府特派员应自接到通告后三十天内签署,但(中央)政府反对的情况除外。

法律自签署后十天内颁布,并在刊登十五天后方可生效。如果区议会声明某项法律为紧急法,且经共和国政府认可,该法律的颁布和生效不受上述期限的约束。

当共和国政府认为区议会通过的某项法律已超出区的权限、或与国家利益相抵触、或与其他区的利益相抵触时,须在规定的签署期限内退回区议会。若区议会再次以其议员的绝对多数票通过该法律,共和国政府可在接到通知后十五天内向宪法法院提出该法律是否合法的问题,或因利益冲突向两院提出该法律是否适宜的问题。若遇疑难情况,由宪法法院裁决该案权限所属问题。

第一百二十八条 省和市(镇)在规定其职能的共和国一般法律所规定的原则范围内均为自治单位。

第一百二十九条 省和市(镇)也是国家和区的地方分权单位。

省管辖的区域可以分为若干个只具有行政职能的乡,以便进一步实行地方分权。

第一百三十条 根据共和国法律所规定的程序设立的区机关,也应按地方分权的方式对省、市(镇)以及其他地方机关的法令是否合法实行监督。

在法律规定的特定情况下,可对法律是否适宜实行监督,但得采取向通过决议的机关提出说明理由的要求使其重新审查其决议的方式进行。

第一百三十一条　设立下列区：

皮埃蒙特；

瓦莱·达奥斯塔；

伦巴德；

特兰提诺——阿尔托.阿迪杰；

威尼托；

弗留利——威尼斯·朱利亚；

利古里亚；

艾米利亚——罗马涅；

托斯卡纳；

翁布里亚；

马尔凯；

拉齐奥；

阿布鲁齐；

莫利塞；

坎帕尼亚；

普利亚；

巴西利卡塔；

卡拉布里亚；

西西里；

撒丁。

第一百三十二条　当有至少能代表三分之一有关居民的数个市（镇）议会提出合并现有区或设立新区的要求,且该提议又在公民投票表决时得到居民的大多数赞同时,在听取区议会的意见后,可以根据宪法性法律合并现有区或设立新区,但新区至少要有一百万居民。当某些省和市（镇）提出脱离某个区而加入另一个区的要求时,在听取区议会的意见后,可以采取公民投票表决的办法并根据共和国法律予以允许。

第一百三十三条 在同一个区内省的区域变更和新省的设立,可根据市(镇)的倡议,听取该区的意见,依照共和国法律来进行。区在听取有关居民的意见后,可颁布法律在其区域内设立新市(镇)和改变市(镇)的区域与名称。

第六章 宪法的保障

第一节 宪法法院

第一百三十四条 宪法法院审理下述案件:

审理国家与各区的法律及具有法律效力的法令是否符合宪法的争执案;

审理国家各权力机关之间、国家与区之间以及各区之间的权限冲突案;

审理根据宪法的规定对共和国总统和各部部长提出的控告案。

第一百三十五条 宪法法院由法官十五人组成,其中三分之一由共和国总统任命,三分之一由议会在联席会议上任命,三分之一由最高的普通司法机关和最高的行政司法机关任命。

宪法法院的法官从高等普通法院和高等行政法院的法官(包括已退休的法官)中,从大学常任法学教授和具有二十年以上工作经历的律师中选出。

宪法法院的法官任期为九年,任期从各人宣誓就职那天算起,期满后不得重新被任命。

宪法法院的法官任期届满时即停止职务和停止行使职权。

宪法法院根据法律所规定的规则,在其成员中选出院长一人,院长任期三年,并可以连选连任,但是,在任何情况下宪法法院法官的任期则是固定不变的。

宪法法院的法官不得兼任议会议员或区议会议员,不得从事律师职业,不得担任法律所指出的任何职责与职务。

在审理对共和国总统和各部部长的控告案时,除宪法法院的正式法官外,还用抽签的办法从具有当选参议员资格的公民名单中选出十六人参加,名单上的公民由议会每九年采取选任正式法官同样的方法选出。

第一百三十六条 当宪法法院宣布法律或具有法律效力的法令的某项规定为违反宪法时,则该项规定从判决公布的第二天起即失效。宪法法院的判决应予刊登并通告两院和有关的区议会,以便两院和有关的区议会在认为有必要时按宪法规定的形式活动。

第一百三十七条 宪法性法律规定作出是否符合宪法的判决的条件、形式和期限,并规定对宪法法院法官的独立性的各种保障。

普通法律规定宪法法院的组成及其活动所必需的其他规则。

对宪法法院的判决,不允许任何上诉。

第二节 宪法的修改、宪法性法律

第一百三十八条 修改宪法的法律和其他宪法性法律由各院两次审议通过,其间隔时间不得少于三个月,并且在第二次表决时须经各院议员的绝对多数票通过。

上述法律在其公布后三个月内,如某议院五分之一议员,或五十万选民,或五个区议会要求举行公民投票公决时,则应提交公决。提交公决的法律,如未经多数有效票通过,不得发布。

如果法律在各议院第二次表决时以其议员的三分之二多数通过,则不得举行公民投票公决。

第一百三十九条 共和国体制不得成为宪法的修改对象。

宪法法院的法官从高等普通法院和高等行政法院的法官(包括已退休的法官)中,从大学常任法学教授和具有 20 年以上工作经历的律师中选出。

宪法法院从其成员中选举院长 1 人。

宪法法院的法官任期为 12 年,按照法定规则实行部分更换,任期届满后不得立即重新当选。

宪法法院的法官不得兼任议会议员或区议会议员,不得从事律师职业,不得担任法律所指出的任何职责与职务。

在审理对共和国总统和各部部长的控告案时,除宪法法院的正式法官外,还应有16名具有当选参议员资格的公民参加,这16名公民是在每届新议会开始时由议会在联席会议上选出的。

附:过渡性决定和最后决定

第一条　本宪法一经生效,临时国家元首立即行使共和国总统的职权,并改称为共和国总统。

第二条　如在选举共和国总统之日各区议会尚未全部成立,则仅由两院的议员参加选举。

第三条　为了组成共和国第一届参议院,根据共和国总统的命令,那些具备当选为参议员的法定要求并具备下列条件之一的制宪会议代表被任命为参议员:

曾任内阁总理或立法会议主席;

曾任已解散的参议院议员;

包括制宪会议选举在内,至少曾三次当选;

在1926年11月9日众议院会议上被宣布取消议员资格者;

曾因保卫国家而被法西斯特别法庭判决监禁五年以上者;

此外,根据共和国总统的命令,任命曾参加国民会议的已解散的参议院议员为参议员;

在任命令签署之前,可以放弃被任命为参议员的权利。凡接受将自己作为政治选举的候选人,即表示已放弃被任命为参议员的权利。

第四条　在参议院第一次选举时,莫利塞被视为单独的区参加选举,其参议员数目得根据其人口数目来规定。

第五条　本宪法第八十条关于引起财政负担或修改法律的国际条约的规定,自两院召集之日起生效。

第六条　本宪法生效后五年内,应对现存的特别司法机关进行改组,但国务委员会、审计院和军事法庭的裁判权除外。

本宪法生效后一年内应根据第一百一十一条以法律改组最高军事法庭。

第七条 在遵照宪法颁布法院新组织法之前,应继续遵守现行的组织规章。

在宪法法院开始行使其职能之前,对第一百三十四条中所指出的争执案的判决,应按宪法生效前现行规章的程序和限制来进行。

第八条 区议会选举和须经选举产生的省行政机关的选举,在宪法生效后一年内举行。

共和国法律按国家行政机关的每个部门来调整业已归区行使的国家职能的转交问题。在重新改组和划分地方机关之间的行政职能之前,地方机关现在行使的职能以及区委托给它们行使的其他职能仍由省和市(镇)行使。

共和国法律对按新体制之需要向各区转交国家官员和职员以及中央行政机关的官员和职员的工作进行调整。区为了建立自己的机关,除非在必要的情况下,均应从国家机关和地方机关中抽调人员。

第九条 共和国在宪法生效后三年内,调整其法律,使其适合地方自治的需要,并适合区所享有的立法权限。

第十条 对第一百一十六条所指的弗留利—威尼斯·朱利亚区,暂时采用第二篇第五章的一般规定,但应坚决遵照第六条保护少数民族。

第十一条 在宪法生效后五年内,可按宪法性法律设立新区,改变第一百三十一条中区的名单,甚至可以不遵守第一百三十二条中第一款所要求的条件,但须遵守征求有关居民意见的规定。

第十二条 禁止以任何形式重建已被解散的法西斯党。

不受第四十八条的约束,法律规定对法西斯制度的负责头目的选举权和被选举权实行自宪法生效后不超过五年的暂时限制。

第十三条 萨沃依王朝的成员和后裔不得为选民,也不得担任公职和选任职务。

附录一　意大利共和国宪法

萨沃依王朝的前国王、王后以及他们的男系后裔均禁止进入和居留在国境之内。

萨沃依王朝的前国王、王后以及他们的男系后裔在国境内的财产均归于国家。1946年6月2日以后所发生的对上述财产的实际权利的转让与规定概为无效。

第十四条　贵族头衔不予承认。

1922年10月28日之前存在的头衔的附加成分得作为姓名的一部分。

毛里齐奥骑士团可作为医疗团体存在，并按法律所规定的程序进行工作。

法律规定废除贵族称号协会。

第十五条　随着宪法的生效，1944年6月25日第一百五十一号关于国家临时体制的摄政令即变成法律。

第十六条　在宪法生效后一年内，对尚未直接或间接废除的旧宪法法律得重新审查并使其与宪法相一致。

第十七条　制宪会议应在1948年1月31日之前由其主席召集，以便审议共和国参议院选举法、区的特别条例和出版法。

在新议院选举之日以前，如果需要审议被1946年3月16日第九十八号立法法令第二条第一款和第三条第一、二款列入制宪会议的权限之内的问题时，得召开制宪会议。

在此期间，各常设委员会仍继续工作。立法委员会应将政府所提出的法律草案退回政府，并附上可能有的意见和修正案。代表们可以向政府提出质询并要求书面答复。

为实施本条第二款的规定，制宪会议应根据政府或至少有二百名代表提出的说明理由的要求，由其主席召集。

第十八条　本宪法由临时国家元首在制宪会议通过后五天内公布，并于1948年1月1日起生效。

宪法文本应在1948年全年内陈放在共和国各市（镇）的市政大厅里，以便每个公民都能熟知。

盖有国玺的宪法文本将收入共和国法律和法令的官方汇编里。

宪法应由全体公民和国家机关当作共和国根本大法来忠实遵守。

1947年12月27日于罗马颁布

恩里科·德·尼古拉（签名）

副署　制宪会议主席翁贝托·泰拉奇尼

内阁总理阿尔奇德·德·加斯贝利

附录二
《拉特兰条约》

甲、《拉特兰政治和约》①
(CONCILIATION TREATY)

节要如下：

第一条 意大利政府承认罗马天主教为意大利国教。

第二条 意大利政府承认圣座（教皇）在国际关系上的主权。

第三条 意大利政府承认圣座对现今设置的梵蒂冈及其全部附属物和馈赠均拥有所有权、惟一和最高的司法权，从而创建了有其特殊目标的梵蒂冈城国（附梵蒂冈城国的范围）。议定圣彼得广场虽属梵蒂冈城的一部分，仍向公众开放，属意大利警察管辖之内，但意大利官方权限及警察均不得进入圣彼得大教堂内，除非得到主管当局的邀请。

第四条 意大利承认圣座在梵蒂冈城的主权与唯一绝对的司法权，意大利政府不得干涉。

第五条 为实施上述条款，本协定生效前，意大利政府在梵蒂冈领土内不得行使任何留置权，以后也不得租借。

---

① 条约文本见 *The Treaty of the Lateran*, by Benedict Williamson, with a forward by his eminence [Francis] Cardinal Bourne, Archbishop of Westminster, Burns Oates & Washbourne Ltd., London, 1929, pages 42—66. 也参见 http://www.aloha.net/~mikesch/treaty.htm

第六条　意大利政府保证充分供应梵蒂冈城国的用水,并为其修建铁路,提供梵蒂冈与其他国家直接联系的电话、电报、无线电报、邮政电报及其他公用事业上的协作。

第七条　意大利政府保证不准许在梵蒂冈四周建造能俯瞰梵蒂冈城的建筑物,并将拆除原有的此类建筑。按国际法规定,禁止任何飞行物飞越梵蒂冈领空。

第八条　意大利认为教皇人身不可侵犯,凡图谋反对或侮辱教皇者,即与反对或侮辱国王者同罪,给予惩处。

第九条　遵照国际法,凡拥有梵蒂冈的永久住所者,都应服从圣座的主权,如暂住它处,而本人未声明放弃其住所前,仍应尽公民义务。

第十条　教会显要人物及教廷人员,凡列入缔约双方议定名单的,即使不是梵蒂冈公民,在与意大利有关的任何事情上均免服兵役,免于承担陪审义务,免于任何私人性质的服务。对于那些在梵蒂冈城外办公执行圣座法令的神职人员,也不受意大利当局任何妨碍、调查和干扰,其人身安全与意大利公民同样的享受法律保护。

第十一条　意大利政府不得干涉教会团体,也不得处置教会团体的不动产。

第十二条　意大利政府认可圣座按国际法规定,有派遣和接受使团的权利,赋予其外交人员的特权和豁免权,即使是与意大利无外交关系的国家使节。意大利同意保障任何国家,包括交战国在内,在任何情况下保持与圣座的通讯自由。意大利与圣座彼此建立正常外交关系,互派大使。鉴于教皇已被承认的主权,教皇派出的外交官和信使,即使在战争期间,也享有国际法所规定的一切待遇。

第十三条　意大利政府承认圣座完全拥有圣拉特兰大堂、圣母玛利亚大堂、圣保禄大堂的所有权。

第十四条　意大利政府承认圣座拥有卡斯特尔——甘多尔福皇宫的全部产权。并保证将那些能俯瞰梵蒂冈宫殿的王国或第三方的所有不动产转让给圣座及由圣座指定的团体。意大利还将在罗马的一批女修院产权完全交付圣座。

第十五条　教皇在意大利领土上所设置的直属机构以及教堂,均享有国际法对其他国家外交人员驻地所承认的豁免权。

第十六条　前三条所指出的不动产,以及教廷学院——格里高利大学、圣经学院、考古学院、俄罗斯学院、伦巴德学院以及东方教会部所所在地,圣阿波利聂尔的两座宫殿,圣若望和圣保禄修会作避静神工用的房屋,意大利政府未经圣座同意皆无处置权,这些不动产一律免于课税。圣座对上述不动产有权作任何调整,无须经意大利政府批准。

第十七条　天主教中央机构或圣座直属机构给予圣座或显贵、职员、官员的任何性质的馈赠(即使尚未确定的),自 1929 年 1 月 1 日起一律豁免课税。

第十八条　凡在梵蒂冈城内和拉特兰宫内存有的科学与艺术珍品仍将供人参观,但开放时间则由圣座决定。

第十九条　凡持有圣座或圣座驻外代表签字之护照者,在意大利境内通行无阻,自由来往。

第二十条　凡运往梵蒂冈城及城外圣座所属机构的货物,意大利须允许其在任何地方入境并免税通过。

第二十一条　枢机主教在意大利享有与意大利王国亲王同等尊荣,在意大利境内自由通往梵蒂冈,其人身自由不受任何妨碍和限制。选举教皇的会议及公会议,不管是在梵蒂冈城内还是在城外举行,均将受到意大利政府保护,防止外界骚扰。

第二十二条　意大利将根据圣座的要求,对曾在梵蒂冈犯罪的人进行惩处。触犯意大利法律而逃至梵蒂冈的人,由梵蒂冈引渡,除非主管方愿意请警察介入。

第二十三条　在意大利境内执行梵蒂冈法庭判决时,按国际法规定行事。教会当局涉及神职人员及信徒灵性上或教规事务的判决和敕令,一旦正式转民政当局后，立即具有完全的世俗司法效力。

第二十四条　圣座宣布，现在和将来都不介入国际间各种世俗争端，不参加任何为之召开的国际会议，除非争端各方一致吁请其调解。与此同时，圣座保留其行使伦理和牧灵的权力。梵蒂冈城国当视为永久中立、永不可侵犯之地。

第二十五条　圣座的债务将有专门协定予以解除。

第二十六条　圣座声明罗马问题已最终解决，圣座承认萨伏依王朝统治下的意大利王国，承认罗马是其首都。意大利王国也承认圣座统治下的梵蒂冈城国。1871年5月13日法律第214号以及与本协定相抵触的一切法令一概作废。

第二十七条　本协定自签字后四个月内生效。

乙、宗教协定[①]

又称政教和约（THE CONCORDAT），共四十五条，摘要如下：

意大利政府承认罗马有神圣的性质，因其为教皇神权之圣座，普世圣尔（而）公会之中心，故将竭力禁阻一切能违反此性质之施设，与其他违反事件之发生。

凡教会所订定及国家所承认之大瞻礼日，讲道式的举动得自由行使，不论讲道者为任职当地之神品班，或为其他神品班。

国家军队中，有随营教士之任职，专务兵士之救灵事业。

教区之重新分划，以可能与政府之分省界适合为最便利，即或不能，则必求其愈适合愈妙。

对于请求祝圣总主教及主教一端，意大利政府决定依照圣座与各国间新政教和约之规定，并依照波兰与教廷间之政教和约，而订定主教在国家元首前之宣誓式。

---

① 《圣教杂志》，1929年6月，第278—282页。

附录二 《拉特兰条约》

专条数款,特定订定神品班之律法地位。兹律法地位,乃由拉脱朗条约(即《拉特兰条约》)所产生。而与之适合无间者。条款中特地承认修会中人的司法上之地位,与夫圣教会对于产业之处理权,以不妨碍民治之公众法律,适合于道德团体的置产律为度。

条款中最重要者,莫如对于婚姻事件之一条,其条文所言如下:

意大利政府以婚姻为家庭组织之基础,故重视婚姻。一遵其历代国民所有之良好习尚,而承认婚配圣事,即婚姻必须由圣教会法律所许可,民事实际所承认,而后方为有效。

婚姻之当众宣告,须在本区圣堂中及本区民政厅中。

结婚礼举行之后,主礼司铎,即为当事人,解释此新组织于民事上发生之影响。而为之念诵民治法律中所载关于当事人应有权力与义务之条文,主礼司铎为当事人记录婚礼之概要情状,而于最迟之五日限期中,将全部文件之底稿,移交本处之民政厅,俾得登记在法治政府之民事册上。

关于婚姻之是否无效,以及婚礼之可否豁免——即已举行而不能成立者——之审查应由民事法庭及神职法署之共同裁决而宣告之。

关于婚姻问题之一切裁断及判决书,若为终了本问题者,则必须移呈最高签字法庭,俾得稽查。本案之判决,法官之裁决,是否尊重圣教会之法律,在引证之法律条款上,在到庭之提诉中,或在缺席之涉讼中。

关于婚姻问题之裁断与判决书,以及签字法庭关于本问题之批令,均应移交本地之上诉法庭,移文当地行政机关,俾其督饬履行,而登记于法治政府民事册上之特志栏中。

至于两相情愿之离婚事件,则圣座应允只由法治政府判决之。

鉴于国内之种种施设,意大利应允国民学校及中等学校内现行之宗教教育,当适合政府与圣座间行将订定之新课程。

更有可以注意之一条,即政府承认意国之公教事业公教进行会表上,开列之一切组合。只须上言之各个组合,符合圣座之方针,在一切政治范围外,推广其热忱,并直隶于圣教会之阶级组织下,以普及或实施公教的原则。

和约之末尾，立有专条，谓如于将来，条文中有困难解释之事项发生，则圣座与意大利间，可共同寻求其协调的答案。

丙、经济契约

基于此契约，意大利自任付与圣座。而圣座亦应允收受七千五百万利尔（意币）作为一八七十年事变之终了赔偿。意大利政府并写给圣座一存款契据，契据书面为一万万利尔，意大利政府年给百分之五之利息于圣座。

附录三
大事年表

前1184年　据传说,本年特洛伊城被希腊联军攻破,特洛伊王子伊尼阿逃往亚平宁半岛,成为罗马人的祖先

约公元前900年　伊特鲁利亚人出现于意大利,定居于台伯河北岸

前753年　据古罗马历史学家瓦罗考证,本年4月21日,罗马建城

前八世纪至前六世纪　王政时期244年

王政前期:

前四王:罗慕路斯(在位37年),努玛·旁皮留(在位43年),图鲁斯,安库斯

王政后期:

老塔克文(前616年至前578年在位)

塞尔维乌斯·图里乌斯(前578年至前535年在位)

小塔克文(前535年至前509年在位)

共和时期　前509至前27

公元前509年　建立共和国的传说年代

前494年　罗马平民发动第一次撤离运动

前483年至前396年　维爱战争

前477年　第一次维爱战争

前471年　保民官出现

公元前 451～450 年　　颁布"十二铜表法"

前 428 年　第二次维爱战争

前 405 年　第三次维爱战争

前 396 年　罗马征服维爱

前 391 年　高卢人南下

前 390 年 7 月 18 日　　高卢人攻陷罗马城,大肆掠夺屠杀

公元前 367～349 年　　进行了四次反抗高卢人的战争

前 351 年　罗马征服埃特鲁里亚

前 343 年　第一次萨莫奈战争

前 340 年　拉丁同盟战争

前 327 年　第二次萨莫奈战争

前 321 年　考狄乌姆峡谷之战

前 305～31 年　埃及托勒密王朝

前三世纪　本都王国兴起

前 298 年　第三次萨莫奈战争

前 287 年　最后一次撤离运动

前 282 年　罗马—他林敦战争

前 280 年　罗马—皮洛士　赫拉克里亚大战

前 279 年　罗马—皮洛士　阿斯库努姆大战,罗马与迦太基结盟

前 275 年　罗马—皮洛士　贝尼温敦大战

前 272 年　罗马基本统一意大利

前 263～146 年　布匿战争

前 263～241 年　第一次布匿战争

前 224 年　罗马制服波河南高卢

前 220 年　罗马征服山南高卢

前 219～201 年　第二次布匿战争,汉尼拔远征罗马

前 216 年　坎尼之战

前 215 年　马其顿国王菲力普与汉尼拔缔结反罗马同盟

前 215～205 年　第一次马其顿战争

前 209～197 年　赛琉西王安提奥库斯三世向波斯及小亚细亚扩张

前 200～197 年　第二次马其顿战争

前 197 年　罗马—马其顿　贴撒利亚大战

前 191 年　罗马—赛琉西　温泉关大战

前 190 年　赛琉西沦为罗马附庸

前 171 年　罗马再次向马其顿宣战

前 168 年　罗马—马其顿　皮德那战役，马其顿国王伯修斯被俘，马其顿一分为四

前 150～146 年　第三次布匿战争

前 146 年　罗马征服迦太基

前 137 年　第一次西西里起义

前 115～88 年　本都大肆扩张

前 111 年　罗马—努米底亚，朱古达战争

前 107 年　马略成为执政官，马略改革

前 106 年　马略战胜朱古达

前 104 年　第二次西西里起义，遭到马略镇压

前 90 年　同盟者战争

前 88 年　苏拉成为执政官

前 89～84 年　第一次米特里达梯战争

前 82 年　苏拉成为军事独裁

前 75～66 年　第三次米特里达梯战争

前 73～71 年　斯巴达克起义

前 75 年　庞培平息第三次米特里达梯战争

前 70 年　庞培、克拉苏成为执政官

前 60 年　"前三头同盟"

前 59 年　恺撒（前 102～44 年）成为执政官

意大利民族发展史

前58~51年　恺撒远征北高卢

前55年　庞培、克拉苏成为执政官，"路卡会议"

前53年　克拉苏阵亡

前51年　恺撒征服高卢，高卢成为罗马行省

前49年　庞培、恺撒内战爆发

前48年　6月6日"法萨卢之战"

前44年　3月15日恺撒遇刺身亡

前43年　"后三头同盟"

前37年　马克·安东尼与埃及女王克里奥佩特拉结婚

前31年　6月"亚克兴之战"

前30年　赛琉西成为罗马行省

前29年　屋大维独裁开始

罗马帝国时代　前29~476年

14年　8月屋大维 去世

公元14~68年　朱里亚·克劳狄王朝时期

14~26年　提比略 在位

26~41年　卡里古拉在位

41~54年　克劳狄在位

54~68年　尼禄在位

68~96年　弗拉维王朝

69~79年　韦帕芗在位

79~81年　提图斯在位

81~96年　图密善在位

96~192年　安东尼王朝

　　　　涅尔瓦，图拉真，哈德良，安东尼，马可·奥勒留—"五贤帝"

189~193年　康茂德

193　佩尔蒂纳克斯

附录三 大事年表

193～197 罗马内战

193 禁卫军公开出售帝座，尤里安努斯继位

193～235 年 塞维鲁王朝

193～208 年 塞维鲁

208～211 年 塞维鲁、卡拉卡拉 共治

211～213 年 卡拉卡拉、格塔 共治

213～217 年 卡拉卡拉

217 年 马克里努斯

218～222 年 埃拉伽巴卢斯

222～235 年 亚历山大·塞维鲁

235～238 年 马克西明

238～253 年 混乱时期

238 年 马克西穆斯、巴尔比努斯、戈尔狄安三世 共治

238～244 年 戈尔狄安三世

244～248 年 菲利浦

248～251 年 德西乌斯

250 年 哥特人入侵

252～253 年 加卢斯

253 年 埃米利安努斯

253－268 年 "三十僭主"时期

253～260 年 瓦列里安、伽里埃努斯 共治

260 年 瓦列里安被俘

260～268 年 伽里埃努斯

268～270 年 克劳狄 战胜哥特联军入侵

270～275 年 奥勒良 消灭僭主、恢复统一

275 年 奥勒良被弑后，有 8 个月皇位空白期

276 年 塔西佗

253

276～282 年　普罗布斯收复高卢,惩治蛮族

282～283 年　卡鲁斯

284～285 年　卡里努斯

285～305 年　戴克里先,"四帝共治"

306 年　君士坦丁 称帝

312 年　君士坦丁一世 击败 马克森提乌斯,控制罗马西部

313 年　李锡尼乌斯控制 罗马东部

313～323 年　两帝共治天下

323 年　君士坦丁 击败 李锡尼乌斯,统治罗马

330 年　君士坦丁堡建成,迁都

395 年　狄奥多西将罗马一分为二,罗马分裂

410 年　罗马城陷落

419 年　西哥特王国建立

439 年　汪达尔王国建立

450 年　匈奴首领阿提拉率军由东方进入高卢

452 年　匈奴人入侵意大利,围攻罗马城

455 年　汪达尔人洗劫罗马城

457 年　勃艮第王国建立

476 年　罗马末代皇帝 罗穆路斯·奥古斯都 被废黜

西罗马帝国灭亡

489～526 年　东哥特人西奥多里克统治意大利时期

496 年　传说,法兰克人首领克洛维本年皈依罗马天主教

492～496 年　教皇杰拉斯一世在位,他是第一个宣布教皇在信仰问题上的权力既独立于皇帝、又独立于普世会议的教皇,他声称有两种权力统治着世界:即"教会权力"和"帝国权力","教会权力"由于是人类得救的凭借,因而高于"帝国权力"

529 年　修道士圣本尼迪克制定"本尼迪克特修道条例"

527～565 年 东罗马帝国查士丁尼皇帝统治时期

535～554 年 东罗马帝国重新征服意大利

535 年 东罗马帝国皇帝查士丁尼派大将贝利萨留征服西西里。

536 年 12 月 东罗马帝国军队击败东哥特人，进入罗马

554 年 东罗马帝国将军纳尔塞斯彻底打败残余的哥特人和入侵的法兰克人，把整个意大利纳入帝国版图

568 年 日耳曼人部落中的伦巴德人入侵意大利北部

568～774 年 意大利北部伦巴德王国存在时期

687～1797 年 意大利 威尼斯共和国存在时期

714～741 年 法兰克王朝宫相查理·马特统治时期

732 年 普瓦提埃战役，查理·马特击败穆斯林军队，遏止了伊斯兰势力向比利牛斯山以北地区的扩张势头

739 年 教皇格雷戈里三世因受伦巴德人的威胁，请求马特的庇护，遭拒

751 年 "矮子"丕平 建立加洛林王朝

754 年 教皇斯蒂芬二世到高卢，给丕平施涂油礼，授与罗马贵族的称号

754 年 丕平进入意大利，打败伦巴德人

756 年 丕平再次打败伦巴德人，并向教皇奉献土地

771～814 年 查理曼时期

774 年 法兰克国王查理曼消灭伦巴德王国，确认"丕平献土"

781 年 教皇为查理曼的儿子丕平加冕为意大利国王

800 年 教皇利奥三世加冕法兰克国王查理曼为"罗马人的皇帝"

812 年 东罗马帝国的皇帝承认查理曼的皇帝头衔和地位

814～887 年 加洛林帝国的解体时期

814～840 年 帝国皇帝"虔诚者"路易一世在位

818～855 年 "虔诚者"路易一世的长子罗退尔担任意大利国王

824 年 罗退尔颁布"罗马建制诏"重新确定帝国对罗马的主权

827～831 年 穆斯林征服西西里

843年　凡尔登条约　帝国皇帝罗退尔、"秃头"查理、"日耳曼人"路易瓜分帝国

847～848年　教皇利奥四世(847～855)建筑利奥城墙以保护圣彼得教堂

863～864年　教皇尼古拉斯一世(858～867)在"秃头"查理的支持下,因离婚问题惩戒洛林国王罗退尔二世

875年　西法兰克国王"秃头"查理在罗马加冕为皇帝

910年　天主教克吕尼运动兴起

919～1024年　德意志 萨克森王朝时期

936～973年　萨克森国王奥托一世时期

951～952年　奥托一世第一次远征意大利,并获得意大利国王称号,但教皇拒绝为他举行皇帝加冕礼

961～964年　应教皇约翰十二世请求,奥托一世第二次远征意大利

961年　奥托一世在帕维亚加冕为意大利国王

962年　2月2日　教皇约翰十二世为奥托一世加冕为帝国皇帝,开创了"日耳曼民族的神圣罗马帝国"

962～1806年　神圣罗马帝国时期

963年　奥托一世在罗马召开宗教会议,以谋杀罪和其他罪废黜教皇约翰十二世,并选举其继承者利奥八世(963～964)。迫使教皇承认皇帝有批准或否决教皇选举之权

966～972年　奥托一世第三次远征意大利,再次废立教皇

967年　为继承人奥托二世皇帝加冕

973～983年　奥托二世时期

983～1002年　奥托三世时期

996年　奥托三世首次远征意大利,提名他的堂兄弟布鲁诺为教皇格雷戈里五世(996～999年),是为第一个德意志教皇

1024～1125年　德意志法兰克尼亚王朝

1024～1039年　德意志法兰克尼亚王朝创始者康拉德二世在位

附录三 大事年表

1027 年　德意志国王康拉德二世加冕为神圣罗马帝国皇帝

1046 年　在神圣罗马帝国皇帝亨利三世的压力下,苏特里和罗马的宗教会议废黜三个对立的教皇(格雷戈里六世、西尔威斯特三世、本尼迪克特九世),选举出新教皇克莱门特二世。亨利三世重申皇帝提名教皇的权力

1052 年　亨利三世将本尼凡托公国授予教皇,教皇国疆域扩大

1059 年　拉特兰宗教会议规定教皇由红衣主教选举人团选举产生

1053 年　诺曼底人在"狡猾者"罗伯特的领导下于契维塔太战役中打败教皇军队,俘虏教皇利奥九世

1054 年　基督教会分裂为东部"正教"和西部"公教"

1056～1106 年　德意志国王、神圣罗马帝国皇帝亨利四世在位

1059 年　教皇尼古拉二世将处于诺曼底人占领下的意大利南部领土作为教皇恩赐的封地授予罗伯特并授予公爵的称号,确认了教皇对南意大利和西西里岛的宗主权

1072～1091 年　诺曼底人征服西西里

1073～1085 年　教皇格雷戈里七世(希尔德布兰德)时期,宣称教皇无谬论、教皇有权废黜皇帝

1075～1122 年　教皇与皇帝对主教授职权的斗争

1076 年　神圣罗马帝国皇帝亨利四世召开沃尔姆斯宗教会议,废黜教皇格雷戈里七世,被教皇处以绝罚,拉特兰宗教会议

1077 年　帝国皇帝亨利四世的卡诺莎之辱

1095 年　克勒芒宗教会议,教皇乌尔班二世呼吁发起十字军东征

1096～1291 年　十字军东侵

1106～1125 年　神圣罗马帝国皇帝亨利五世在位

1130 年　罗杰二世(诺曼底人罗伯特的弟弟罗杰伯爵的儿子)经教皇同意在巴勒莫大教堂加冕为西西里国王

1138～1254 年　德意志 霍亨施陶芬王朝

1152～1190 年　神圣罗马帝国皇帝"红胡子"腓特烈一世(又称"巴巴罗萨")

意大利民族发展史

在位

1160 年 伦巴德同盟的城市民兵在莱尼亚诺打败红胡子腓特烈率领的帝国军队

1183 年 康斯坦斯和约,确认帝国皇帝在意大利北部的宗主权,但各城市享有高度的自治权

1187～1569 年 意大利佛罗伦萨共和国时期

1198～1216 年 罗马教皇英诺森三世在位

1161～1184 年 西西里诺曼王朝的唯一合法继承人、罗杰二世的遗腹女康斯坦斯与神圣罗马帝国皇帝"红胡子"腓特烈的长子,当时年仅18岁的亨利联姻

1191 年 继承了帝国皇位的亨利六世在罗马加冕,后进军那不勒斯

1194 年 圣诞节,亨利六世在巴勒莫加冕为西西里国王,开始了西西里的霍亨斯陶芬王朝

1198～1216 年 教皇英诺森三世时期,教皇世俗权威在中世纪达到顶峰

1211～1250 年 神圣罗马帝国皇帝腓特烈二世时期

1220 年 帝国皇帝腓特烈二世恢复霍亨斯陶芬王朝对西西里的统治

1221～1248 年 腓特烈二世在帕尔马败于意大利城市国家与教皇联军,统一意大利的努力失败

1254～1278 年 神圣罗马帝国空位时期

1265～1321 年 意大利文艺复兴运动先驱但丁在世

1268～1442 年 意大利那不勒斯安茹王朝

1268～1302 年 意大利西西里安茹王朝

1273～1806 年 神圣罗马帝国哈布斯堡家族统治时期

1273～1291 年 神圣罗马帝国皇帝鲁道夫一世在位

1294～1303 年 教皇卜尼法斯八世时期

1296 年 教皇发布教俗敕谕,禁止教士非经教皇同意不得向世俗君主纳税,遭到法国和英国的反对

1302～1303年 教皇卜尼法斯八世发布"神圣一体圣谕",表明教皇要求超于民族国家和世俗君主之上的权力已经达到顶峰。法国国王菲利普四世派人逮捕教皇并押解至法国境内。

1303年 9月8日,教皇卜尼法斯八世遭到人身侮辱

14～16世纪　欧洲文艺复兴时期

1305～1377年 "阿维农之囚"

1310～1313年 神圣罗马帝国皇帝亨利七世远征意大利,遭到教皇克莱门特五世与法国国王菲利普四世的反对

1347年 科拉·迪·里恩齐领导罗马平民革命,召集意大利全国议会,1354年为贵族反对派杀害

1347～1353年 黑死病(鼠疫)在欧洲流行,死亡约2 400万人

1346～1378年 神圣罗马帝国皇帝查理四世在位

1356年 查理四世颁布黄金诏书,规定帝国皇帝由七大选侯(三个主教选侯,四个世俗选侯)选举产生,大诸侯在各自领地内有独立的法律、税收权和军队;而选侯则有绝对君主权力。神圣罗马帝国的瓦解过程开始

1378～1417年　教会大分裂时期

1378～1409年 阿维农与罗马两教皇对峙时期

1395～1585年 意大利米兰公国存在时期

1409年 比萨宗教会议

1409～1414年 三教皇对峙时期

1414～1417年 康斯坦斯宗教会议

1415年 "神圣不可侵犯令"(1415年),断言教士宗教会议高于教皇

1417年 "集会令"规定全体教士会议定期举行

1417年 选举新教皇马丁五世,结束教会分离局面

1417～1431年 教皇马丁五世时期

1438年 法国全国宗教会议和国王查理七世承认"布尔日国事诏书",确定法国教会自由的基础

意大利民族发展史

1453 年　土耳其人占领君士坦丁堡，东正教君士坦丁堡大牧首被杀

1469～1527 年　意大利思想家 N. 马基雅维里在世

1479～1505 年　西班牙阿拉贡王国与卡斯蒂利亚王国合并

1483～1546 年　欧洲宗教改革发起者马丁·路德在世

1493 年　教皇亚历山大六世为西班牙和葡萄牙划分大西洋上的疆界线

1494 年　西班牙和葡萄牙签订《托德西利亚斯条约》

1494～1559 年　意大利战争时期

1494 年　法国国王查理八世入侵意大利

1495 年　7月6日意大利各邦国联军在福尔诺沃战役中败于法国军队，但法国国王查理八世不久撤出意大利

1513 年　马基雅维里写作《君主论》

1516～1700 年　西班牙的哈布斯堡王朝时期

1517 年　马丁·路德发表《九十五条论纲》，掀起宗教改革

1519 年　哈布斯堡王朝的西班牙国王查理一世当选为帝国皇帝，称查理五世

1519～1555 年　皇帝查理五世统治时期

1521 年　查理五世召开沃尔姆斯帝国会议，宣布路德为异端

1527 年　5月6日哈布斯堡王朝查理五世的军队攻陷并洗劫了罗马

1530 年　查理五世被选为神圣罗马帝国皇帝并加冕为皇帝和意大利国王

1534 年　英国国会通过"至尊法案"，进行宗教改革

1534 年　西班牙贵族罗耀拉创立耶稣会

1540 年　教皇正式认可耶稣会

1555 年　结束德意志内战的《奥格斯堡宗教和约》签订

　　　　1556～1598 年　西班牙国王腓力二世在位

1559 年　卡托—康布雷齐和约签定，意大利战争结束，哈布斯堡王朝控制意大利

1562～1594 年　法国胡格诺战争

1571 年 勒班陀战役，西班牙、威尼斯、教皇的联合舰队击败土耳其海军

1612 年 第一部意大利文大辞典在佛罗伦萨出版

1618～1648 年 欧洲三十年战争

1633 年 伽利略被传到罗马宗教裁判法庭受审，被判监禁入狱

1643 年 罗马教皇英诺森十世以威斯特伐利亚和约中有关宗教事务条款未获其同意，公开宣布该条约无效

1674～1676 年 西西里岛爆发反西班牙统治的起义，法国国王路易十四派军队援助起义者

1688～1697 年 欧洲奥格斯堡同盟战争，帝国皇帝与荷兰、英国、巴伐利亚、萨伏依、教皇国等组成反法大同盟

1701～1714 年 西班牙王位继承战争

1713 年 乌特勒支条约

1714 年 拉施塔特条约签订，奥地利获得西班牙在意大利的一切领地和权利

1720 年 撒丁王国创建

1734 年 法国路易十五派军队进攻意大利，把奥地利势力从意大利大部分地区逐出，同年西班牙军队攻占那不勒斯和西西里岛

1740～1748 年 奥地利王位继承战争，意大利沦为主战场

1748～1859 年 意大利北部 帕尔玛公国的波旁王朝

1789 年 法国大革命爆发

1796 年 法国督政府任命拿破仑为远征意大利方面军司令，击败奥地利，占领意大利北部

1797 年 法国和奥地利签署坎波福米奥和约，拿破仑在意大利北部成立南阿尔卑斯共和国和利古里亚共和国

1798 年 法军侵入罗马，俘虏教皇庇护六世，建立罗马共和国

1799 年 奥地利军队击败在意大利的法国军队，攻入法国本土

1800 年 5月拿破仑再次率军赴意大利对奥作战

1801年 2月法奥缔结吕内维尔和约；4月，拿破仑与教皇庇护七世达成协议，正式恢复天主教会活动，但教会必须服从政府

1802年 拿破仑建立意大利共和国，自任总统

1804年 法国颁布《民法典》，拿破仑加冕称帝

1805年 拿破仑改意大利共和国为意大利王国，自兼国王

1807年 意大利秘密组织烧炭党成立

1809年 5月17日，拿破仑将教皇国并入法国，废除教皇世俗政权

1812年 西班牙卡迪斯议会决定公布"1812年宪法"

1814年 教皇庇护七世回罗马重建教皇国

1815年 滑铁卢战役、维也纳体系建立、"神圣同盟"、"四国同盟"，奥地利恢复其在意大利北部的统治权

1817～1831年 烧炭党在意大利各地发动一系列起义

1821年 奥地利出兵镇压意大利革命

1830年 受法国七月革命影响，意大利中部各地发生起义

1831年 2月奥地利出兵镇压摩德纳、帕马等地革命，4月查理·阿尔贝特任撒丁国王；是年，马志尼创立青年意大利党于法国马赛

1833年 青年意大利党在萨伏伊发动起义失败

1846年 罗马教皇庇护九世登位

1846～1878年　教皇庇护九世时期

1848年 意大利各地爆发革命，7月27日～8月9日撒丁王国、帕尔马、摩德纳和威尼斯结成同盟，对奥作战。11月15日罗马人民起义。25日，教皇庇护九世出逃

1849年 2月9日，马志尼宣布罗马共和国正式成立。3月12日～23日，撒丁王国对奥地利再次发动战争，失败，阿尔贝特退位。4月30日～7月3日，法、奥、西等国军队逼近罗马。加里波的指挥罗马保卫战，最后罗马陷落，罗马共和国灭亡。8月22日威尼斯投降，意大利革命失败

1850年 4月教皇庇护九世返回罗马

1851年 12月加富尔出任撒丁王国财政大臣

1852年 11月加富尔出任撒丁王国首相,推行改革

1855年 撒丁王国与英国、法国结盟,派军队参加克里米亚战争

1856年 撒丁王国首相加富尔参加巴黎会议,同法皇拿破仑三世密谋结盟反对奥地利

1859年 法国与撒丁王国联合对奥地利发动战争,意大利北部诸邦爆发人民起义,推翻各邦封建政权统治,托斯坎纳等北意四邦要求与撒丁王国合并以完成意大利北部统一

1860年 3月,托斯坎纳等邦与撒丁王国合并;加富尔与法国签订《都灵条约》,割让尼斯与萨伏伊两地,爆发人民起义。5月至9月,加里波第率"千人红衫军"解放意大利南部与西西里岛。9月7日,加里波第进入那不勒斯城。10月21日,西西里与那不勒斯公民投票赞成同撒丁王国合并。10月26日,加里波第与国王维克托·伊曼纽尔会晤,交出统治权力,除罗马与威尼斯外,意大利其余各邦都统一于撒丁王国

1861年 3月17日,第一届意大利国会在都灵开幕,成立意大利王国

1862年 8月加里波第组织志愿军进攻罗马,29日被意大利王国军队俘虏

1866年 意大利与普鲁士签订同盟条约,对奥地利发动战争。7月,加里波第再率志愿军对奥作战,多次取胜。10月3日,奥、意签订维也纳条约。10月27日,威尼斯投票表决归属意大利。12月,法军退出罗马

1866～1952年 意大利哲学家B.克罗齐在世

1867年 11月3日,法军与教皇军败加里波第志愿军于蒙塔那,加里波第被俘,12月5日,法国宣布不许意大利侵占罗马

1870年 7月教皇庇护九世在梵蒂冈召开世界天主教大会,宣布教皇永无谬误教义,8月9日,意大利宣布在普法战争中保守中立。9月初,意军和比克西奥(加里波第老友)率领的志愿军进入教皇国境内。9月20日,意军占领罗马城,教皇退居梵蒂冈。10月2日,罗马公民投票表决并归意大利,12月国王维克托·伊曼纽尔二世进入罗马城

1871年 意大利王国由佛罗伦萨迁都罗马

1875年 意大利国王维克托·伊曼纽尔二世出访柏林和维也纳

1878年 意大利开国君主维克托·伊曼纽尔和教皇庇护九世去世。意大利政府派人参加为解决俄土战争以后的欧洲问题而召开柏林会议

1880年 10月,国王加伯特与王后访问维也纳

1881 法国占领突尼斯

1882年 5月意大利与德、奥结成三国同盟。6月加里波第病逝

1885年 占领红海沿岸的马萨瓦城,建立海外第一个殖民地——厄立特里亚

1889年 5月迫使埃塞俄比亚皇帝孟尼利克二世签订《乌西亚利条约》

1890年 意大利宣布埃塞俄比亚为其保护国

1891～1937年 意大利共产党创始人之一 A.葛兰西在世

1891～1980年 意大利社会党领袖 P.S.南尼在世

1894年 7月,意大利对埃塞俄比亚发动战争。10月,政府颁布"非常法",政府下令解散社会党和工会

1895年 3月,意大利军队在阿杜瓦城下被埃塞俄比亚人击败。10月26日,同埃签订亚的斯亚贝巴条约,承认埃塞俄比亚为独立国。是年,二十二岁的马可尼发明无线电通讯

1900年 6月29日,国王加伯特一世被无政府主义者刺死,维克多·伊曼纽尔二世继位

1910年 意大利民族主义协会成立,鼓吹对外侵略扩张

1911年 9月29日,意土战争开始,10月5日,意军在北非的黎波里登陆,并占领沿海各地

1912年 10月,与奥斯曼帝国签订洛桑和约,意大利占领利比亚

1913年 意大利建筑、纺织、冶金工人大罢工

1914年 第一次世界大战爆发,意大利于8月3日宣布中立

1915年 4月26日,英、法、俄与意大利签订伦敦密约,允诺给意以领土报

偿诱使意大利加入协约国,5月23日,意大利对奥匈帝国宣战

1917年 10月卡波雷托之战

1918年 6月15日皮亚韦之战;10月24日,威尼托之战。11月4日,奥地利同意大利签订停战条约

1919年 1月19日,天主教人民党成立。3月23日,墨索里尼在米兰建立"法西斯战斗队"(以后改为"国家法西斯党")。4月24日,由于强索阜姆未得,意大利首相奥兰多愤而退出巴黎和会。9月12日,邓南遮率领义勇军于13日从四国临时占领军手中占领了阜姆。11月11日,罗马教皇取消不准天主教徒参加意大利政治生活的禁令

1920年 意大利与塞尔维亚签署《拉帕洛条约》。12月意大利军队炮轰阜姆,邓南遮隐退

1921年 1月,意大利共产党成立。9月,正式建立法西斯党。11月10日罗马爆发反法西斯同盟总罢工

1922年 2月,选举教皇庇护十一世。8月1日,全国爆发反法西斯总罢工。10月27日墨索里尼纠集四万党徒从米兰发动"向罗马进军",28日,法西斯党徒进入罗马,10月31日,国王任命墨索里尼为总理组阁,11月25日,国王和议会授予墨索里尼独裁权力

1923年 8月29日,意大利军队占领希腊科孚岛,9月,占领阜姆

1924年 意大利强迫与塞尔维亚—克罗地亚—斯洛文尼亚王国谈判签订《罗马条约》,将阜姆并吞

1924~1925年 马泰奥蒂危机

1924~1926年 反对法西斯独裁统治的亚文丁联盟成立。1924年意大利社会党人马泰奥蒂因出版《法西斯真象》一书揭露墨索里尼罪行而被害。之后,意大利国会中自由党、人民党和社会党人组成反法西斯政府联盟,一大批议会议员退出议会表示抗议,因效仿古罗马平民为向贵族抗议撤至亚文丁山的行动,故名"亚文丁联盟",要求国王解散法西斯政府和议会,恢复资产阶级民主制

意大利民族发展史

1929年 2月11日，教廷国务卿加斯贝利代表教皇庇护十一世，墨索里尼代表意大利国王，在罗马拉特兰宫正式签订了《拉特兰政治和约和宗教协定》，6月7日《拉特兰条约》正式生效，"梵蒂冈城国"正式成立

1934年 意大利与奥地利、匈牙利签订《罗马议定书》，意大利承担保障奥地利独立的责任

1935年 1月，意大利不宣而战，武装入侵埃塞俄比亚。本月，共产党和社会党在布鲁塞尔召开反法西斯代表大会，成立行动委员会。4月英、法、意在意大利的斯特雷萨开会，讨论德国破坏对德和约问题，形成"斯特雷萨阵线"。同月国联谴责德国单方面废除对德和约。11月国联对意大利进行经济和财政制裁

1936年 意大利占领和兼并埃塞俄比亚。德意秘密签订协定，共同干涉西班牙内战，形成了"柏林—罗马轴心"

1937年 11月，加入《反共产国际协定》，德、意、日三国轴心形成，12月退出国际联盟

1938年 9月，希特勒、墨索里尼、张伯伦和达拉第等在慕尼黑签订《慕尼黑协定》

1939年 2月，庇护十一世去世。3月教皇庇护十二世当选。4月，意军侵入阿尔巴尼亚。5月同德国结成政治军事联盟"钢铁同盟"。6月德国与意大利达成遣返意大利蒂罗尔地区德意志人的协议。9月意大利宣布在战争中中立

1940年 6月，德军对法国发动总攻，意大利趁火打劫，对英、法宣战。6月22日法国投降，6月24日同法国签订停火协定。9月同德国和日本签订军事经济同盟条约。10月入侵希腊。9月13日，意军从利比亚向埃及发动进攻。12月英军在北非发动反击，意大利军队撤退回利比亚

1941年 5月，埃塞俄比亚重新获得独立。6月22日对苏联宣战，9月，反法西斯的"意大利人民统一行动委员会"在法国成立。12月10日，向中国宣战，11日，对美国宣战。同年6月，一群被囚禁在文托泰内岛上的反法

附录三 大事年表

西斯知识分子,如阿尔蒂埃罗·斯皮内利(Altiero Spinelli)和埃尔内斯托·罗西(Emesto Rossi)等人,起草了一份"自由与联合的欧洲宣言",鼓励人们将抵抗运动与创造自由统一的欧洲联邦结合起来,永远消除欧洲的分裂和战争

1942 年 德意军队进逼阿拉曼,开罗告急。10 月英军在阿拉曼一带发动反攻,德意军队损失惨重,仓皇西逃。北非战场形势发生转折。10 月,意大利第一届反法西斯民族战线委员会在都灵成立。11 月,军事统帅部代表要求国王解除墨索里尼职务

1943 年 北非的德意军队投降。7 月,美英军队在意大利的西西里岛登陆,7 月 25 日,墨索里尼应国王召见时被捕,巴多里奥元帅组织新政府。27 日,宣布解散法西斯党。9 月 3 日,同英、美签订停战协定,8 日,宣告无条件投降。德军占领北部和中部,墨索里尼成立"社会共和国"。10 月 13 日,巴多里奥政府对德国宣战。英、美、苏发出承认意大利为同盟国声明。同年天主教民主党成立

1944 年 6 月 4 日,美军进入罗马,巴多里奥辞职,伊万诺埃·博诺米任首相。同年 5 月,欧洲九国抵抗运动组织代表在日内瓦秘密举行了第一次联邦主义积极分子大会,男女代表共 15 人。意大利欧洲联邦主义者斯皮内利和罗西也到会,会上发表了"欧洲抵抗运动组织声明",又称"联邦主义声明"

1945 年 4 月北意大利的德军投降,墨索里尼被处死。5 月 4 日,意大利战争结束。9 月 25 日,咨议会成立,11 月 30 日,天主教民主党人阿尔奇德·加斯贝利组阁。同年 9 月,欧洲联邦运动在米兰公开举行了第一次大会

1946 年 6 月 2 日,意大利举行制宪会议选举,同时就国体问题举行公民投票,结果有 54.3%的人赞成废除君主制。国王翁贝托接受公民投票的结果,离开意大利,避居西班牙。6 月 18 日,意大利共和国宣告成立。9 月,英国政治家丘吉尔提出建立"欧洲合众国"的构想。同年,主张建立欧洲联邦的意大利行动党解散,

意大利民族发展史

1947 年 2 月,对意和约在巴黎签字,6 月,美国宣布实施援助欧洲经济复兴的"马歇尔计划"。12 月,意大利制宪议会通过共和国宪法

1948 年 2 月 26 日,意大利颁布《自治法》。4 月,举行意大利共和国第一届议会选举,天主教民主党赢得绝对多数席位,加斯佩利组阁。5 月,路易吉·伊诺蒂当选共和国总统。4 月,欧洲经济合作组织成立。5 月,首届欧洲大会在海牙召开,讨论成立欧洲联邦的方案。6 月意大利获得"马歇尔计划"的经济援助

1949 年 4 月,意大利加入北大西洋公约组织。5 月,欧洲理事会(Council of Europe)创立。7 月,梵蒂冈宣布将所有信奉和宣传共产主义学说的人开除天主教籍

1950 年 5 月,法国提出实现西欧煤炭和钢铁联营的舒曼计划。10 月,法国提出建立"欧洲军"的"普利文计划"

1951 年 2 月,在巴黎召开了关于建立欧洲防务集团的会议,法国、联邦德国、意大利、荷兰、比利时和卢森堡参加。4 月 18 日,法国,德国,意大利,比利时,荷兰和卢森堡六国签署《巴黎条约》,建立欧洲煤钢共同体(European Coal and Steel Community),开始了二战后欧洲一体化进程

1952 年 5 月,法国、联邦德国、意大利、荷兰、比利时和卢森堡六国于 27 日在巴黎签订《欧洲防务共同体条约》

1953 年 6 月,加斯贝利在大选中失利下台,10～12 月,的里亚斯特危机

1954 年 8 月 30 日,法国国民议会否决《欧洲防务共同体条约》,欧洲防务共同体(European Defence Community)的建立以失败告终,一体化进程受挫。10 月,的里亚斯特问题解决,包括的里亚斯特市区在内的 A 区归意大利,B 区归南斯拉夫,英美占领军撤离。10 月,英国与法国、联邦德国、意大利、荷兰、比利时和卢森堡建立西欧联盟(West European Uion)

1955 年 5 月,在意大利举行墨西拿会议,成立"斯巴克委员会"研讨加强推荐煤钢联营共同体六国的经济一体化问题

1956 年 5 月,意大利外长马蒂诺出任北约"三人智囊团"小组委员会,研讨

如何促进和推动北约成员国之间的非军事合作问题

1957 年 3月25日,法国、联邦德国、意大利、荷兰、比利时、卢森堡六国领导人在罗马签订旨在建立欧洲经济共同体和欧洲原子能共同体的条约,又称《罗马条约》

1958 年 1月1日,欧洲经济共同体和欧洲原子能共同体正式组建。10月,教皇庇护十二世去世,约翰二十三世继任

1960 年 5月3日,由英国牵头成立的欧洲自由贸易联盟(European Free Trade Association)成立,成员国包括英国、瑞典、挪威、丹麦、瑞士、奥地利、葡萄牙七国

1961 年 7月,英国麦克米伦政府申请加入欧共体,爱尔兰和丹麦也提出申请

1962 年 1月,欧洲经济共同体六国同意实施共同农业政策。10月,教皇约翰二十三世主持第二届梵蒂冈大公会议

1963 年 1月,在法国总统戴高乐推动下,欧共体外长会议否决英国的申请。4月10日,约翰二十三世发布《世界和平》通谕。6月,约翰二十三世去世,保罗六世继任

1965 年 4月8日,法国、联邦德国、意大利、荷兰、比利时和卢森堡六国在比利时首都布鲁塞尔签署《布鲁塞尔条约》,决定将欧洲煤钢共同体、欧洲经济共同体和欧洲原子能共同体合并,统称"欧洲共同体"。7月,因意大利、德国等成员国提议把共同体内部的决策机制从一致通过改变为多数赞成机制,扩大欧共体委员会权力,引发法国戴高乐政府反对,法国驻欧共体代表连续六个月缺席欧共体会议,引发"空椅子危机"

1966 年 1月,为解决"空椅子危机",欧共体各国签署了《卢森堡协议》赋予各成员国在部长理事会的否决权,进一步限制了共同体委员会的权利,法国重返各机构

1967 年 5月,英国威尔逊政府第二次申请加入欧共体,为法国戴高乐政府再次否决。10月,教皇保罗六世访问联合国并致辞

1968 年 7月1日,欧共体建成关税同盟

1969 年 3月,欧洲共同体领导人聚会荷兰海牙,提出建立欧洲货币联盟的构想。11月,意大利与奥地利就上阿迪杰-南蒂罗尔自治体制问题达成协议

1970 年 2月,欧共体建立共同体预算机制。12月,意大利通过第一个"离婚法"

1971 年 3月,被后人称作"维尔纳计划"的方案得以通过,欧洲统一货币建设迈出了第一步。"维尔纳计划"主张在10年内分三个阶段建成欧洲经济货币联盟,实现资本完全自由流通,各成员国确定货币固定汇率,最终以统一货币取代各国货币。但随后发生的石油危机和金融风暴致使"维尔纳计划"搁浅

1972 年 1月,英国、爱尔兰、丹麦、挪威签署加入共同体的条约

1973 年 英国、爱尔兰、丹麦加入欧洲共同体,挪威全民公决否决加入条约

1975 年 2月,欧共体同46个非洲、加勒比、太平洋地区第三世界国家签订洛美协定。6月,希腊申请加入欧共体,7月,签署条约赋予欧洲议会更大的预算监督权,并建立审计法院。12月,欧洲理事会决议直接选举欧洲议会

1977 年 西班牙、葡萄牙申请加入欧共体

1979 年 3月,在法国和德国的倡导和努力下,欧洲货币体系宣告建立,欧洲货币单位"埃居"诞生,第一次直接选举欧洲议会议员

1981 年 希腊加入欧共体,成为欧共体第十个成员国

1984 年 2月,由意大利政治家斯皮内里所倡议的"欧洲联盟条约草案"在欧洲议会通过,6月,第二届欧洲议会选举。10月26日,西欧联盟七国的外交部长和国防部长在罗马举行联合会议,通过了《罗马宣言》,宣布七国加强西欧的共同防务,协调联盟各国有关武器生产与控制的意见,并改组联盟的常设机构

1985 年 6月,法国、联邦德国、荷兰、比利时、卢森堡五国签署申根协定,取

消内部边界。12月,欧共体首脑会议在卢森堡举行,在轮值主席国意大利大力推动下,会议最后通过了《欧洲政治合作草案》,并就修改《罗马条约》的内容达成协议,写成《欧洲统一文件》,附在《罗马条约》后面。大会决定将《罗马条约》的修正条约与政治合作条约合并起来,统称《单一欧洲文件》(Single European Act);同年,欧共体各国制定发展高科技的"尤里卡计划"

1986年 1月1日,西班牙和葡萄牙加入欧共体,2月17日,欧共体各国首脑在布鲁塞尔举行《欧洲统一文件》签字仪式

1987年 7月1日,《单一欧洲文件》开始生效。10月26日,西欧联盟部长理事会通过《欧洲安全宪章》,决心进一步加强西欧的防务合作

1989年 6月,第三届欧洲议会选举。7月,奥地利申请加入欧共体

1990年 6月,签署第二个申根协定。10月,德国统一

1991年 欧洲法院通过"Francovich"判决,惩罚未实施或不充分实施欧共体法律的成员国——即国家责任原则。12月11日,欧共体马斯特里赫特首脑会议通过了以建立欧洲经济货币联盟和欧洲政治联盟为目标的《欧洲联盟条约》,亦称《马斯特里赫特条约》(简称"马约")

1992年 2月7日,各国签署《马斯特里赫特条约》,6月,丹麦全民公决否决"马约";9月,法国全民公决以微弱多数通过"马约"

1993年 5月,丹麦第二次全民公决通过"马约"。6月,欧洲理事会宣布如果中东欧国家达到政治经济标准,即可申请加入,11月1日,"马约"正式生效,欧洲联盟正式成立

1994年 1月,欧洲中央银行的前身欧洲货币局成立。6月,第四届欧洲议会选举

1995年 1月1日,奥地利、瑞典和芬兰加入欧盟。3月26日,申根协议生效,在申根协议国家边境上取消对人员往来的控制,加强司法和警务机构间的合作。12月16日,欧盟马德里首脑会议最终把未来欧洲统一货币的名称确定为"欧元"

1996年 12月14日,欧盟都柏林首脑会议通过了《稳定和增长公约》、《欧元的法律地位》和《新的货币汇率机制》的欧元运行机制文件,为将来的欧元区成员确立了一套严格的财政赤字标准

1997年 《阿姆斯特丹条约》签署,解决了马约所遗留的部分问题,尤其是赋予欧洲议会以更多的权力和更大的影响

1998年 3月12日,欧盟15国与申请加入欧盟的中东欧11个国家的领导人在伦敦正式启动了名为"欧洲会议"的首脑定期磋商机制。7月,欧洲中央银行在德国法兰克福成立,它将负责未来欧元区的货币政策

1999年 1月1日,欧盟正式启动欧元,德国、比利时、奥地利、荷兰、法国、意大利、西班牙、葡萄牙、卢森堡、爱尔兰和芬兰11个国家正式采用欧元作为法定货币。3月15日,欧盟委员会因被指控管理不当而辞职,5月1日,《阿姆斯特丹条约》正式生效。12月11日,欧姆赫尔辛基首脑会议通过了《千年宣言》,决定正式接受土耳其为入盟候选人,决定在2003年前成立欧盟快速反应部队

2001年 1月1日,希腊正式成为欧元区第12个成员国。2月,各国签署《尼斯条约》

2002年 1月1日,欧元正式流通,3月1日,欧元成为欧元区国家唯一法定货币。11月18日,欧盟15国外长在布鲁塞尔举行会议,决定邀请塞浦路斯、匈牙利、捷克、爱沙尼亚、拉脱维亚、立陶宛、马耳他、波兰、斯洛伐克和斯洛文尼亚10个中东欧国家入盟

2003年 4月16日,在希腊首都雅典,欧盟与捷克、塞浦路斯、爱沙尼亚、匈牙利、拉脱维亚、立陶宛、马耳他、波兰、斯洛伐克和斯洛文尼亚等10个完成入盟谈判的候选国签署入盟协议。12月,欧盟首脑会议在布鲁塞尔开幕,会议通过了欧盟安全战略文件,这是欧盟通过的第一个安全战略文件,为进一步提高欧盟的危机预防和处理能力及独立防务能力奠定了新的理论基础

2004年 5月11日,捷克、塞浦路斯、爱沙尼亚、匈牙利、拉脱维亚、立陶宛、

马耳他、波兰、斯洛伐克和斯洛文尼亚正式成为欧盟会员国,欧盟成员国增加到25个。10月,欧盟25国首脑在意大利首都罗马签署了《欧盟宪法条约》,这是欧盟的首部宪法条约,旨在保证欧盟的有效运作以及欧洲一体化进程的顺利发展

2005年 5月29日,法国全民公决否决《欧盟宪法条约》。6月1日,荷兰全民公决否决《欧盟宪法条约》,欧盟陷入宪法危机

2006年 3月,欧盟首脑同意建立欧盟共同能源政策,并批准了欧盟委员会提交的推进"里斯本战略"方案

2007年 1月1日,罗马尼亚和保加利亚正式成为欧盟成员国,同日斯洛文尼亚加入欧元区。6月,参加欧盟峰会的27国首脑在布鲁塞尔就替代《欧盟宪法条约》的新条约草案达成协议。12月13日,欧盟27个成员国的首脑在葡萄牙首都里斯本,就《里斯本条约》的文本内容达成共识,并签署,交给各成员国批准

2008年 1月1日,塞浦路斯和马耳他加入欧元区,欧元区扩大至15国。6月12日,爱尔兰公民投票否决《里斯本条约》,使欧洲联盟的政治一体化进程再度受挫

2009年 10月2日,爱尔兰举行的全民公投通过了《里斯本条约》,清除欧洲一体化的最大障碍。11月3日,捷克总统克劳斯宣布他已经签署了《里斯本条约》,至此欧盟27个成员国已全部批准该条约。11月19日,欧盟27国领导人在布鲁塞尔召开特别峰会,选举比利时首相赫尔曼·范龙佩为首位欧洲理事会常任主席,英国的欧盟贸易委员凯瑟琳·阿什顿为欧盟外交和安全政策高级代表。这两个职位是按照《里斯本条约》设立的,根据职务特点和内容,这两个职务还被形象地称为"欧盟总统"和"欧盟外长"。12月1日,《里斯本条约》正式生效。

附录四
历代教皇年表

("S."= Sanctus, Saint = 圣;"B."= Beatus, Blessed = 真福;"*"= 对立教皇)

在位顺序	教皇名号—"拉丁文(英文)常用汉译(其他汉译)"	在位年代(公元)
1	S. Petrus (Peter)圣伯多禄(伯铎、彼得)	64～67(?)
2	S. Linus 圣李诺斯(李诺、利奴)	67(64?)～79(?)
3	S. Anacletus (Anencletus, Cletus)圣克雷(阿内克利特)	79～90(?)
4	S. Clemens I (Clement)圣克雷孟一世(克勉、格肋孟、克雷芒)	90～99(?)
5	S. Evaristus 圣厄娃利斯多(立德、埃瓦里斯特)	99～107(?)
6	S. Alexander I 圣亚历山大一世(历山)	107～116(?)
7	S. Sixtus I 圣西斯笃一世(思道、西斯克特)	116～125(?)
8	S. Telesphorus 圣特雷思福禄(福禄、特勒斯福鲁)	125～136(?)
9	S. Hyginus 圣伊琪(希吉奴)	136～140(?)
10	S. Pius I 圣比约一世(碧岳、庇护)	140～155
11	S. Anicetus 圣阿尼启德(启德、阿尼赛)	155～160(?)
12	S. Soter 圣索特尔(沙德、索泰尔)	166～175
13	S. Eleutherius (Eleutherus)圣义禄德留(义禄、爱留德)	175～189(?)
14	S. Victor I 圣维克笃一世(维笃、卫道、维克托)	189～199
15	S. Zephyrinus 圣才斐利诺(才斐、蔡斐林)	199～217
16	S. Callistus I (Calixtus)圣嘉礼斯多一世(嘉礼、加里多、加里斯多)	217～222
*	S. Hippolytus (Hippolit)圣依玻里多(怡博、希坡律图)	217～235
17	S. Urbanus I (Urban)圣乌尔班一世(伍朋)	222～230

附录四 历代教皇年表

续表

在位顺序	教皇名号—"拉丁文(英文)常用汉译(其他汉译)"	在位年代(公元)
18	S. Pontianus (Pontian)圣彭谦(秉天、庞提安)	230～235
19	S. Anterus 圣安禄(安泰)	236～250
20	S. Fabianus (Fabian)圣法俾益(法彬、法比昂)	235～236
21	S. Cornelius 圣高内略(高略、科内里)	236～250
*	Novatianus (Novatian)诺范(诺瓦替安)	251～253
22	S. Lucius I 圣路修一世(路启、卢修斯)	251～258(?)
23	S. Stephanus I (Stephen)圣斯德望一世(德范、司蒂芬)	253～254
24	S. Sixtus II 圣西斯笃二世(思道、西斯克特)	254～257
25	S. Dionysius 圣雕尼削(德宜、狄奥尼西)	259～268
26	S. Felix I 圣费力斯一世(斐利、斐理克斯)	269～274
27	S. Eutychianus (Eutychian)圣欧迪克安(恩狄、欧提其安)	275～283
28	S. Caius (Cajus, Gaius)圣嘉友(凯尤)	283～296
29	S. Marcellinus 圣玛策廉(才林、马色林努)	296～304
30	S. Marcellus I 圣玛尔才禄一世(才禄、玛赛)	307～309(?)
31	S. Eusebius 圣欧瑟比(恩彪、安瑟伯、尤西比乌)	309～310(?)
32	S. Miltiades (Melchiades)圣米迪亚德(米迪、米欧提阿德)	310/11～314
33	S. Silvester (Sylvester)圣西尔物斯德肋一世(思维、西尔维斯特)	314～335
34	S. Marcus (Mark)圣玛谷(玛尔谷、玛可)	336
35	S. Iulius I (Julius)圣犹利乌斯一世(犹利、儒略、尤里乌)	337～352
36	Liberius 立柏利乌斯(立柏、利拜尔)	352～366
*	Felix II 费力斯二世(斐利、斐理克斯)	355～358(＋365)
37	S. Damasus I 圣达玛稣一世(达稣、达马苏)	366～384
*	Ursinus 乌尔西努(伍西)	366～367
38	S. Siricius 圣西理修斯(西理、西利斯)	384～399
39	S. Anastasius I 圣安纳斯达修一世(达西、阿拿斯塔斯)	399～401
40	S. Innocentius I (Innocent)圣依诺森一世(诺森、英诺森)	401～417
41	S. Zosimus 圣佐西穆(佐西、佐西玛)	417～418
42	S. Bonifatius I (Bonifacius, Boniface)圣鲍尼法一世(博义、卜尼法斯)	418～422

续表

在位顺序	教皇名号—"拉丁文(英文)常用汉译(其他汉译)"	在位年代(公元)
*	Eulalius 欧拉留(恩赖、优拉利)	418~419
43	S. Celestinus I (Coelestinus, Celestine)圣赛勒斯丁(雷定、西莱斯廷)	422~432
44	S. Sixtus III 圣西斯笃三世(思道、西斯克特)	432~440
45	S. Leo I (the Great)圣良一世(大良、利奥)	440~461
46	S. S. Hilarius (Hilary)圣依拉略(怡乐、希莱尔)	461~468
47	S. Simplicius 圣辛朴力西乌(辛利)	468~483
48	S. Felix II (III)圣费力斯三世(斐利、斐利克斯)	483~492
49	S. Gelasius I 圣葛拉修一世(杰拉、杰拉斯)	492~496
50	Anastasius II 安纳斯达修二世(达西、阿拿斯塔斯)	496~498
51	S. Symmachus 圣辛玛古(辛玛)	498~514
*	Laurentius (Lawrence)劳楞佐(乐伦、劳伦蒂乌斯)	498~505
52	S. Hormisdas 圣何尔米斯达(何弥)	514~523
53	S. Johannes I (Ioannes, Joannes, John)圣若望一世(约翰)	523~526
54	S. Felix IV (III)圣费力斯四世(斐利、斐理克斯)	526~530
55	S. Bonifatius II (Boniface)圣鲍尼法二世(博义、卜尼法斯)	530~532
*	Dioscorus (Dioscurus)狄奥斯库鲁(迪欧)	530
56	Johannes II (John)若望二世(约翰)	532~535
57	S. Agapetus I (Agapitus)圣亚加贝笃一世(亚加、阿格丕)	535~536
58	S. Silverius 圣西尔维理乌(维理、西尔维)	536~537
59	Vigilius 维奇留(维奇、维吉里)	537~555
60	Pelagius I 白拉奇一世(贝拉、佩拉吉)	556~561
61	Johannes III (John)若望三世(约翰)	561~574
62	Benedictus I (Benedict)本笃(本尼狄克)	575~579
63	Pelagius II 白拉奇二世(贝拉、佩拉吉)	579~590
64	S. Gregorius I (Gregory the Great)圣额我略一世(国瑞、格列高利)	590~604
65	Sabinianus (Sabinian)萨比尼昂(沙彬)	604~606
66	Bonifatius III (Boniface)鲍尼法三世(博义、卜尼法斯)	607
67	S. Bonifatius IV (Boniface)圣鲍尼法四世(博义、卜尼法斯)	608~615

续表

在位顺序	教皇名号—"拉丁文(英文)常用汉译(其他汉译)"	在位年代(公元)
68	S. Deusdedit (Adeodatus I)圣多伊德迪特(德吾、阿狄乌达)	615~618
69	Bonifatius V (Boniface)鲍尼法五世(博义、卜尼法斯)	619~625
70	Honorius I 何诺利乌一世(何诺、洪诺留)	625~638
71	Severinus 思伟林(思伟、赛维林)	640
72	Johannes IV (John)若望四世(约翰)	640~642
73	Theodorus I (Theodore)德奥多(德奥、提奥多)	642~649
74	S. Martinus I (Martin)圣玛尔定一世(玛定、马丁)	649~653
75	S. Eugenius I (Eugene)圣欧静一世(恩仁、尤金)	654~657
76	S. Vitalianus (Vitalian)圣维达利安(维达、威塔利安)	657~672
77	Deusdedit II (Adeodatus II)多伊德迪特(德吾、阿狄乌达)	672~676
78	Donus 杜努斯(杜努、多奴)	676~678
79	S. Agatho 圣亚加督(佳德、阿加托)	678~681
80	S. Leo II 圣良二世(利奥)	682~683
81	S. Benedictus II (Benedict)圣本笃二世(本尼狄克)	684~685
82	Johannes V (John)若望五世(约翰)	685~686
83	Conon 郭诺(柯农)	686~687
*	Theodorus (Theodore)德奥多(德奥、提奥多)	687
*	Paschalis (Pasqualis, Pascal, Paschal)巴斯挂(贾利、帕斯夏)	687~692
84	S. Sergius I 圣赛奇一世(思齐、塞吉阿斯)	687~701
85	Johannes VI (John)若望六世(约翰)	701~705
86	Johannes VII (John)若望七世(约翰)	705~707
87	Sisinnius 希新(西昔尼乌斯)	708
88	Constantinus I (Constantine)刚斯坦定一世(刚定、君士坦丁)	708~715
89	S. Gregorius II (Gregory)圣额我略二世(国瑞、格列高利)	715~731
90	S. Gregorius III (Gregory)圣额我略三世(国瑞、格列高利)	731~741
91	S. Zacharias (Zachary)圣匝加利(匝加、扎迦利)	741~752
	Stephanus II (Stephen)斯德望(德范)(在位仅四天)	752
92	Stephanus II (III) (Stephen)斯德望二世(德范、司蒂芬)	752~757

续表

在位顺序	教皇名号—"拉丁文(英文)常用汉译(其他汉译)"	在位年代(公元)
93	S. Paulus I (Paul)圣保禄一世(保罗)	757~767
*	Constantinus II (Constantine)刚斯坦定(刚定、君士坦丁)	767~769
*	Philippus (Philip)斐理伯(斐理、菲利普)	768
94	Stephanus III (IV) (Stephen)斯德望三世(德范、司蒂芬)	768~772
95	Hadrianus I (Adrianus, Hadrian, Adrian)哈德良一世(亚德、阿德利安)	772~795
96	S. Leo III 圣良三世(利奥)	795~816
97	Stephanus IV (V) (Stephen)斯德望四世(德范、司蒂芬)	816~817
98	S. Paschalis I (Paschal)圣巴斯挂一世(贾利、帕斯夏)	817~824
99	Eugenius II (Eugene)欧静二世(恩仁、尤金)	824~827
100	Valentinus (Valentine)华伦底奴斯(范伦、瓦兰丁)	827
101	Gregorius IV (Gregory)额我略四世(国瑞、格列高利)	827~844
*	Johannes (John)若望(约翰)	844~847
102	Sergius II 赛奇二世(思齐、塞吉阿斯)	844~847
103	Leo IV 良四世(利奥)	847~855
104	Benedictus III (Benedict)本笃三世(本尼狄克)	855~858
*	Anastasius III 安纳斯大修三世(达西,阿拿斯塔斯)	855
105	S. Nicolaus I (Nicholas)圣尼阁一世(大尼阁、尼克拉斯、尼古拉)	858~867
106	Hadrianus II (Adrian)哈德良二世(亚德、阿德利安)	867~872
107	Johannes VIII (John)若望八世(约翰)	872~882
108	Marinus I 玛林诺一世(马林)	882~884
109	S. Hadrianus III (Adrian)圣哈德良三世(亚德、阿德利安)	884~885
110	Stephanus V (VI) (Stephen)斯德望五世(德范、司蒂芬)	885~891
111	Formosus 福尔慕斯(福慕、福尔摩赛)	891~896
112	Bonifatius VI (Boniface)鲍尼法六世(博义、卜尼法斯)	896
113	Stephanus VI (VII) (Stephen)斯德望六世(德范、司蒂芬)	896~897
114	Romanus 罗玛诺	897
115	Theodorus II (Theodore)德奥多二世(德奥、提奥多)	897
116	Johannes IX (John)若望九世(约翰)	898~900

续表

在位顺序	教皇名号—"拉丁文(英文)常用汉译(其他汉译)"	在位年代(公元)
117	Benedictus IV (Benedict)本笃四世(本尼狄克)	900~903
118	Leo V 良五世(利奥)	903
119	Christophorus (Christopher)克利思笃福尔(思笃、克利斯多夫)	903~904
120	Sergius III 赛奇(思齐、塞吉阿斯)	904~911
121	Anastasius III 安纳斯大修三世(达西、阿拿斯塔斯)	911~913
122	Landus (Lando)兰铎(兰顿)	913~914
123	Johannes X (John)若望十世(约翰)	914~928
124	Leo VI 良六世(利奥)	928
125	Stephanus VII (VIII) (Stephen)斯德望七世(德范、司蒂芬)	928~931
126	Johannes XI (John)若望(约翰)	931~935
127	Leo VII 良七世(利奥)	936~939
128	Stephanus VIII (IX) (Stephen)斯德望八世(德范、司蒂芬)	939~942
129	Marinus II 玛林诺二世(马林)	942~946
130	Agapetus II (Agapitus)圣亚加贝笃二世(亚加、阿格丕)	946~955
131	Johannes XII (John)若望十二世(约翰)	955~964
132	Leo VIII 良八世(利奥)	964(?)~965
133	Benedictus V (Benedict)本笃五世(本尼狄克)	964~966
134	Johannes XIII (John)若望十三世(约翰)	965~972
135	Benedictus VI (Benedict)本笃六世(本尼狄克)	973~974
*	Bonifatius VII (Boniface)鲍尼法七世(博义、卜尼法斯)	974,984~985
136	Benedictus VII (Benedict)本笃七世(本尼狄克)	974~983
137	Johannes XIV (John)若望十四世(约翰)	983~984
138	Johannes XV (John)若望十五世(约翰)	985~996
139	Gregorius V (Gregory)额我略五世(国瑞、格列高利)	996~999
*	Johannes XVI (John)若望十六世(约翰)	997~998
140	Silvester II (Sylvester)西尔维物斯德二世(思维、西尔维斯特)	999~1003
141	Johannes XVII (John)若望十七世(约翰)	1003
142	Johannes XVIII (John)若望十八世(约翰)	1004~1009

279

续表

在位顺序	教皇名号—"拉丁文(英文)常用汉译(其他汉译)"	在位年代(公元)
143	Sergius IV 赛奇(思齐、塞吉阿斯)	1009～1012
144	Benedictus VIII (Benedict)本笃八世(本尼狄克)	1012～1024
*	Gregorius (Gregory)额我略(国瑞、格列高利)	1012
145	Johannes XIX (John)若望十九世(约翰)	1024～1032
146	Benedictus IX (Benedict)本笃九世(本尼狄克)	1032～1044/1055
*	Silvester III 西尔维物斯德三世(思维、西尔维斯特)	1045
147	Gregorius VI (Gregory)额我略六世(国瑞、格列高利)	1045～1046
148	Clemens II (Clement)路修二世(路启、卢修斯)	1046～1047
149	Damasus II 达玛稣二世(达稣、达马苏)	1048
150	S. Leo IX 圣良九世(利奥)	1049～1054
151	Victor II 维克笃二世(维笃、卫道、维克托)	1055～1057
152	Stephanus IX (Stephen)斯德望九世(德范、司蒂芬)	1057～1058
153	Benedictus X (Benedict)本笃十世	1058～1059
154	Nicolaus II (Nicholas)尼阁二世(尼克拉斯、尼古拉)	1059～1061
155	Alexander II 亚历山大二世(历山)	1061～1073
*	Honorius II 何诺利乌二世(何诺、洪诺留)	1061～1072
156	S. Gregorius VII (Gregory)圣额我略七世(国瑞、格列高利)	1073～1085
*	Clemens III (Clement)克雷孟三世(克勉、格肋孟、克雷芒)	1080～1100
157	B. Victor III 真福维克笃三世(维笃、卫道、维克托)	1086～1087
158	Urbanus II (Urban)乌尔班二世(伍朋)	1088～1099
159	Paschalis II (Paschal)巴斯挂二世(贾利、帕斯夏)	1099～1118
*	Theodoricus (Theodoric)提奥多里古(铎理)	1100～1102
*	Albertus (Albert)阿尔贝特(雅博)	1102
*	Silvester IV 西尔维物斯德四世(思维、西尔维斯特)	1105～1111
160	Gelasius II 葛拉修二世(杰拉、杰拉斯)	1118～1119
*	Gregorius VIII (Gregory)额我略八世(国瑞、格列高利)	1118～1121
161	Callistus II (Calixtus)嘉礼斯多二世(嘉礼、加里多、加里斯多)	1119～1124
162	Honorius II 何诺利乌二世(何诺、洪诺留)	1124～1130

续表

在位顺序	教皇名号—"拉丁文(英文)常用汉译(其他汉译)"	在位年代(公元)
*	Celestinus II (Coelestinus, Celestine)赛勒斯丁二世(雷定、西莱斯廷)	1124
163	Innocentius II (Innocent)依诺森二世(诺森、英诺森)	1130～1143
*	Anacletus II (Anencletus, Cletus)克雷二世(阿内克利特)	1130～1138
*	Victor IV 维克笃四世(维笃、卫道、维克托)	1138
164	Celestinus II (Coelestinus, Celestine)赛勒斯丁二世(雷定、西莱斯廷)	1143～1144
165	Lucius II 路修二世(路启、卢修斯)	1144～1145
166	B. Eugenius III (Eugene)真福欧静三世(恩仁、尤金)	1145～1153
167	Anastasius IV 安纳斯大修四世(达西、阿拿斯塔斯)	1153～1154
168	Hadrianus IV (Adrian)哈德良四世(亚德、阿德利安)	1154～1159
169	Alexander III 亚历山大三世(历山)	1159～1181
*	Victor IV 维克笃四世(维笃、卫道、维克托)	1159～1164
*	Paschalis III (Paschal)巴斯挂二世(贾利、帕斯夏)	1164～1168
*	Callistus III (Calixtus)嘉礼斯多三世(嘉礼、加里多、加里斯多)	1168～1178
*	Innocentius III 依诺森三世(诺森、英诺森)	1179～1180
170	Lucius III 路修三世(路启、卢修斯)	1181～1185
171	Urbanus III (Urban)乌尔班三世(伍朋)	1185～1187
172	Gregorius VIII (Gregory)额我略八世(国瑞、格列高利)	1187
173	Clemens III (Clement)克雷孟三世(克勉、格肋孟、克雷芒)	1187～1191
174	Celestinus III (Coelestinus, Celestine)赛勒斯丁三世(雷定、西莱斯廷)	1191～1198
175	Innocentius III (Innocent)依诺森三世(诺森、英诺森)	1198～1216
176	Honorius III 何诺利乌三世(何诺、洪诺留)	1216～1227
177	Gregorius IX (Gregory)额我略九世(国瑞、格列高利)	1227～1241
178	Celestinus IV (Coelestinus, Celestine)赛勒斯丁四世(雷定、西莱斯廷)	1241
179	Innocentius IV (Innocent)依诺森四世(诺森、英诺森)	1243～1254
180	Alexander IV 亚历山大四世(历山)	1254～1261
181	Urbanus IV (Urban)乌尔班四世(伍朋)	1261～1264
182	Clemens IV (Clement)克雷孟四世(克勉、格肋孟、克雷芒)	1265～1268
183	B. Gregorius X (Gregory)真福额我略十世(国瑞、格列高利)	1271～1276

续表

在位顺序	教皇名号—"拉丁文(英文)常用汉译(其他汉译)"	在位年代(公元)
184	B. Innocentius V (Innocent)真福依诺森五世(诺森、英诺森)	1276
185	Hadrianus V (Adrian)哈德良五世(亚德、阿德利安)	1276
186	Johannes XXI (John)若望二十一世(约翰)	1276～1277
187	Nicolaus III (Nicholas)尼阁三世(尼克拉斯、尼古拉)	1277～1280
188	Martinus IV (Martin)玛尔定四世(玛定、马丁)	1281～1285
189	Honorius IV 何诺利乌四世(何诺、洪诺留)	1285～1287
190	Nicolaus IV (Nicholas)尼阁四世(尼克拉斯、尼古拉)	1288～1292
191	Celestinus V (Coelestinus, Celestine)赛勒斯丁五世(雷定、西莱斯廷)	1294
192	Bonifatius VIII (Boniface)鲍尼法八世(博义、卜尼法斯)	1294～1303
193	Benedictus XI (Benedict)本笃十一世(本尼狄克)	1303～1304
194	Clemens V (Clement)克雷孟五世(克勉、格肋孟、克雷芒)	1305～1314
195	Johannes XXII (John)若望二十二世(约翰)	1316～1334
*	Nicolaus V (Nicholas)尼阁五世(尼克拉斯、尼古拉)	1328～1330
196	Benedictus XII (Benedict)本笃十二世(本尼狄克)	1334～1342
197	Clemens VI (Clement)克雷孟六世(克勉、格肋孟、克雷芒)	1342～1352
198	Innocentius VI (Innocent)依诺森五世(诺森、英诺森)	1352～1362
199	B. Urbanus V (Urban)真福乌尔班五世(伍朋)	1362～1370
200	Gregorius XI (Gregory)额我略十一世(国瑞、格列高利)	1370～1378
[分裂状态：1378～1417]		
201	Urbanus VI (Urban)乌尔班六世(伍朋)(Rome)	1378～1389
*	Clemens VII 克雷孟七世(克勉、格肋孟、克雷芒)(Avignon)	1378～1394
202	Bonifatius IX (Boniface)鲍尼法八世(博义、卜尼法斯)(Rome)	1389～1404
*	Benedictus XIII (Benedict)本笃十三世(本尼狄克)(Avignon)	1394～1417
203	Innocentius VII (Innocent)依诺森七世(诺森、英诺森)	1404～1406
204	Gregorius XII (Gregory)额我略十二世(国瑞、格列高利)(Rome)	1406～1409
205	Alexander V 亚历山大五世(历山)(Pisa)	1409～1410
206	Johannes XXIII (John)若望二十三世(约翰)(Pisa)	1410～1415
207	Martinus V (Martin)玛尔定五世(玛定、马丁)	1417～1431

续表

在位顺序	教皇名号—"拉丁文(英文)常用汉译(其他汉译)"	在位年代(公元)
*	Clemens VIII (Clement)克雷孟八世(克勉、格肋孟、克雷芒)	1423~1429
*	Benedictus XIV (Benedict)本笃十四世(本尼狄克)	1425~1430
208	Eugenius IV (Eugene)欧静四世(恩仁、尤金)	1431~1447
*	Felix V 费力斯五世(斐利、斐理克斯)	1439~1449
209	Nicolaus V (Nicholas)尼阁五世(尼克拉斯、尼古拉)	1447~1455
210	Callistus III (Calixtus)嘉礼斯多三世(嘉礼、加里多、加里斯多)	1455~1458
211	Pius II 比约二世(碧岳、庇护)	1458~1464
212	Paulus II (Paul)保禄二世(保罗)	1464~1471
213	Sixtus IV 西斯笃四世(思道、西斯克特)	1471~1484
214	Innocentius VIII (Innocent)依诺森八世(诺森、英诺森)	1484~1492
215	Alexander VI 亚历山大六世(历山)	1492~1503
216	Pius III 比约三世(碧岳、庇护)	1503
217	Iulius II (Julius)圣犹利乌斯二世(犹利、儒略、尤里乌)	1503~1513
218	Leo X 良十世(利奥)	1513~1521
219	Hadrianus VI (Adrian)哈德良六世(亚德、阿德利安)	1522~1523
220	Clemens VII (Clement)克雷孟七世(克勉、格肋孟、克雷芒)	1523~1534
221	Paulus III (Paul)保禄三世(保罗)	1534~1549
222	Iulius III (Julius)圣犹利乌斯三世(犹利、儒略、尤里乌)	1550~1555
223	Marcellus II 圣玛尔才禄二世(才禄、玛赛)	1555
224	Paulus IV (Paul)保禄四世(保罗)	1555~1559
225	Pius IV 比约四世(碧岳、庇护)	1559~1565
226	S. Pius V 圣比约五世(碧岳、庇护)	1566~1572
227	Gregorius XIII (Gregory)额我略十三世(国瑞、格列高利)	1572~1585
228	Sixtus V 西斯笃五世(思道、西斯克特)	1585~1590
229	Urbanus VII (Urban)乌尔班七世(伍朋)	1590
230	Gregorius XIV (Gregory)额我略十四世(国瑞、格列高利)	1590~1591
231	Innocentius IX (Innocent)依诺森九世(诺森、英诺森)	1591
232	Clemens VIII (Clement)克雷孟八世(克勉、格肋孟、克雷芒)	1592~1605

续表

在位顺序	教皇名号—"拉丁文(英文)常用汉译(其他汉译)"	在位年代(公元)
233	Leo XI 良十一世(利奥)	1605
234	Paulus V (Paul)保禄五世(保罗)	1605~1621
235	Gregorius XV (Gregory)额我略十五世(国瑞、格列高利)	1621~1623
236	Urbanus VIII (Urban)乌尔班八世(伍朋)	1623~1644
237	Innocentius X (Innocent)依诺森十世(诺森、英诺森)	1644~1655
238	Alexander VII 亚历山大七世(历山)	1655~1667
239	Clemens IX (Clement)克雷孟九世(克勉、格肋孟、克雷芒)	1667~1669
240	Clemens X (Clement)克雷孟十世(克勉、格肋孟、克雷芒)	1670~1676
241	B. Innocentius XI (Innocent)真福依诺森十一世(诺森、英诺森)	1676~1689
242	Alexander VIII 亚历山大八世(历山)	1689~1691
243	Innocentius XII (Innocent)依诺森十二世(诺森、英诺森)	1691~1700
244	Clemens XI (Clement)克雷孟十一世(克勉、格肋孟、克雷芒)	1700~1721
245	Innocentius XIII (Innocent)依诺森十三世(诺森、英诺森)	1721~1724
246	Benedictus XIII (Benedict)本笃十三世(本尼狄克)	1724~1730
247	Clemens XII (Clement)克雷孟十二世(克勉、格肋孟、克雷芒)	1730~1740
248	Benedictus XIV (Benedict)本笃十四世(本尼狄克)	1740~1758
249	Clemens XIII (Clement)克雷孟十三世(克勉、格肋孟、克雷芒)	1758~1769
250	Clemens XIV (Clement)克雷孟十四世(克勉、格肋孟、克雷芒)	1769~1774
251	Pius VI 比约六世(碧岳、庇护)	1775~1799
252	Pius VII 比约七世(碧岳、庇护)	1800~1823
253	Leo XII 良十二世(利奥)	1823~1829
254	Pius VIII 比约八世(碧岳、庇护)	1829~1830
255	Gregorius XVI (Gregory)额我略十六世(国瑞、格列高利)	1831~1846
256	Pius IX 比约九世(碧岳、庇护)	1846~1878
257	Leo XIII 良十三世(利奥)	1878~1903
258	S. Pius X 圣比约十世(碧岳、庇护)	1903~1914
259	Benedictus XV (Benedict)本笃十五世(本尼狄克)	1914~1922
260	Pius XI 比约十一世(碧岳、庇护)	1922~1939

续表

在位顺序	教皇名号—"拉丁文(英文)常用汉译(其他汉译)"	在位年代(公元)
261	Pius XII 比约十二世(碧岳、庇护)	1939~1958
262	Johannes XXIII (John)若望二十三世(约翰)	1958~1963
263	Paulus VI (Paul)保禄六世(保罗)	1963~1978.08
264	Johannes Paulus I (John Paul I)若望·保禄一世(约翰·保罗)	1978.08.26~1978.09.28
265	Johannes Paulus II (John Paul II)若望·保禄二世(约翰·保罗)	1978.10.16~2005.04.02
266	Benedictus XVI(Benedict XVI)本笃十六世	2005.04.24~

资料来源:恒毅月刊社编:《天主教英汉袖珍辞典》,台北2001年版;J. N. D. Kelly, *Oxford Dictionary of Popes*, Oxford, 1986. (《牛津教皇辞典》); *Encyclopaedia Britannica*(《大不列颠百科全书》),雷立恒编:《历代教皇小词典》。

参考文献

一、中文译著

[1] 中共中央马克思恩格斯列宁斯大林著作编译局编译. 马克思恩格斯全集[G], 北京: 人民出版社, 1995.

[2] [古希腊]普鲁塔克. 希腊罗马名人传[M]. 陆永庭, 乌彭鹏译. 北京: 商务印书馆. 1990.

[3] [古罗马]李维. 建城以来史[M]. 穆启乐等译. 上海: 上海人民版社, 2005.

[4] [美]斯塔夫里阿诺斯. 全球通史: 1500年以前的世界[M]. 吴象婴, 梁赤民译. 上海: 上海社会科学院出版社, 1999.

[5] [英]佩里·安德森. 绝对主义国家的系谱[M]. 刘北城, 龚晓庄译. 上海: 上海人民出版社, 2001.

[6] [美]海斯. 现代民族主义演进史[M]. 帕米尔等译. 上海: 华东师范大学出版社, 2005.

[7] [苏]苏联科学院历史研究所. 近代史[M]. 北京: 三联书店, 1964.

[8] [意]路易吉·萨尔瓦托雷利. 意大利简史: 从史前到当代[M]. 沈珩, 祝本雄译. 北京: 商务印书馆, 1998.

[9] [英]赫·赫德, 德·普·韦利. 意大利简史: 从古代到现代[M]. 罗

念生,朱海观译.北京:商务印书馆,1975.

[10] [意]焦瓦尼·斯帕多利尼.缔造意大利的精英:以人物为线索的意大利近代史[M].戎殿新,罗红波译.北京:世界知识出版社,1993.

[11] [意]克罗齐.1871—1915年意大利史[M].王天清译.北京:中国社会科学出版社,2005.

[12] [意]克罗齐.十九世纪欧洲史[M].田时纲译.北京:中国社会科学出版社,2005.

[13] [英]约翰·高奇.意大利的统一[M].郑明萱译.台北:麦田出版股份有限公司,2000.

[14] [瑞士]雅各布·布克哈特.意大利文艺复兴时期的文化[M].何新译.北京:商务印书馆,1990.

[15] [英]丹尼斯·哈伊.意大利文艺复兴的历史背景[M].李玉成译.北京:三联书店,1988.

[16] [意]瓦莱里奥·卡斯特罗诺沃.意大利经济史:从统一到今天[M].沈珩译.北京:商务印书馆,2000年.

[17] [意]但丁.论世界帝国[M].朱虹译.北京:商务印书馆,1985.

[18] [意]但丁.神曲[M].朱维基译.上海:上海译文出版社,1984.

[19] [意]马基雅维里.君主论[M].阎克文译.沈阳:辽宁教育出版社,1998.

[20] [英]昆廷·斯金纳.马基雅维里[M].北京:工人出版社,1985.

[21] [英]博尔顿·金.马志尼传[M].马清槐等译.北京:商务印书馆,1997.

[22] [意]米诺·米拉尼.传奇将军:加里波第[M].曹振寰译.北京:世界知识出版社,1986.

[23] [法]亚·大仲马编.加里波第回忆录[G].黄鸿钊等译.北京:商务印书馆,1983.

[24] [法]让·莫内.欧洲之父:莫内回忆录[M].孙惠双译.北京:国际

文化出版公司,1989.

[25] [德]康拉德·阿登纳.阿登纳回忆录[M].上海:上海人民出版社,1976.

[26] [意]路易吉·巴尔齐尼.意大利人[M].刘万钧译.北京:三联书店,1986.

[27] [意]路易吉·巴尔齐尼.难以对付的欧洲人[M].唐雪葆等译.北京:三联书店,1987.

[28] [美]罗伊·威利斯.意大利选择欧洲[M].上海:上海人民出版社,1976.

[29] [意]玛丽娅·格拉齐娅·梅吉奥妮.欧洲统一,贤哲之梦——欧洲统一思想史[M].陈宝顺,沈亦缘译.北京:世界知识出版社,2004.

[30] [美]威利斯顿·沃尔克.基督教会史[M].孙善玲,段琦,朱代强译.北京:中国社会科学出版社,1991.

[31] [美]布鲁斯·雪莱.基督教会史[M].刘平译.北京:北京大学出版社,2004.

[32] [德]朗克.教皇史[M].施子愉,吴于廑译.北京:商务印书馆,1962.

[33] [法]波帕尔.教皇[M].肖梅译.北京:商务印书馆,2000.

[34] [苏]M.M.舍英曼.梵蒂冈史:十九世纪末和二十世纪初时期[M].黑龙江大学俄语系翻译组译.哈尔滨:黑龙江人民出版社,1982.

[35] [苏]约·拉普列茨基.梵蒂冈——宗教、财政与政治[M].北京:世界知识出版社,1959.

[36] [英]弗·卡斯顿.法西斯主义的兴起[M].周颖如、周熙安译,北京:商务印书馆,1989.

[37] [英]马丁·布林克霍恩.墨索里尼与法西斯主义意大利[M].吴杨译.上海:上海译文出版社,2003.

[38] [法]乔治·勒费弗尔.拿破仑时代[M].河北师范大学外语系《拿

破仑时代》翻译组译.北京:商务印书馆,1995.

[39][意]葛兰西.葛兰西文选[M].中共中央编译局译.北京:人民出版社,1992.

[40][美]尼克松.领导者[M].尤勰等译.北京:世界知识出版社,1996.

[41][德]茨威格特,克茨.比较法总论[M].潘汉典等译.北京:法律出版社,2003.

[42]潘汉典译注.意大利共和国宪法[J].法学译丛.1982,(6).

二、中文著作与论文

[1]王绳祖主编.国际关系史[M].北京:世界知识出版社,1995.

[2]丁建弘主编.发达国家的现代化道路——一种历史社会学的研究[M].北京:北京大学出版社,1999.

[3]钱乘旦.欧洲文明:民族融合与冲突[M].贵阳:贵州人民出版社,1999.

[4]陈晓律.15世纪以来世界主要发达国家的发展历程[M].重庆:重庆出版社,2004.

[5]朱龙华.意大利文化[M].上海:上海社会科学院出版社,2004.

[6]戎殿新,罗红波主编.战后意大"经济奇迹"[G].北京:经济科学出版社,1992.

[7]戎殿新,罗红波.意大利工业化之路[M].北京:经济日报出版社,1991.

[8]罗红波.墨索里尼[M].杭州:浙江人民出版社,1997.

[9]赵克毅,辛益.意大利统一史[M].郑州:河南大学出版社,1987.

[10]胡建淼.比较行政法——20国行政法评述[M].北京:法律出版社,1998.

[11]何勤华,李秀清主编.意大利法律发达史[G].北京:法律出版社,2006.

[12] 谷勒本. 教会历史[M]. 香港:香港道声出版社,1983.

[13] 刘明翰. 罗马教皇列传[M]. 北京:东方出版社,1995.

[14] 王亚平. 权力之争:中世纪西欧的君权与教权[M]. 北京:东方出版社,1995.

[15] 董霖,佩萱. 法西斯主义与新意大利[M]. 上海:黎明书局,1932.

[16] 计秋枫,洪邮生,张志尧. 欧洲的梦想与现实——欧洲统一的历程与前景[M]. 南京:南京大学出版社,2000.

[17] 李世安,刘丽云. 欧洲一体化史[M]. 石家庄:河北人民出版社,2003.

[18] 赵锦元. 欧洲民族主义发展新趋向[M]. 北京:中央民族大学出版社,1996.

[19] 李宏图. 西欧近代民族主义思潮研究——从启蒙运动到拿破仑时代[M]. 上海:上海社会科学院出版社,1997.

[20] 段琦. 梵蒂冈的乱世抉择:1922—1945[M]. 北京:金城出版社,2009.

[21] 周琪,王国明主编. 战后西欧四大国外交[G]. 北京:中国人民公安大学出版社,1992.

[22] 周宝巍,成键主编. 欧盟大国外交政策的起源与发展[G]. 上海:华东师范大学出版社,2009.

[23] 刘泓. 欧洲天主教与文化[M]. 北京:中央民族大学出版社,1999.

[24] 龙秀清. 西欧社会转型中的教廷财政[M]. 济南:济南出版社,2001.

[25] 黄昌瑞. 意大利文化与现代化[M]. 沈阳:辽海出版社,1999.

[26] 马啸原. 西方政治制度史[M]. 北京:高等教育出版社,2000.

[27] 金太军. 当代各国政治体制——南欧各国[M]. 兰州:兰州大学出版社,1998.

[28] 罗红波. 意大利的计划与市场[J]. 欧洲,1993,(3).

[29] 罗洪波.意大利南北发展不平衡及其启示[J].欧洲,1997,(1).

[30] 罗红波.意大利的计划与市场[J].欧洲,1993,(3).

[31] 陈晓律.欧洲民族国家演进的历史趋势[J].江海学刊,2006,(2).

[32] 陈晓律.全球化进程中的民族主义[J].世界历史,2001,(4).

[33] 陈晓律.当代民族主义及其未来趋势[J].史学月刊,1998,(2).

[34] 张云秋.略论但丁的政治思想[J].史学月刊,1988,(1).

[35] 张雄.意大利"南方问题"的缘起和发展[J].世界历史,2001,(6).

[36] 马瑞映.政府意志与意大利"南方"开发[J].探索与争鸣,2002,(6).

[37] 龙秀清.西欧中世纪中期罗马教皇势力的鼎盛及其原因[J].贵州大学学报,1994,(1).

[38] 龙秀清.教皇国在教廷财政中的地位[J].东北师大学报,1999,(3).

[39] 吕大年.瓦拉和"君士坦丁赠礼"[J].国外文学,2002,(4).

[40] 陈祥超.意大利法西斯独裁统治的确立[J].世界历史,1985,(5).

[41] 郭保强.法西斯:20世纪的人类毒瘤[J].探索与争鸣,2000,(4).

[42] 谢小九.法西斯主义如何起源于意大利[J].世界史研究动态,1993,(8).

[43] 范振军.特伦蒂诺—上阿迪杰——欧洲民族自治地区的典范[N].中国民族报,2006-9-22,29.

[44] 尹建龙,陈晓律.教俗分途——试析意大利民族国家构建中的教皇世俗权力问题[J].世界民族,2008,(2).

[45] 张震旦,尹建龙.论意大利与欧洲一体化进程的互动[J].江西社会科学,2013,(1).

[46] 尹建龙.意大利与"两个罗马"[N].中国民族报,2008-7-4.

[47] 尹建龙.阻碍意大利统一的三大因素[N].中国民族报,2008-7-11.

[48] 尹建龙.两位巨人与意大利民族主义的勃兴[N].中国民族报,2008-7-25.

三、外文资料

[1] The Catholic University of America. *New Catholic Encyclopedia* [G]. second edition, New York: Gale Group, Inc., 2003.

[2] Coppa, Frank J. ed. *Encyclopedia of the Vatican and papacy* [M]. New York: Greenwood Press, 1999.

[3] Bull Martin J. & Newell James L. *Italian Politics* [M]. Cambridge: Polity Press, 2005.

[4] Ginsberg Paul. *A History of Contemporary Italy: Society and Politics* 1943—1988 [M]. New York: Palgrave MacMillan, 2003.

[5] Dunnage Jonathan. *Twentieth-Century Italy: A Social History* [M]. London: Pearson Education Limited, 2002.

[6] Partridge Hilary. *Italian Politics Today* [M]. Manchester: Manchester University Press, 1998.

[7] Coppa Frank J. ed. *Studies in Modern Italian History: From the Risorgimento to the Republic* [M]. New York: Peter Lang, 1986.

[8] Smith Dennis Mack. *Italy: A Modern History* [M]. London: Longmans, 1959.

[9] Lowe C. J. & Marzari F. *Italian Foreign Policy* 1870—1940 [M]. London and Boston: Routledge & Kegan Paul, 1975.

[10] Sassoon Donald. *Contemporary Italy Politics, Economy and Society since* 1945 [M]. London: Longman, 1997.

[11] Jemolo A. C. *Church and State in Italy* 1850—1950 [M]. Translated by David Moore. Oxford: Basil Blackwell, 1960.

[12] Helmreich Ernst C. ed. *Church and the State in Europe* 1864—1914 [M]. London: Forum Press, 1979.

[13] Wallace Lillian Parker. *The Papacy and European Diplomacy*

1869—1878 [M]. Chapel Hill: the University of North Carolina, 1948.

[14] Graham Robert A. *Vatican Diplomacy: A Study of Church and State on the International Plane* [M]. Princeton, New Jersey: Princeton University Press, 1959.

[15] Falconi Carlo. *The Popes in the Twentieth Century: From Pius X to John XXIII* [M]. translated by Muriel Grindrod. London: George Weidenfield and Nicolson Limited, 1967.

[16] Cardinale Hyginus Eugene. *The Holy See and the International Order* [M]. Gerrards Cross: Colin Smythe Ltd., 1976.

[17] Aretin Karl Otmar von. *The Papacy and the Modern World* [M]. translated by Roland Hill. London: George Weidenfeld and Nicolson Limited, 1970.

[18] Barry William. *The Papacy and Modern Times: A Political Sketch* 1303—1870 [M]. London: Williams and Norgate, 1912.

[19] Ullmann W. *The Growth of Papal Government in the Middle Ages* [M]. London: Greenwood Press, 1970.

[20] Partner P. *The Lands of St. Peter: The Papal State in the Middle Ages and the Early Renaissance* [M]. London: Greenwood Press, 1972.

[21] Rhodes Anthony. *The Power of Rome in the Twentieth Century: The Vatican in the Age of Liberal Democracies* 1870—1922 [M]. London: Sidgwick & Jackson Limited, 1983.

[22] Coppa Frank J. *The Modern Papacy since* 1789 [M]. Harlow: Addison Wesley Longman Limited, 1998.

[23] Farini Luigi Carlo. *The Roman State From* 1815 *to* 1850 [M]. Translated from the Italian by W. E. Gladstone. London: John Murray, 1851.

[24] Trevelyan George Macaulay. *Garibaldi's Defence of the Roman Republic* [M]. London: Longman, Green, and co., 1907.

[25] Trevelyan George Macaulay. *Garibaldi and the Making of Italy* [M]. London: Longman, Green, and co. , 1914.

[26] King Mrs. Hamilton ed. *Letters and Recollections of Mazzini* [M]. London: Longman, Green, and co. , 1912.

[27] Jenkins Brian & Sofos Spyros A. eds. *Nation & Identity in Contemporary Europe* [M]. London: Routledge, 1996.

[28] Hearder H. & Waley D. P. eds. *A Short History of Italy: From Classical Times to the Present Day* [M]. Cambridge: Cambridge University Press, 1963.

[29] Partridge Hilary. *Italian Politics Today* [M]. Manchester: Manchester University Press, 1998.

[30] Clark Martin. *Modern Italy: 1871—1982* [M]. London: Longmans, 1984.

[31] Bokenkotter Thomas. *A Concise History of the Catholic Church* [M]. New York: Doubleday & Company Inc. , 1979.

[32] Certoma G. Leroy. *The Italian Legal System* [M]. London: Butterworths, 1985.

[33] Calisse Carlo. *A History of Italian Law* [M]. translated by Layton, London:B. Register, 1928.

[34] Mammarella Giuseppe. *L'Italia contemporanea* 1943—1998 [M]. Bologna, Il Mulino, 1998.

[35] Zeev Sternhell. Mario Sznajder & Asheri Maia. *The Birth of Fascist ideology: From cultural Rebellion to Political Revolution* [M]. Translated by David Maisel. Princeton, New Jersey: Princeton University Press,1994.

[36] Federico Giovanni ed. *The Economic Development of Italy since 1870* [M]. Cheltenhan: Edward Elgar Publishing Limited, 1994.

[37] Schneider Jane ed. *Italy's "Southern Question": Orientalism in One Country* [M]. New York: Berg, 1998.

[38] Sechi Salvatore. *Deconstructing Italy: Italy in the Nineties* [M]. Berkeley: University of California Press, 1995.

[39] Thompson Mark. *The White War: Life and Death on the Italian Front*, 1915—1919 [M]. New York: Basic Books, 2009.

[40] Rhodes Anthony. *The Vatican in the Age of the Dictators* 1922—1945 [M]. New York: Holt Rinehart and Winston, 1973.

[41] Bokenkotter Thomas. *A Concise History of the Catholic Church* [M]. New York: Doubleday & Company Inc., 1979.

[42] Fontaine Pascal. *Europe in 12 Lessons*, http://europa.eu/abc/12lessons/lesson_4/index_en.htm.

[43] Ireland Gordon. The State of the City of the Vatican [J]. *The American Journal of International Law*, 1933, 27(2): 271—289.

[44] Toschi Umberto. The Vatican City State: From the Standpoint of Political Geography [J]. *Geographical Review*, 1931, 21(4): 529—530.

[45] Treaty between the Vatican and Italy [B]. *The American Journal of International Law*, Supplement: Official Documents, 1929, 23(3): 187—195.

[46] Hearn Brian A. Institutions, Externalities, and Economic Growth in Southern Italy: Evidence from the Cotton Textile Industry, 1861—1914 [J]. *The Economic History Review*, 1998, 51(4): 734—762.

[47] Dassu Marta. The Future of Europe: The View from Rome [J]. *International Affairs*, 1990, 66(2): 299—311.

[48] Irving R. E. M. Italy's Christian Democrats and European Integration [J]. *International Affairs*, 1976, 52(3): 400—416.

[49] Zinkeisen F. The Donation of Constantine as Applied by the Roman Church [J]. *The English Historical Review*, 1894, 36(3): 123—142.

[50] Giordano Benito. Institutional Thickness, Political Sub-Culture and the Resurgence of (The "New") Regionalism in Italy: A Case Study of the Northern League in the Province of Varese [J]. *Transactions of the Institute of British Geographers*, 2001, 26(1):25—41.